外国语言文学研究系列丛书　总主编　高继海　杨朝军

大江健三郎小说叙事研究

兰立亮　著

科学出版社
北京

内容简介

本书从叙事人称、人物视角、叙事特征、语言意识四个方面探讨了日本诺贝尔文学奖获奖作家大江健三郎的小说叙事艺术，揭示了作家小说形式实验与现代思想的关系，考察了其小说文本背后的社会文化内涵，理清了作家在小说形式方面对西方文艺理论的吸收、借鉴及对日本传统叙事文学批判、继承的创作脉络，进而把大江文学置于世界文学背景与日本当代文化语境之下给予了重新观照。本书可供从事外国文学研究的学者参考，对中国读者理解和接受大江健三郎文学也具有一定的借鉴意义。

图书在版编目(CIP)数据

大江健三郎小说叙事研究 / 兰立亮著. —北京：科学出版社，2015.6

（外国语言文学研究系列丛书/高继海，杨朝军主编）

ISBN 978-7-03-044832-3

I. ①大… II. ①兰… III. ①大江健三郎—小说研究 IV. ①I313.074

中国版本图书馆 CIP 数据核字(2015)第 124436 号

责任编辑：阎 莉 常春娥 / 责任校对：刘亚琦

责任印制：肖 兴 / 封面设计：铭轩堂

联系电话：010-6401 9007 电子邮箱：changchune@mail.sciencep.com

科学出版社 出版

北京东黄城根北街 16 号

邮政编码：100717

http://www.sciencep.com

北京凌奇印刷有限责任公司 印刷

科学出版社发行 各地新华书店经销

*

2015 年 9 月第 一 版 开本：A5（890 × 1240）

2015 年 9 月第一次印刷 印张：8

字数：260 000

POD定价： 78.00元

（如有印装质量问题，我社负责调换）

丛　书　序

河南大学外语学院与河南大学同岁，其前身为1912年的河南留学欧美预备学校，迄今已有百年的办学历史。现设有英语、翻译、俄语、日语、德语、法语6个本科专业，拥有外国语言文学博士后科研流动站、外国语言文学一级学科博士、硕士学位授权点。河南大学外语学院的英语专业为国家级特色专业和国家级专业综合改革试点，“高级英语”为国家级精品课程，英语语言文学教学团队为国家级教学团队，外国语言文学为河南省一级重点学科。英语专业连续多年跻身全国专业排行榜A++行列。

河南大学外语学院目前的在校本科生总数为852人，在校硕士研究生360余人，在校博士研究生18人，另有博士后进站人员10余人。现有教职工106人，其中教授18人，副教授32人，博士生导师12人，硕士生导师36人。拥有河南省高校人文社科重点研究基地（英语语言文学研究中心）、河南大学外国语言学及应用语言学、英美文学、翻译理论研究所等科研机构并主办有《外文研究》学术期刊。

一百多年来，河南大学外语学院的教职工生秉承河南大学明德新民、止于至善的校训，殚智竭诚，筚路蓝缕，涌现出张今、刘炳善、吴雪莉、徐盛桓等国内知名专家学者，其关于认知语言学、莎学、语用学的研究在国内外有广泛影响，功能语言学、文体学、英汉语言对比、翻译理论、俄罗斯语言文学等方向的研究在国内居于前列。

按照十八大“科教兴国，人才强国，可持续发展”的科教战略，河南大学外语学院进一步完善了学科布局，出台了一系列的规章制度，使得学院学术研究空前繁盛，近五年来，共发表学术论文360多篇，出版教材和著作50余部；先后承担国家社科基金项目9项，省部级科研项目 16 项，获得省部级以上科研和教学奖励 24 项。正是在这样一种氛围中，我们决定推出这套《外国语言文学研究系列丛书》，旨在展现河南大学外语学院的最新成果，向学界汇报我们的研究发现。

这套丛书的组织有以下两个明显的特点：

一是学科的覆盖面较为广泛，涉及文学、语言学和翻译等研究领域。文学方面有探讨文学批评原理的，如吕长发教授的著作；也有关于具体的文学理论流派的，如薛玉凤教授的创伤文学研究、孙晓青老师的印象主义研究、张玉红老师的民俗文学批评研究、张璟慧老师的现象学精神分析研究等；还有文学史料的研究成果，如李巧慧老师的《尤利西斯》出版史料研究等。涉及语言学的研究涵盖英语、汉语和俄语等，均是利用当代语言学研究的最新成果对具体语言现象的分析，如杨朝军教授关于形式和功能关系的探讨、李香玲老师的认知研究、王志坚老师的俄语被动句语义研究、刘倩老师的心智哲学研究、庄会彬老师的现代汉语否定现象的句法研究等。涉及翻译的作品如侯健老师关于中国典籍翻译的方法论思考和薛凌老师关于理雅各《左传》英译的研究等。

这套丛书的另外一个特点是涉及不同的年龄阶段，可以说是老中青结合，反映了河南大学外语学院薪火相传、生生不息的学术传统，例如博士生导师吕长发教授已经是 74 岁高龄但仍然笔耕不辍，杨朝军教授和薛玉凤教授则是年富力强的中年学者，而其他作者皆为近几年涌现出来的青年才俊，他们学识渊博、风华正茂、成果丰硕，是当代外语界学者们的一个缩影。

最后想要说明的是，著作编撰难免有学术或技术上的问题，恳请各位同仁能够不吝指正。同时学院代表这套丛书的所有作者，向在背后默默付出的科学出版社的阎莉编辑和常春娥编辑表示谢忱！

总主编

2014 年 9 月于河南大学外语楼

序

兰立亮同志的著作《大江健三郎小说叙事研究》即将付梓，这是他在日本当代文学研究方面取得的颇有分量的研究成果。作为他的博士生导师，我由衷地为他高兴。

兰立亮同志具有扎实的学术功底，在 2008 年考入我门下时，已经在大江健三郎研究领域发表了数篇具有个人见解的学术论文。在求学期间，他认真钻研，通读了大江健三郎的全部作品和大量研究著作，在对文本认真精读和对中日两国研究动态准确把握的基础上，他尝试从叙事角度来解读大江健三郎小说的形式创新，这一尝试无疑是具有开拓性的。

长期以来，在日本文学研究领域，以日本传统的“人与作品”为框架的考证式研究和以“文学是对社会的反映”为中心的社会文化批评研究范式占据着中心地位。虽然以文本为中心的叙事学研究在我国美英文学研究领域开展较早，但它在日本文学研究中的运用却是近几年的事情。兰立亮同志熟读叙事学理论著作，并将之灵活运用到自己的文本分析之中，其成果先后在《外国文学》《解放军外国语学院学报》《日本研究》《日本问题研究》《日语学习与研究》《译林》等专业期刊上发表，个别成果发表后被中国人民大学复印报刊资料《外国文学研究》全文转载，获得了良好的学术影响。该书就是他在博士论文的基础上完成的具有深厚功底的力作。

作为 1994 年诺贝尔文学奖获奖作家，大江健三郎无疑是中日学界研究的一个热点。在文学表现上，大江健三郎的文字以艰涩难懂著称；在思想性上，大江健三郎的小说很好地体现了他对日本政治现状的敏锐关注，以及对日本历史认识问题、天皇制问题等重大问题的深入思考。不断创新的小说形式和深邃的思想性使他的作品在中日两国并没有获得像村上春树那样广泛的读者群。该书以小说叙事为切入口，全面考察了大江健三郎的小说创作，相信必将会对中国日本文学研究者和中国读者正确理解和接受大江健三郎文学产生积极的影响。

从整体来看，我觉得该书在以下两个方面具有一定创新性。

（1）与历来研究相比，该书在日本文学研究界首次全面探讨了大江健三郎的小说叙事问题，对大江健三郎小说的叙事人称、人物视角、叙事特征、语言意识进行分类、界定和拓展。同时，该书将对大江健三郎小说叙事的探讨扩大到学术界尚未充分涉及的作家的文学理论领域，通过将大江健三郎的文学理论和小说创作结合起来，全面、系统地探讨了大江健三郎小说叙事的本质，为大江健三郎小说研究和今后的相关研究提供了基础的理论框架。

（2）在研究方法上，该书主要采用叙事学和比较文学方法，在多维视野中对大江健三郎小说形式与意识形态、伦理诉求的关系进行了较为系统的梳理和阐释。通过运用经典叙事学和后经典叙事学理论对其不同时期代表作的具体分析，从宏观和微观两个方面考察了大江健三郎小说的叙事特征和思想文化内涵。作者将对小说形式的考察与作家所处的时代语境结合起来，重点突出了小说形式本身所具有的意义。该书的研究方法突破了长期以来日本文学研究中以作家为中心或以文本考证为出发点的传统研究范式，注重研究方法的学科互渗，具有一定的创新性。

当然，大江健三郎的小说博大精深，该书也只是考察了大江健三郎“小说形式实验”这样一个方面。大江健三郎在 50 多年的作家生涯中创作了庞大的作品群，近 80 岁高龄仍笔耕不辍，特别是在 2013

年推出了他的晚年扛鼎之作《晚年样式集》。大江健三郎旺盛的小说创作热情也不断为研究者提出新课题和新挑战，我期待着兰立亮同志以博士论文出版为契机，再接再厉，继续把大江健三郎的研究推向一个新的阶段，为读者奉献出更多优秀的成果来。

谭晶华
上海外国语大学博士生导师
中国日本文学研究会会长
2015年3月18日

目　录

绪 论

在日本当代文坛，大江健三郎是一个独特而杰出的存在。他重视文学创作方法，始终以一种先锋的姿态站在时代最前沿，以众多优秀作品和孜孜不倦的创新精神展现着他对文学的虔诚、对社会的担忧和对历史的反思。大江是日本文学形式变革的先锋，他的小说创作不断推陈出新，从1957年发表的《奇妙的工作》到2013年推出的力作《晚年样式集》，他每一部重要小说的问世都引起了评论界的极大关注。自1994年大江获诺贝尔文学奖以来，大江文学被大量译介到中国，日益成为中国日本文学研究的热点。作为日本知识界具有广泛影响的作家，大江先后六次访问中国大陆，他高尚的人格和优秀的创作向我们展示了日本知识分子的良知，博得了中国学者、读者的认同。大江小说广阔的社会视野和浓厚的文化底蕴及不断的形式创新，使其成为中日两国评论界关注的焦点。

在50多年的创作生涯中，大江在创作的不同阶段留下了许多里程碑式的作品。根据大江小说创作主题、创作意识和创作方法的转变可以将其创作分为以下四个阶段：第一阶段（1957～1964年）存在主义与生存危机意识；第二阶段（1965～1979年）结构主义与历史文化意识；第三阶段（1980～1999年）日常的发现与灵魂救赎意识；第四阶段（2000～）解构主义与后期风格。[①]在不同的创作阶段，小

① 本书对大江文学创作的分期参考了王琢：《人·存在·历史·文学——大江健三郎小说论纲》（《社会科学战线》1998年第2期）中的分类，其中，第一期、第二期分界为《个人的体验》（1964年），第二期与第三期的分界为《同时代的游戏》（1979年），第三期与第四期的分界为《空翻》（1999年）。

说叙事也呈现出异彩纷呈的样态。

从中日两国大江健三郎研究现状来看，从小说叙事角度对其小说创作进行整体考察的著述虽然不多①，但却开辟了大江文学研究的新领域。大江的小说创作跨度非常大，从 1957 年一直持续到现在，关于大江小说叙事的研究往往只是涉及大江文学的一个阶段或一个侧面，还没有将其各个时期的创作纳入研究视野。大江本人对小说语言、小说形式高度重视，其小说呈现出非常明显的方法意识，大江不同阶段的创作主题和创作思想在小说叙事上也有所体现。先行研究中很多研究者指出了大江小说的“重复”“元小说”“复调”等叙事特征，但它们仅仅限于文本内部分析，很少对这一叙事策略背后的思想文化内涵进行深入探讨。另外，大多数研究是以一部（篇）小说作为分析对象的个案研究，往往以叙事的局部和细节分析为中心，缺乏一种宏观的研究视野以及对作家创作的整体把握，很容易忽略小说形式本身所具有的深刻意义。本书将大江的小说创作看做一个有机整体，从小说文本的解读中探讨大江小说的形式实验，阐释小说叙事本身的美学价值和思想文化内涵。大江的文学创作和世界文艺思潮、现代思想紧密相关。在当今文化开放和寻求对话的时代，大江文学研究就有必要从当代西方学术话语中吸取精神资源以丰富自身。所以，运用叙事学方法分析大江小说的结构、美学特征等问题，可以说具有较为重要的现实意义。

作为一种形式批评理论，叙事学在结构主义语言学的基础上发展起来，它注重文本细读，通过对文本叙事方式、叙事结构、叙事接受等的考察，从文本内部来发掘文本自身的魅力。后经典叙事学克服了传统叙事学只关注文本内部分析、忽视文本外部因素的理论缺陷，将文本与性别、意识形态等联系起来，从而使这一理论具有了更加广阔

① 详见本书附录二。

的适用范围。这一方法可以将大江小说的社会批判意识与小说形式意义结合起来，具有内在的适应性、可操作性。大江对小说形式的重视也为我们提供了其小说叙事研究的阐释空间。大江文学有别于传统的日本文学，其作品的晦涩难懂在很大程度上是其叙事策略和文体实验造成的。本书以大江不同时期的代表作为分析对象，具体考察大江小说叙事策略的运用具有怎样的社会文化背景，以及作家的思想表达与形式实验的关系，试图以此为切入口，理清大江对西方文艺理论吸收和借鉴、对日本文学传统批判继承的发展脉络，以期对中国当代作家的小说创作，以及对中国读者理解和接受大江文学有所裨益。

大江不仅是一位文学开拓者，同时也是一位密切关注现代思想的学者。他博览群书，在小说方法上勇于探索，创作出一部部具有深刻思想性和高度艺术性的优秀文学作品。他的小说形式创新并不是单纯的标新立异，而是具有丰富的思想文化内涵。对大江来说，要保持小说形式实验的先锋色彩，就必须时时站在时代的最前沿，保持思想的先锋性。可以说，这正是大江小说叙事探索带给我们的启示。

第一章

大江健三郎小说的第一人称叙事

叙述人称是作家进行创作时必然要考虑的问题，是一个决定“谁在说”的大问题。它和叙事效果息息相关，它与视角的结合构成了作者观察世界的立场和出发点，叙事人称的不同必然会带来叙事话语的差异。罗钢在《叙事学导论》一书中考察了第一人称和第三人称的表达效果，认为第一人称叙事与第三人称叙事的实质区别在于二者与作品世界的距离不同。“第一人叙述者是小说世界的一个活生生的人物，而与之相比，第三人称叙述者并不是小说世界的一个真实存在。两种叙述者与小说世界距离的差异直接导致了叙述动机的不同，第一人称叙述者的叙事动机根植于‘我’的现实经验和情感需要，是切身的、强烈的，而第三人称叙述者的叙事动机更多的是出于一种审美的考虑。”①从叙事人称来说，大江的小说既有第三人称全知叙事，也有第一人称、第三人称限制视角叙事。从数量来看，第一人称叙事小说具有压倒性地位。一般认为，作家的言说在很大程度上是某种价值观念渗透的话语叙事，大江的小说叙事也毫无例外地体现了这一点。综观大江的小说创作我们可以看到，大江对叙事人称的选择受到了深层的日本现代社会文化语境和文本具体语境的影响，其小说叙事人称选择与小说形式实验紧密相关，具有一定的思想深度和社会文化内涵。

---

① 罗钢：《叙事学导论》，云南人民出版社 1994 年版，第 170 页。

在小说创作中，大江似乎对第一人称叙事情有独钟。据统计，从他的处女作小说《火山》（1955年）到《水死》（2009年）这一期间发表的120篇（部）小说中，以第一人称作为叙述者的小说达到了92篇（部），占到了总数的约77%。[①]在其第一人称小说中，作为叙述者的“我”时而以主观性、个性化的口气叙述，如《十七岁》《摆脱危机者的调查书》等；时而采用非人格化叙述方式，客观、冷静地对事件进行展示性描绘，如《万延元年的足球队》等。一般说来，第一人称叙事由于讲述内容仅限叙述者亲身经历或所见所感，可以使读者很容易进入故事情境，给读者一种真实感。大江对第一人称叙事的青睐在很大程度上可以说与第一人称的这种表达效果有关。大江借助叙述者“我”在不同小说中的多种身份，以个人化的视角切入历史和现实，展现着他对生活和人性的理解、对历史的反思和对社会的批判。第一人称叙事使他的小说创作富于变化，呈现出多彩的艺术魅力。

第一节　母语的突围

——大江早期小说创作中的叙事人称问题

洪堡特认为，“人从自身中造出语言，而通过同一种行为，他也把自己束缚在语言之中。每一种语言都在它所隶属的民族周围设下一道藩篱，一个人只有跨过另一种语言的藩篱进入其内，才能摆脱母语藩篱的约束”[②]。对大江来说，与法语、法国文学的接触加深了他对

---

① 统计的作品按照篠原茂编《大江健三郎文学事典》（1998年）收录的《燃烧的绿树》为止的112部（篇）小说加上1999～2013年出版的8部小说。其中《燃烧的绿树》三部曲和《奇怪的二人配》三部曲各按3部作品计算，发表后收入小说集的不再重复计算。

② [德]洪堡特：《论人类语言结构的差异及其对人类精神发展的影响》，姚小平译，商务印书馆1997年版，第70页。

日语本质的认识，使他具有了跨语言、跨文化的敏感性，给了他对母语表现力的局限性进行突围的勇气。作为一个在学生时代就登上文坛的作家，大江深深体会到所学专业——法语和自己的母语——日语的差异，可以说，他对文体、叙事人称的选择经历了一个艰难的过程。我们知道，日语的本质特点就是和说话人紧密相连。日语句子的基本结构由“表示句子所述事项的部分”和“不改变句子所述事项的内容，只表示对所述事项的认知方式及发话传递态度的部分”构成，前者称为“言表事项”，后者称为“言表态度”。①这样，日语几乎不可避免地要用显在的语言形式来表达说话人对讲述内容和对听话人的态度。与西欧的第一人称表述从叙述者那里脱离出来具有自主性相比，日语的表述还是从属于作为表达主体的叙述者。反映在文学中，西欧小说的一个重要理念就是把事件按原来的形态描述出来，西欧语借助人称代词、与之呼应的动词形态、时态，以及与描述对象的性质紧密相连的形容词使这种叙述的客观性成为可能。和西欧全知以及第三人称视点通过人称变化产生语尾变化，进而从叙述者那里独立出来具有客观性相比，日语中所谓的说话人的视点就是在日语的助词、形容词，以及敬语的用法中表现出来的站在和叙述者无法分开的立场上观察对象的视点。在这个意义上，望月奈良江和熊仓千之指出，正是和叙述者视点紧密相连这一日语固有的语言特征，阻碍了日本文学以西欧的客观化为理想叙事模式的发展道路。②因此，与日语第三人称叙事比起来，第一人称把叙述者和主格一体化，更容易表现本体内部的生命冲动，能够更加真实地表现本体的生存状态。那么，大江在小说创作初期是怎样认识第一人称叙事的呢？

---

① 仁田義雄：『日本語のモダリティと人称』、ひつじ書房、1991 年、17-18 頁。

② 望月奈良江、熊倉千之：「日本の近代小説における語り手の視点」、『日本語学』1987 年第 11 号、71 頁。

在大江26岁时写的题为《关于私小说》的随笔中，大江对志贺直哉的小说《痴情》中的两段文字进行文体分析时指出，“如果自我告白的话，我希望自己能够像诺曼·米勒那样将在自己精神层面进行的自我探险之旅与小说创作统一起来。但是，‘我’遵守现在的私小说作家写作规范的时候，我感到‘我’触及不到自己真实的内心。（中略）所以，我的文体与文体C（指简洁明了以“他”作为叙述者的文体——笔者注）相比，更接近B（如实表现人物思想、富有个性的第一人称叙事文体——笔者注）那种不均衡的、偶发的、变形的文体”①。从这篇随笔可以看出，大江对日语本质的认识已上升到思想层面上来，他把第一人称叙事本身所具有的强烈的写实性和由于导入西欧句法而产生的现代日语第一人称叙事的不确定性、暧昧性融合在一起，成功创造出将二者长处同时显现的富有独创性的文体。

> 僕らは黒人兵をたぐいまれなすばらしい家畜、天才的な動物だと考えるのだった。僕らがいかに黒人兵を愛していたか、あの遠く輝かしい夏の午後の水に濡れて重い皮膚の上にきらめく陽、敷石の濃い影、子供たちや黒人兵の臭い、喜びに溢れた声、それらすべての充満と律動を、僕はどう伝えればいい？②
>
> 试译：我们把黑人士兵看作一头稀有的、优秀的牲口，一只天才般的动物。我该怎样表达我们是多么爱他，还有那遥远的夏日午后在被水打湿的黝黑的皮肤上跳跃的阳光、石板路上浓重的影子、孩子们和黑人士兵的体臭、充满欢乐的叫声这所有的一切包含的厚重和韵味呢？

在小说《饲育》中，“我”既是小说主人公，又是故事的叙述者。故事始终是通过“我”以“经验自我”的视角讲述童年的经历，这使

---

① 大江健三郎：「私小説について」、『厳粛な綱渡り』（上）、文藝春秋社、1975年、259頁。

② 大江健三郎：『大江健三郎全作品1』、新潮社、1966年、128頁。

读者觉得小说亲切感人。不过，叙述者在严格意义上还不能称为「僕」（我）。上例很明显不是用小学生“我”的口气叙述的，而是经过了语言过滤，通过把“我”改成“我们”（「僕ら」、「僕たち」）来实现的。“我们”只限于村里的孩子们，不涉及山村的大人和村外的世界，孩子们的会话也被限制在把方言改成标准语的程度。可以说，小说的语言、文章整体虽然把“我”“我们”作为主格，但却具有超越“我”“我们”的广泛性和客观性。申洁玲指出，在第一人称小说中，存在两个层次的叙述者：“人物叙述者”和“主体叙述者”。人物叙述者指个性化的第一人称人物，是通过叙述建构出来的形象。“主体叙述者”，“就是第一人称人物背后的叙述者，是语言的主体，一切叙述功能的真正发出者，具有一定的抽象性”[①]。以上分类能够很好地说明《饲育》中儿童视角与个性叙述之间的不吻合问题。的确，我们很难将日语中叙述者（说话人）的视点原封不动地看作第一人称视点。例如，在「僕は小学生だった。」（我是小学生）一句中，言语行为的主格「僕」（主人公）和言语行为的主体—叙述者两者是统一的。但是，在小说文本中，后者即言表行为主体的“我”（「僕」）通过这一言语表达开始指向外侧的存在，不具有像言表主格“我”一样的实体性。对日语来说，人称并非表意的关键成分。例如，「僕」是自称词，很明显指说话人，只要自己的立场不模糊，一般不会使用。因此，在日常生活中日语的第一人称人称代词往往省略。而法语、英语等印欧语系的语言离开了人称代词就无法表意。也就是说，在对句意没有实质影响的情况下，强行加入大量第一人称代词的做法其实就是对西方语言句式的模仿。如引文所示，具有超长修饰语的翻译味西欧语句式的大量使用，以一种新的语言节奏展现了所描写事物的丰富性和多重性，从而

① 申洁玲：《论现代小说“不具备叙述能力”的第一人称叙述者》，《广东社会科学》2005年第5期，第166页。

更加贴近描述对象，更直观地表达自我内心的复杂情感和多重感觉。从本质上说，第一人称叙事具有使叙述者与读者近距离接触的引导功能，读者可以直接去聆听“我”的诉说，去感知“我”的内心情感和生命体验。在这种西欧式句式的反复中，读者可以不断地将主人公的人生体验、生活感受全部迁移到自己身上，体现了读者与叙述者的交流互动。

一般来说，第一人称叙事要求叙事内容仅限于叙述者所知，大江第一人称叙事小说多采用回顾性叙述也说明了这一点。既然与叙述者视点紧密相连这一日语的语言特征使日本现代文学以西欧的客观化为理想叙事模式的发展前景成为泡影，那么，大江就可以在了解母语与西欧语言差异的基础上，充分利用日语第一人称叙事真实感强、具有强烈主体抒发性的特点，与自己独特的“不均衡的、偶发的”文体紧密结合起来来展现个人心路历程、精神历程。大江对母语的突围可以说取得了一定的成功。这种第一人称叙事文体虽然让大多数读者感到艰涩难懂，但却能够使他们直接感受主人公的思想脉搏和情感波动。这也是大江初期进行“自我精神探险”时选择第一人称叙事的主要原因。

第二节　大江早期小说的第一人称叙事与主体性建构

在大江第一人称叙事小说中，无论是讲述“我”自己的故事，还是他人的故事，由于叙述者的年龄、身份等个体差异，他几乎每部作品都会因处理素材的不同呈现出不同的风貌。特别是在大江早期的小说创作中，第一人称叙述者“我”作为小说中的一个角色，均被打上了时代的烙印。作为战后派旗手，大江所宣扬的民主主义思想、人文主义精神，以及重新审视历史，进行战后文化启蒙的文学诉求也借助第一人称叙事独特的艺术效果得以隐喻式再现。

在《奇妙的工作》《死者的奢华》《饲育》《感化院少年》等一系列叙述者讲述自己经历的小说中，大江借助第一人称叙事使故事获得了强烈的主体性和鲜明的抒情性。比如，从大江早期的短篇《奇妙的工作》《死者的奢华》中我们就能够发现这种倾向。这两篇小说都以大学生为主人公，以“我”作为小说的叙述者，以“徒劳”作为小说的结局。同时，我们还可以看到这两部小说的叙述者“我”在政治态度和对社会现状的认识上也具有相似性。

在《奇妙的工作》中，“我”看到将要被杀死的狗从而联想到“我们”自己所处的现状。

> 这些狗种类很杂，几乎是囊括了所有种类的狗杂种。但是这些狗互相之间都很相似，有大狗、小宠物狗，多数是中型的赤毛犬，它们被拴在桩子上，非常相似。我在想它们哪点像呢？是全都是劣种、瘦弱这点吗？还是因拴在桩子上而丧失警惕性这一点？肯定是后者吧。我想我们自己若被拴在桩子上说不定也会变成这样呢！我们是丧失个性，彼此相似的暧昧的日本学生。不过，我对政治不怎么感兴趣，我们要么太年轻要么太老成，无法热衷于包括政治在内的所有事情。我今年二十岁，处在这样一个微妙的年龄已经筋疲力尽了，对狗群也很快失去了兴趣。①

在“我”那近似自暴自弃的叙述中，我们可以体会到话语表层的自我揶揄和话语深层对闭塞现状的控诉，以及对自由和主体性的呼唤。

《死者的奢华》的主人公“我”这样自述，“我是一个勤奋的学生，对我来说，没有怀有希望、绝望的余暇”②。“我”是一个对现实感到徒劳的颓废青年，虽然知道由于办公室的失误，能否领取报酬都成了

---

① 大江健三郎：『大江健三郎全作品 1』、新潮社、1966 年、8 頁。
② 大江健三郎：『大江健三郎全作品 1』、新潮社、1966 年、42 頁。

问题，但由于对生活的深深徒劳感而缺乏主动打开局面的勇气。从“我”与酒精槽中士兵尸体的假想对话中，我们看到，作者将“我”希望丧失的过程与战时、战后的政治问题联系了起来。

> 战争的时候你还是个孩子吧?
>
> 我想我们是在那漫长的战争中成长起来的，是在把战争结束当成不幸日常生活中唯一希望的时期里长大的。在那希望的征兆泛滥之中，我喘不过气来，几乎要死了。战争结束了，那些尸体便在犹如大人的胃似的心中被消化，不能消化的固体和黏液被排泄掉了，但我没有参与这一过程。而且，对我们来说，希望不了了之地被融化掉了。
>
> 俺把你们的希望全部牢牢背负在自己身上，垄断下次战争的将是你们。(中略)
>
> 你们讨厌政治吗？俺们只能聊聊政治。
>
> 政治?
>
> 发起下次战争的将是你们，俺们具有评价和判断的资格。
>
> 我好像也被强加了评价和判断的资格呢！但是，在评价和判断中我将被杀害。那些死者中，能沉在这个水池里的恐怕是被选出的极少数吧。①

在这段采用自由直接引语表述的假想对话中，“俺”指士兵。出于对战争的厌倦和憎恶，他用自己的实际行动逃避这罪恶的战争，结果却遭到同胞的杀害，最终没能看到战争结束的曙光。战后，那些战争牺牲者在同时代人的生活中逐渐被忘却。虽然“我”是在战争期间成长起来的一代，经历了战争的苦难，然而战后严酷的现实和战争一样使“我们”这一代失去了打破沉闷政治现状的勇气。在战后剧烈的社会变革中，许多青年人无法把握自己的命运，精神处于一种消极、不安的状态。与为了逃离战争而被杀害的士兵相比，“我们”处于一种监禁状态，倍感生活的挫折和徒劳。生活在现实中的叙述者“我”

---

① 大江健三郎：『大江健三郎全作品 1』、新潮社、1966 年、31-32 頁。

和死者的虚拟对话，将历史和现实交织在一起，建构了两个相互贯通的叙事空间。

在收录这两篇小说的小说集后附录的自撰年谱中，大江表达了自己这一时期创作的着眼点。“关注被监禁的生存状态，在封闭的墙壁中生存的状态，是我一贯的主题。”①对被监禁状态的关注和描绘，体现了萨特存在主义对大江文学的影响。

描写人被监禁的生存状态，是存在主义文学的滥觞。在存在主义看来，人生是由无数瞬间的存在组成的，人的自我实现无法预测和把握，这样，人就长时间地处于一种不安定状态。在日常生活中，人由于个性的丧失，意识不到自我的存在，只有通过苦闷意识的冲撞才能切实感受到被压抑的自我。因此，苦闷、厌烦、绝望、孤独、恐惧、死亡就成为存在主义文学表现的根本主题。大江早期的第一人称叙事小说，就是试图通过对闭塞现状的描绘，来唤醒时代青年直面现实，进而摆脱精神枷锁，获得自我的全面解放。在《奇妙的工作》《死者的奢华》这两篇作品中，我们可以看到大江在着重描写以叙述者“我”为代表的日本青年消极、否定一面的同时，也在一定程度上通过对叙述者“我”批判的形式引导青年关注现实。在大江的早期作品中，“我”的言说在本质上受到了战后民主主义观念的浸润，处于历史转换期的战后日本社会文化状况与小说的具体语境共同建构了这两篇小说的深度模式与阅读时空，如果脱离深层文化语境，很难理解这两篇小说的深厚底蕴。通过探究大江第一人称小说叙述者“我”的叙事立场，我们可以发现作为现代主体的个人在战后日本生存的艰难处境，发掘隐含在时代中的主体精神脉络。

大江是在什么样的思想状况下创作这些短篇小说的呢？在《战后一代与宪法》中，他这样写道，“我现在把主权在民的思想、放弃战

① 大江健三郎：『大江健三郎全作品 1』、新潮社、1966 年、380 頁。

争的宪法承诺作为自己日常生活中最基本的道德原则。但实际上，它最初始于上新制中学时新宪法的颁布”①。大江在战争期间接受了军国主义或者说是国粹主义的初等教育，战后在新制中学、高中又受到了民主主义教育的熏陶，这些经历对他自我人格的形成具有重要意义。通过这两篇小说，我们可以看到民主主义思想在当时的大江心里已经扎下了根。

在创作《奇妙的工作》《死者的奢华》等短篇小说的前几年，朝鲜战争使日本彻底成为美国的战争后方基地，当时的吉田内阁与美国占领当局联手，加紧镇压民主势力，将共产党员和民主进步人士从政府机关、重要产业部门和新闻部门清除出去，日本发生了将德田秋一、野坂参三开除公职这一迫害共产党领导人的恶性事件。这些事件使大江深刻地认识到，“共产党领导人清洗前后，即朝鲜战争前后，我们的世界就开始笼罩在一片阴暗的氛围中，对新宪法不信任的声音高涨了，使宪法蒙羞的事发生了。这是一个非常重要的时期”②。虽然，战争刺激了日本经济的发展，但是，战后经济复苏并开始高速发展的背后，战后的民主主义思潮反而在衰退，这使大江认识到消除当时知识分子精神上的失落感和空虚感，唤醒和恢复人的主体性的重要性。

人的主体性是指人作为活动主体的能动性、创造性和自主性。战后，政治上的高压政策导致了日本人个性的丧失和主体的失落，这毋宁说是与民主主义背道而驰的。《奇妙的工作》中拴在柱子上失去个性的狗，《人羊》中受到外国士兵侮辱而忍气吞声的日本人，《饲育》中在书记代表的国家权力的淫威下唯唯诺诺的村民，这些都是闭塞现状下人的存在状态的生动写照。在这个意义上，《死者的奢华》中酒

① 大江健三郎：「戦後世代と憲法」、『厳粛な綱渡り』（上）、文藝春秋社、1975 年、193 頁。

② 大江健三郎：「憲法についての個人的な体験」、『厳粛な綱渡り』（上）、文藝春秋社、1975 年、207 頁。

精槽里那些“被淡褐色的柔软皮肤包裹，保持着坚硬的不驯服的独立感”的尸体则是对个性丧失的人的讽刺。

人的主体性是与人的解放、人的觉醒相联系的。大江借助第一人称叙事，尝试从形式和内容两个层面上凸显个体的价值，追求人的主体性确立。第一人称叙事是大江创作初期表达个人与传统、个人与社会矛盾的最佳途径。在重视共同体、集团文化的日本文化传统中，一个人如果喋喋不休地讲述“我”，就会令人觉得不自然。大江正是将这个喋喋不休的“我”和西方语言的超长句式结合起来，表达了他对主体性的呼唤和追问。模仿西方、反抗传统、尊重个体、张扬个性的大江早期文学无论在形式还是在内容上都在追求文学对时代主题的呼应。叙述人的主体性“决定作者的写作行为将以何种角度向人、向生活、向经验的切入，决定作者对叙事方式的选择（语式、语态等），也决定文本的组织结构方式，并最终制约意识形态的传达”①。与存在主义的接触使大江获得了弘扬主体性的有力武器。存在主义揭示了存在的意义，以及个人与他者及世界的关系。在萨特看来，“人的存在是一个不断地自我创造又自我超越的过程，这一过程永无终点，这就是人之为人的主体性”②。即主体是一个自由选择的过程，一个不断超越自我的创造过程。大江接受了存在主义特别是萨特的主体性思想，他的早期小说借助叙述者兼主人公“我”，通过对徒劳感、时代闭塞现状的言说义不容辞地肩负起历史反思和现实开拓的时代责任。在这个意义上，正如叶渭渠指出的那样，大江小说的特质，就是通过文学来凸现现代人的生存危机意识，他探索的不是人消极、否定的一

① 孙先科：《颂祷与自诉——新时期小说的叙述特征及文化意识》，上海文艺出版社 1997 年版，第 14 页。

② 闫青会：《主体性思想的形成与发展》，《中共山西省委党校学报》2006 年第 4 期，第 72 页。

面，而是人在闭塞的社会现实中“求生存的肯定的一面”①。可以说，大江早期小说借助叙述者“我”，探寻了人的主体性在日本现代社会中的发展历程。

不难看出，大江小说的第一人称叙事既是叙事学意义上的形式策略，又是他传达战后启蒙思想的必然选择。“意识形态就不是传达意义或用来进行象征性生产的东西；相反，审美行为本身就是意识形态的，而审美或叙事形式的生产将被看做是自身独立的意识形态行为，其功能就是为不可解决的社会矛盾发明想象的或形式的‘解决办法’。”②可以说，大江早期第一人称叙事的选择就是这样一种追求自身独立的意识形态行为，因此，我们对大江第一人称叙事小说的理解不能局限在叙事学意义上的文本阐释，应该通过文本形式去发现形式背后的战后文化启蒙思想。在这一点上，形式被大江赋予了意义。

第三节　虚构与现实的整合——叙述的“我”与被述的“我”

20 世纪 80 年代以来，大江创作了几部以自己的亲身经历、家庭生活为素材的小说。小说中的叙述者“我”从很多方面都可以看做是作家本人。大江家人特别是长子光的登场、大江墨西哥的生活经历等许多内容都与大江现实中实际生活状况吻合。柳田国男、三岛由纪夫、渡边一夫等一些作为时代特殊文化符码的真实人物的名字也出现在小说中。这些内容使作品显得生动、真实，以至于许多读者和评论家由此认为这是大江对私小说传统的回归。大江在创作随笔《我这个小说家的创作方法》中谈到自己的创作时指出，“特别是在以我和长子共生为主线的作品中，那些作品（指《空中的怪物阿归》《个人的体

① 叶渭渠：《日本文学思潮史》，经济日报出版社 1997 年版，第 548 页。
② [美]弗·詹姆逊：《政治无意识》，中国社会科学出版社 1999 年版，第 67-68 页。

验》——笔者注）毋宁说理所当然地被定性为属于私小说的内容。但是，私小说作家在伦理意义上要作为谎言去除的虚构，却被我自由地导入小说。本来那些作品中的‘我’和‘俺’就不是和现实中的我完全重合的”①。

的确，现实生活是作家创作的源泉，但是，作为一种虚构艺术，小说又是现实生活的升华。大江所说的虚构实际上是作家对现实生活的一种超越。大江小说的写实性，可以说是他特意利用叙述的“我”与被述的“我”之间的距离营造的结果。

大江“本来那些作品中的‘我’和‘俺’就不是和现实中的我完全重合的”这一声明似乎也是在告诉读者，他那近似自传的家庭生活小说，只是把真实与虚构并置，将现实中的真实人物与小说中的故事人物重合在一起的小说策略的产物而已。大江 20 世纪 80 年代创作风格的转变，和他对语言的认识、对真实与虚构的认识有很大关系。关于这一点，可以说，大江从结构主义语言学那里获得了深刻的启示。在评论集《小说的经验》（1994 年）、对谈《日本语与创造性》（1996 年）中，大江对索绪尔的语言学理论表现出极大的关注。索绪尔否定了语言与现实的关联，认为词语作为一种语言符号，其“能指”对应的“所指”只是关于事物的概念而并非事物存在本身。在法国结构主义精神分析学家拉康看来，能指与所指是“滑动的”存在，它们的关系不是稳定不变的。也就是说，语言符号与它所指称、描述的现实之间存在着偏离，人们无法凭借语言这个媒介来认识“客观现实”。在此基础上，海登·怀特的“元历史”理论认为，历史是“以话语形式表达关于世界及其结构和进程的清晰的体验和思考模式”②，从而强

---

① 大江健三郎：『私という小説家の作り方』、新潮社、1998 年、50-51 頁。

② 海登·怀特：《后现代历史叙事学》，陈永国、张万娟译，中国社会科学出版社 2003 年版，第 346 页。

调了历史的修辞性，否认了历史学的科学性，认为历史叙事不可能完全清晰地呈现历史事件。既然书写的历史也因其文本性即历史叙事的修辞性决定它不可能是对历史事件的客观再现，那么，本质上是虚构的文学文本作为一种能指更是缺乏再现现实的坚实基础。所以，在这个意义上，大江小说中那些所谓的对个人经历、家庭生活的书写在本质上仍属于虚构。小森阳一用海登·怀特的历史叙事理论对大江的《给令人怀念的岁月的信》中出现的真实人物姓名、历史与故事的交叉、真实与虚构的关系进行了修辞性解读，认为它是一部“作为元历史的小说”①。的确，大江将明显带有自传色彩的内容写进小说，实际上是为了解构历史与故事、真实与虚构的二元对立模式，尝试将二者融合在一起。大江对于小说虚构本质的强调，凸显了小说阐释的开放性和随意性。在《新人啊，醒来吧》中，作家“我”的真实经历插入了小说的叙事，与对布莱克预言诗的引用一道，共同建构了小说的故事。大江的这种叙事策略，目的就是打破真实与虚构的壁垒，是在后现代语境下对这一传统二元对立模式的深刻反思。可以说，大江追求的是一种新的创作风格，这种风格更加开放、自由，不断地在真实和虚构之间自由穿梭。读者在阅读过程中按照私小说的阅读程式刻意去猜测孰真孰假没有任何意义。不了解这一点，一味去追求大江小说中所谓的作家实际生活状态，势必会造成对小说的误读。例如，在《新人啊，醒来吧》中，细心的读者会发现，当“我”看到义幺溺水时，“我”非但没有立刻下水救自己的孩子，反而“用两腕扶着深池的边缘，思想极不连贯地想起了布莱克‘Down，down thro’ the immense，with outcry，fury & despair’”②这段诗句。如果从一般

---

① 小森陽一：『小説と批評』、世織書房、1999 年、218 頁。

② 大江健三郎：『新しい人よ眼ざめよ』、新潮社、1986 年、101 頁。英文原意为“沉下去，沉下去，穿越无限，带着呼喊、愤怒和绝望。”

的伦理道德来看，“我”可以说是一个非常不负责任的父亲，或者说这是大江这篇小说的瑕疵之笔。但是，放在小说这个虚构装置中来考察的话，我们可以看到叙述者“我”与自己的叙述对象之间始终保持着一定的情感立场和道德立场的距离，这不仅体现在外视角的使用上，更表现在“我”对叙述对象和叙述方式的选择上。面对孩子的溺水事件，小说家以纯客观、超然的笔调加以展示性描绘，甚至和诗歌的意象联系起来，使现实世界与诗歌意象在看到义幺落水的一刹那交叉重合在一起，而这一切只可能发生在虚构世界中。可以说，大江描写的并不是自己的日常生活本身，而是对平凡生活的一种超越。正是虚构的力量，使布莱克预言诗的世界和大江的日常生活世界紧密融合在一起，使大江文学意象的生成以作者的真实经历及他对布莱克诗歌意象的吸收为前提，使小说意象产生了与诗歌意象的互动。

大江对私小说的超越还表现在通过叙事技巧追求小说的双重或多重结构上。

私小说是日本文学的代表性体裁。它要求作者将自己身边的事情、自己的私生活像书写履历一样如实地展现出来。在20世纪80年代的许多小说中，大江对四国山谷村庄和脑有残疾的儿子都有所涉及。特别是《新人啊，醒来吧》《给令人怀念的岁月的信》基本上是作家实际生活的如实反映，这给读者一种窥视作家的家庭、个人隐私的错觉。小森阳一发现了大江这一时期的小说与私小说的差异，指出《给令人怀念的岁月的信》这部小说主题的复杂性，即忏悔小说、书信体小说、恋爱小说、政治小说、传记小说、教育小说、冒险小说、英雄小说等。[①]可以说，这一小说具有私小说所没有的意象的丰富性。大江正是通过作品的复调式结构唤起了不同审美能力的读者的共鸣。

① 小森陽一：「懐かしい年への手紙」、安川定男『昭和の小説』、至文堂、1992 年、453-454 頁。

我们看到，《给令人怀念的岁月的信》的叙事话语容纳了私人书信、自己旧作的片段、历史事实以及丰富的想象。小说丰富的意象也是他作品多义性的主要原因。如果说这是大江对私小说表现形式的戏仿也并不为过。由此，它打破了读者因习惯阅读私小说而形成的期待视野，使读者有焕然一新之感。

视角的选择与小说艺术有很大关系。视角不同，艺术表达效果也大不相同。私小说为了强调故事的真实性，较多采用第三人称限制性视角进行叙述，在文学表现上侧重于单一线性的平面描写。这种视点，不是正面描述，而是通过对主人公内心世界的挖掘来从侧面表现的。它因为重在主人公的心境，所以又叫心境小说。大江这一时期的小说大都采用第一人称限制视角，即“把自己的私生活作为故事层面的叙事方法的基础，——而且，立足于此，充分发挥想象力的技法”[1]。这种方法可以说取得了一定的成功。他的经历和家庭日常生活由此被导入了虚构的小说世界，从而创造出一个虚构与现实融合的世界，一个可以充分发挥想象力的世界。

可以说，大江的第一人称叙事小说与私小说最大的不同就是认同了小说的虚构本质并将其作为小说的创作原则。在这一原则下，叙事话语可以尽可能地调动一切要素来创造一种更高层次的真实感。如果说私小说中的真实是小说家最大限度地排斥写作技巧，再现了自己生活真实的话，大江小说的真实感毋宁说是他重视写作技巧，将现实和虚构有机融合在一起叙述出来的。站在小说都是虚构的这一明确的认识上，除叙述者“我”外，还有一个作为书写主体的“我”即作家。这一存在本身使大江文学具有了不同于私小说的独特意象。这种意象就是“书写的我”与“被写的我”之间的距离造成的。这样，以现实和属于大江本人的事实为基础展开叙述的“我”，就可以灵活地穿行

① 中村泰行：『大江健三郎 —— 文学の軌跡』、新日本出版社、1995 年、203 頁。

在虚构的人物关系中，在叙述的同时不断出入虚构的空间。和大多数私小说通过把主人公和作者同一化，将自己封闭在一个狭小的世界不同，大江将虚构的叙述者和自己同一化，从而混淆了真实和虚构的界限。或许可以说，大江的主要目的不是诱导读者在作品中寻找何为真实、何为虚构，而是向读者暗示小说叙事的自由度和可能性，展现小说对可能世界的建构和描绘。

“第一人称叙事是有意识的美学抉择的结果，绝不是直抒胸臆、表白心曲的自传的标记。”[①]大江将自己的生活导入虚构的小说，可以说是他试图消解小说与自传的差异，将二者融合在一起的大胆尝试。大江这一时期小说中作为主人公的“我”、与“我”处于同一空间且像影子一样的叙述者“我”和作者大江健三郎，这三者在具有密切关联的同时，使现实和虚构得以整合。正是第一人称叙事的这种属性，使现实世界、文本世界水乳交融，大大增加了文本反映生活的容量。

第四节　暧昧的“我”——大江小说的不稳定叙事

20世纪以来，叙述者的权威逐渐遭到解体，小说叙事也由传统小说的全知全能的“讲述式”叙事向限制视角的“展示式”叙事转变。作家以人物有限视角进行观察、感觉和想象，试图为读者客观地呈现一个纷繁驳杂的世界。大江初期的小说《奇妙的工作》《死者的奢华》就采用了这种客观的叙事手法，通过杀狗、搬运尸体的描写，向读者展示了一个个具有感官刺激的世界。但在《万延元年的足球队》中，叙述者“我”在以限制视角进行观察、叙述的同时，在必要时进入他人的内心深处，讲述他人的思想活动。比如，“我”曾短暂地进入弟弟鹰四的内心世界。在《万延元年的足球队》中，

---

① [法]热拉尔·热奈特：《叙事话语　新叙事话语》，王文融译，中国社会科学出版社1990年版，第174页。

关于万延元年的暴动事件，大江就采用了这一叙事手法。我们看到，以万延元年暴动事件为中心的小说故事的叙述是通过视点人物“我”（蜜三郎）的观察、回忆和推测进行的。小说叙述者“我”（蜜三郎）的叙述也不是完全客观、不带任何个人色彩的，“我”的叙述中存在许多不稳定因素，在叙述中出现了视角越界现象。蜜三郎是通过友人了解弟弟鹰四在美国的情况的，但在叙述这一事件时，叙述者“我”却采用了全知视角。

> “这儿是不是来了个援助逃亡的秘密联络员？”友人半开玩笑地说道。
>
> “说出真相吧。”鹰四也做开玩笑状，威胁地应道。“那个药架隔断对面，药剂师正往小瓶里装胶囊，对吧？（友人学着弟弟的模样扭转过身去，确实看见背后摆满药瓶的货架对面有一个秃顶的男子，背朝他们，站在纽约盛夏那照片底版样的日荫里，一直专心致志地进行他那细致的操作。）那可是为我准备的药啊。……”①

鹰四在美国和友人见面的情景通过“我”的叙述被栩栩如生地展现出来。然而有趣的是，“我”并没有亲眼看到他们见面的情形，而弟弟和友人的行动、会话、心理活动都在“我”的叙述中被清楚地展现出来。他们两人的谈话背景和对话就像电影的一个场景，给人一种身临其境之感。如果说，蜜三郎的这段叙述只是一种如梦境一样的意识流动，我们完全可以理解叙述者的这种精神崩溃状态。然而，叙述者真的是精神错乱吗？从小说整体来看，主人公由于自我身份认同的丧失，精神处于一种不安定状态，不过，我们仔细阅读的话，就会发现这是主人公在洞穴里思考问题时想象的内容。

---

① [日]大江健三郎：《万延元年的足球队》，于长敏、王新新译，光明日报出版社 1995 年版，第 19 页。

“阿蜜，以前我就知道，你习惯在洞穴里考虑问题，在东京那会儿，你不就有过一回嘛。”“那天早上？我还以为你在呼呼大睡哩。”我留恋地想着往事，全身觉得懒懒的。①

从以上叙述来看，第一人称叙述者究竟有多大可靠性就值得怀疑。在小说中我们也发现，叙述者对万延元年暴动事件做出的解释也有和弟弟鹰四对抗的个人目的，这使整个文本显得更加模糊不定。作为一种限制视角，第一人称叙述者一般没有权力使用全知视角，“我”显然超越了作为第一人称叙述者的权限，体现了一种明显的视角越界。这种视角越界使第一人称叙述者具有了某种不可靠性，给小说叙事带来一种模糊性。特别是叙述者戴着一副有色眼镜来观察时，小说叙事特别是对历史的讲述就具有了某种不确定性。在这部小说中，大江驱遣第一人称进入了第三人称所擅长的历史叙事领域，第一人称叙事限制了叙事话语讲述历史的宽度，尤其是对讲述历史上曾祖父弟弟领导的农民暴动事件带来了很大阻碍。这样，小说叙事很难保持一种客观的立场。蜜三郎在对历史真相的追问中，也陷入多种言说和记述形成的迷宫，这也是个体进入历史之后必然遇到的困境。与全知叙事的明晰性相比，这种模糊叙事展现了事物、事件的多重性和复杂性，从而可以更为全面、整体地反映现实的本质。

在《摆脱危机者的调查书》中，大江采用了一个双重叙事结构来表现现实的不确定性。小说由“我”（代笔作家）来记述另一个“俺”（森父）讲述的故事。代笔作家“我”在记述时，把自己人生的体验如看到残疾儿子出生时的感受也写进作品中。叙述者森父在叙述中又成了代笔作家笔下的人物。每一个叙述者都具有多重身份：既是叙述者，又是作品中的被描写对象。与此同时，代笔作家的记述结果又成

① [日]大江健三郎：《万延元年的足球队》，于长敏、王新新译，光明日报出版社 1995 年版，第 320 页。

了现实的小说文本《摆脱危机者的调查书》。作为代笔作家，我们看到，“我”很难做到客观如实的记述。“我”记述的森父和森的冒险经历，也由于森父讲述的主观性和语言自身的主观性而变得不可信。

> 但是，我怀疑森父在如此讲述的过程中已经意识到许多内容实际上无法讲述，不管它们是关于现实生活的，还是关于梦的解释的。语言对于代笔作家来说究竟是什么呢？森父真实的梦、他称之为梦而我却无法核查的所谓的梦、他为埋下伏笔狡黠地作为创作的外行杜撰的梦，在我记述这些内容的过程中，语言穿透了我的意识和肉体，它们完全是等值的内容了。然而，如果说语言关于真实和虚构问题并非毫无作为的话，那它又是基于什么样的一种结构呢？这种结构又怎样与我的意识和肉体重合在一起的呢？①

在此，“我”（代笔作家）对所记述故事的看法与讲述者“俺”（森父）的讲述产生了分歧，在建构这一故事的同时，又对故事的真实性进行了某种程度的解构。代笔作家对森父的讲述、对故事记述中语言的功能产生了怀疑，同时也是对由语言构成的记述文本的真实性的怀疑。森父的讲述和代笔作家对讲述事件的质疑贯穿了小说全篇，两者互相制衡，形成一种张力，从而使小说具有了复调意味。代笔作家“我”的记述引导着故事的进程。由于“我”是森父冒险经历的倾听者和记述者，很自然就引出森父=“俺”的故事。大江正是借用这种双重结构，避免了“我”作为一个小说人物无法进入另一人物精神世界的劣势，从而有利于描写人物内心的细微波动。而且，两个第一人称“我”“俺”的视点的转换，弥补了单一视点叙事的不足，避免了全知叙事的平铺直叙。

① [日]大江健三郎：《摆脱危机者的调查书》，包容译，作家出版社 1996 年版，第 44 页。引文略有改动。

到了《给令人怀念的岁月的信》，我们可以看到作者=大江健三郎毫无顾忌地走进了小说文本，甚至借小说人物义兄对自己小说的批评来反省自身的小说创作。例如，在小说的第十一章“事件”中，大江把义兄对《个人的体验》的一节画线修改的情况展示给读者，“我”由此重新反思作品的大团圆结局。[①]我们看到，作家本人大摇大摆进入文本和作品人物谈起了小说的创作。大江在小说中主动暴露创作方法这一行为体现了现代小说的一个重要特征。很明显，大江在此采用了元小说技法，即在小说中解构自己的故事，不断暴露叙述行为与写作行为的虚构本质。在这部小说中，叙述者“我”公开了自己的身份，在小说中谈论起了小说创作，使叙述行为、叙述方式本身成为被谈论的对象。这样，《给令人怀念的岁月的信》就成了关于故事的故事，关于叙述的叙述，这正好与传统的私小说形成了背反。元小说技巧为反思真实与虚构这一二元对立模式提供了一个崭新的视角，也为小说书写提供了新的可能性。

陶东风认为，小说叙事视角向限制视角和跳角（指视角越界——笔者注）的转变，“反映了集权主义文化向相对主义、个人主义文化的转变，同时也反映了乐观的理性主义的可知论向悲观的非理性主义的不可知论的转变”[②]。由此可见，无论是视角越界，还是大江两个叙述者的设置、元小说技法等叙事策略的应用，都是为了打破历来所谓的客观稳定的叙事，使叙事走向相对。在大江看来，在第一人称叙事内引入多视点，似乎更能全面反映事物复杂的本质，这在某种程度上也就必然导致了第一人称叙事的模糊性。

对大江来说，叙事绝不是单纯的形式技巧问题，而是一个涉及小说观念、小说审美、小说哲学思想和小说形式建构的关键问题。在大

---

① 大江健三郎：『懐かしい年への手紙』、講談社、1992 年、463 頁。

② 陶东风：《文体的演变及其文化意味》，云南人民出版社 1994 年版，第 140 页。

江第一人称小说中，“我”在故事中或充当主角，或作为当事人，或作为旁观者来讲述故事，拥有了建构小说故事情节的功能，参与了小说主题思想的建构。大江利用多样化的第一人称叙事，集中挖掘出人物自身细微丰富的体验；叙述的“我”与被述的“我”之间的距离使虚构与现实得以整合；第一人称不稳定叙事展现了现实的多义性，调动了读者的文本参与意识和审美创造力，为读者提供了自由的想象空间和广阔的阐释空间。正是依靠第一人称叙事的特殊表达效果，大江走出了一条别具一格的小说创作之路。

第二章

大江健三郎小说的多样化人物视角

美国文学批评家布斯在《小说修辞学》中曾提到叙事人称的问题。“也许被使用得最滥的区别就是人称。说出一个故事是以第一人称或第三人称来讲述的，并没有告诉我们什么重要的东西，除非我们更精确一些，描述叙述者的特性如何与特殊的效果有关。”①的确，无论是第一人称还是第三人称叙事，都无法和叙述者自身的具体状况脱离开来。而且，叙事视角作为作者观察世界的窗口，其本身就是叙述声音和叙述眼光的复合体。因此，在阐释作品时，我们有必要考虑叙述者自身的具体特征。女性主义叙事学的代表人物兰瑟指出，叙事形式充斥着意识形态意义，女性声音“实际上是意识形态斗争的场所，这种意识形态张力是在文本的实际行动中显现出来的”②。兰瑟结合性别和语境来阐释作品叙事形式的社会政治意义这一方法，为叙事作品分析提供了很好的借鉴。实际上，性别只不过是影响叙事作品意义生成的因素之一。由于叙述者是一个具体的存在，“除了性别，还有其他诸多变量，如种族、阶级，还有宗教、学历、阅历、年龄、婚姻、健康状况等等”③。本章尝试从儿童、女性、双性人、知识分子四种人

---

① [美]W. C.布斯：《小说修辞学》，华明、胡晓苏、周宪译，北京大学出版社 1987 年版，第 168 页。

② [美]苏珊·S.兰瑟：《虚构的权威——女性作家与叙事声音》，黄必康译，北京大学出版社 2002 年版，第 5 页。

③ 申丹、韩加明、王丽亚：《英美小说叙事理论研究》，北京大学出版社 2006 版，第 291-292 页。

物视角入手，探讨大江小说人物视角的美学意义和社会文化内涵。

第一节　儿童视角——《饲育》

《饲育》（1958 年）是大江登上文坛以来发表的第三部作品。在这部作品中，大江首次将故乡四国封闭的山村作为小说故事发生的舞台，创造了一个具有神话性格的神奇世界。儿童视角的第一人称叙事手法、别具一格的抒情文体将作品中少年鲜活的感受性和微妙的心路历程生动地展现了出来。这部小说获得了空前的成功，摘取了第 39 届芥川文学奖，奠定了大江作家的地位。

奥野健男指出，《饲育》以一种异想天开的卓越的想象力作为创作基础，是一部具有浓厚抒情性的、艺术手法纯熟的作品。

> 在战争末期，一架敌机坠毁，孩子们将敌机上的黑人士兵像珍稀动物一样饲养在村子里。对黑人既害怕又好奇的孩子们被他那动物般的彪悍所震撼，被其人性所吸引，进而和他亲近起来。但是，黑人最终还是被成人世界根深蒂固的毒瘤——愚蠢的猜疑心所扼杀。一般人很难会创造出这样的想象世界，说大江是个天才也毫不过分。面对敌国美国时的自卑感，接近黑人时的微妙心理，这些都包含着三四层重要、深刻的内容。从这部作品入手，我们确实可以联想到各种问题。①

正如奥野健男指出的那样，《饲育》蕴含着大江之后的许多小说创作主题的萌芽，具有从多个角度解读的可能性。之所以具有这样的表达效果，可以说和这部小说的形式不无关系。儿童视角这一叙事策略，使《饲育》的丰富内涵得到了充分的展示，这一叙事策略的背后，隐含着大江对社会、对历史、对人生的深刻思索。

---

① 奥野健男：『奥野健男作品集 5』、泰流社、1977 年、第 226 頁。

一、儿童视野中的自然世界和人文世界

与人称视角不同，儿童视角是一种人物视角。作为众多人物视角的一种类型，儿童视角体现在以儿童的眼光和思维来观察和理解现实世界。“儿童视角，即指在小说中借助于儿童的眼光或口吻来讲述故事，用儿童的态度、思维方式和价值取向来组织情节，来表现儿童所能感知的那部分生活景观。”①我们看到，在《饲育》中，大江借助涉世未深的“我”的眼光来讲述故事，使故事的呈现过程具有鲜明的儿童思维特征。

《饲育》的开头描写了“我”和弟弟傍晚时分来到峡谷底的临时火葬场，寻找用来做胸章的死人残骨。夜幕降临，“我”突然想到村里的一个女人前几天在这里被火化的情景，觉得“死尸的气味像某种甲壳虫在手指的重压下溢出的胶状分泌物一样，又重新在我的鼻孔里扩散开来”②。从火葬场回来的路上，“我们”遇到了敌机撞山，惊讶得“像掉进油里的飞蛾，动也不能动。”“我们”想象着敌机飞行员的处境，认为外国兵躲在开满草穗般花朵的高大的枞树枝上，臃肿的飞行服上沾满了枞树花，“把他装扮成一匹肥硕的冬眠前的松鼠”。然而，被捕的黑人士兵给“我们”的第一感觉是恐惧，“我”甚至觉得关押黑人的地窖的小窗“像伤口一样张开黑洞洞的大嘴”，自己似乎会被黑人从那里拉进去。借给黑人士兵送饭的机会，“我”近距离地接触到了黑人，看见他的厚嘴唇如橡胶一般，一口白牙“像机器零件一样排列得井然有序”，喝起奶来“像夹杂着气泡的湍急流水”，充满了旺盛的生命力。如上所示，儿童对死的恐怖、看到敌机的惊讶、对外国

① 朱宾忠：《跨越时空的对话——福克纳与莫言比较研究》，武汉大学出版社 2006 年版，第 200 页。

② [日]大江健三郎：《饲育》，沈国威译，见王中忱编选《死者的奢华》，光明日报出版社 1995 年版，第 71 页。

士兵潜藏状况的想象、对黑人士兵的恐惧，以及对其旺盛的食欲的描述，都通过与“我”周围自然界事物的类比生动地展现出来。小说中这样的描写比比皆是，体现了儿童思维的诗性色彩。

一般说来，儿童具有生命的原初体验，这种体验尚未经受或很少受到文化与意识形态的浸染，使他们的思维呈现出非理性的一面，进而使他们凭借自己敏锐的感觉和丰富的想象来感知世界。儿童的边缘地位，儿童未被世俗蒙蔽的眼光，成为感性地反映现实存在的一种很好的观察点。“以儿童的视界去透视世界，人类的生存世相将会脱离‘习惯性桎梏’下的理解方式，呈现出别样的意义。”①这样，“我”所呈现的原生态的社会面貌就不同于成人眼中的世界，它形象生动，具体可感。“我们”没有亲身体验过死亡的恐惧，小说开头“我们”采集死人残骨做胸前的饰物这点，充分体现了儿童懵懂无知的天性。对于战争，对于战争所带来的生与死，“我们”也毫不关心，在自己的世界里过着无忧无虑的日子。

《饲育》中这些新奇的比喻是儿童眼中的世界呈现，它打破了人与物的天然界限，充分展现了儿童的世界认识与自然密不可分这一原始思维特征。实际上，在这篇小说中，比喻已超越了修辞的范畴，成为儿童视角、儿童感觉的文字呈现。透过这些比喻，我们可以看到儿童与自然本能的亲近，以及儿童思维的天真无垢。在某种意义上，儿童的成长过程也就是童真逐渐丧失的过程。

罗伯特·罗尔夫在《论〈饲育〉中童真的丧失》一文中指出，《饲育》是描述叙述者在童年时代丧失纯真，获得人生经验的故事。《饲育》的核心主题就是展现作为物的人、像家畜一样被他人饲养和利用的人这一概念。“通过大江式的动物意象的运用，年轻的叙述者的这

---

① 沈杏培：《童眸里的世界：别有洞天的文学空间——论新时期儿童视角小说的独特价值》，《江苏社会科学》2009年第1期，第169页。

种新的精神状态和作为物的人这一观念被展现出来。动物意象之所以重要，是因为其推进了叙述且与作品的主题密切相关。”①

正如罗尔夫指出的那样，《饲育》中的动物意象几乎在所有登场人物身上都有所体现。动物意象体现了儿童与自然的亲和，小说人物在儿童思维的观照下通过与自然界动物的类比得以生动呈现。父亲得知敌机坠毁的消息时非常警惕，“像潜伏在黑暗的森林里准备扑向猎物的野兽”，准备随时出动围捕敌人。与大人们的不安相反，孩子们快乐无比，兔唇儿在泉水嬉戏时，“嘴里发出鸟叫般的笑声”；弟弟吃马铃薯时“像一头幸福的野兽”；村里的孩子们玩着爬犁，“像一匹幼兽在草地上飞驰”。

动物意象被更多地用于黑人士兵。在爹眼里，黑人浑身一股牛臊味，“跟牲畜没两样”。在孩童的“我”看来，被俘的黑人刚开始被关进地窖，“像一头挨了一顿狂鞭的牲畜”，和他近距离接触后发现黑人像“一头笨重的黑色野兽”，“简直是一头温柔驯顺的动物”。他造型优美的卷发，在他那“像狼一样尖立的耳朵上方翻腾起黑褐色的火焰”。在和黑人士兵水边嬉戏时，“我”觉得他湿漉漉的健壮的身体丰满而俊美，“像一匹黑色的马”，“剽悍的姿势如同发情时的公山羊一般”。孩子们都觉得“黑人是一匹无比出色的家畜，一头天才的动物”。这些描写展现了黑人士兵旺盛的生命力。然而，像牲畜一样具有旺盛生命力的黑人最终没有摆脱被杀害的命运。

《饲育》描写了“我”的父亲捕杀黄鼠狼的场景。猎户将动物杀死，把剥下的皮贴在墙上后，这些鲜活的生命就失去了存在的意义，变成了没用生命的“物”，从而成为猎户的所用物。黑人士兵和黄鼠狼一样为了抵抗生命和意义的丧失拼命挣扎，他毫不犹豫地将少年作

① ロバート·ロルフ「『飼育』に於ける無垢の喪失」、武田勝彦、ヨシオ·イワモト、サミュル.横地淑子『大江健三郎文学 海外の評価』、創林社、1987 年、232 頁。

为自己的武器加以利用，致使少年一时被剥夺了存在的自由和意义。《饲育》中"我"的变化，就是认识到黑人士兵摆脱困境不惜以"我"的生命为代价的时候。这和小说开头提到的孩子们在火葬场采集人骨挂在胸前作为装饰相呼应，这就是人死后成为"物"，成为他人所有物的例子。正是认识到人为了自己的利益，不惜扼杀鲜活的生命，不惜剥夺他人自由这一本性，从昏迷中醒来的"我"感到"大人们使我作呕，令我恐惧"，"变成了其他星球上的怪物"。大江通过暴力对儿童世界摧残的描述，从弱小者的角度控诉了暴力的罪恶。

二、儿童视野中的暴力和死亡

在《饲育》中，大江虽然选择了儿童充当观察世界的视角，凭借儿童的感性思维方式进入小说的叙事话语系统，但并不是以对天真纯洁的儿童世界的描绘和建构作为自己的最终目标，而是要将儿童感受到的成人世界的暴力和盲目屈从的一面挖掘和呈现出来，以宣泄心中对战争与和平的思考。从这个意义上说，儿童视角实质上是大江自己观察和反映世界的隐喻或载体。

《饲育》展现了一个缤纷的儿童世界。在这个世界里，"我们"过着无忧无虑的生活，可以捡死人骨头做装饰，可以捉野狗驯养，可以在泉水边自由嬉戏。然而，在"我们"幼小的心里，也有一些不和谐的因素，那就是山谷村庄与镇子的对立。

《饲育》中的山谷村庄由于山体滑坡冲毁了通往镇上的桥梁而陷于孤立状态，但在叙述者"我"看来，与镇子的彻底隔绝，"并未给我们这个古老而又偏僻的小开拓村带来任何现实的烦恼"，因为"镇上的居民像对肮脏的动物那样厌恶我们"。镇子代表了权威的发源地，战争期间，一切指示都来自那里。山谷村庄对镇子有一种抵触感和自卑感。山谷村庄的孩子们，本能地感受到山村和镇子这种中心和边缘的对立存在，从而将村民和镇上的人置于对立的位置。

一走进镇子，我便把肩紧靠在爹身上，不去理睬街上的孩子们投来的挑衅的目光。我知道，如果爹不在身边，这群孩子会用口水和石块迎接我的。我对镇上的孩子，总有着一种像对待令人生厌的毛毛虫似的厌恶和轻蔑的感情。阳光下这群体态瘦小、目光奸诈的孩子，如果没有躲在昏暗的店铺里监视我们的大人，我相信，不管是谁，我都会把他打翻在地。①

即使是山谷村庄的孩子们之间，我们也能看到上与下的等级差异。在这个世界中，解决问题的方式就是暴力。在小说开始“我”没能找到死人残骨作为胸饰，“我”要做的就是“靠拳头从其他孩子那里抢夺”。“我”和兔唇儿是孩子王，当其他孩子也想近距离地看黑人，受不住眼前情景的诱惑，忘乎所以地要跟“我们”走进地窖时，“兔唇儿无一例外地把他们打倒在地，鼻血直流。这就是僭越者为自己的非分的行为付出的代价”②。

《饲育》中的儿童视角呈现了成人世界和儿童世界两个不同的世界。两个世界相互映射，儿童不理解大人的世界，战争中的死亡对他们来说“只意味着邮差送来的阵亡通知书”；大人们不能理解黑人士兵带给孩子们的快乐，对他们来说，黑人士兵仅仅是村人的负担。大江通过两个世界的对比，以儿童世界来反衬成人世界的虚伪、麻木与残酷，从而表现了对成人世界的批判。但是，两个世界又具有某种同构性，那就是纵式的权力结构，暴力就是这种结构的产物。无论在镇上的人和村民之间，还是在村里的孩子们之间，解决问题的方式就是靠权力和暴力。所以，不难理解镇子的代表“书记”和村人在讨论是否收留黑人俘虏时的态度了。我们看到，书记那种命令式的、下级官

① [日]大江健三郎：《饲育》，沈国威译，见王中忱编选《死者的奢华》，光明日报出版社 1995 年版，第 85 页。

② [日]大江健三郎：《饲育》，沈国威译，见王中忱编选《死者的奢华》，光明日报出版社 1995 年版，第 97 页。

僚持有的居高临下的态度，使村里的大人们唯唯诺诺地屈服了。因为镇子是权力的发源地，村庄始终处于被支配的地位。来自镇上的书记作为国家权力的代言人，传达的是天皇的命令。正是笼罩整个村子的效忠天皇的思想，使村里的大人们畏惧，轻易地操纵着村里的人们。不难看出，借助儿童视角，大江在批判隐藏于人自身内部的暴力倾向的同时，对以战争方式表现出来的“国家暴力”的根源进行了影射。

伴随着战争中权力和暴力的，是伤痛和死亡。

“仗打到这步田地也真够可以啦，连孩子的手都要被敲碎。”书记说。①

连作为统治者传声筒的书记也认识到了这场造成大规模生命死亡的战争的残酷本性，认为“一切好像都要结束了”。但是，见证了战争残酷性一面的书记最后因偶发事件死去。由此看来，从开头的临时火葬场捡拾死人残骨到结尾处书记的死，死亡意象很明显成为奠定小说叙事基调的一个主要因素，这在“我”象征性的死亡——昏迷中也有所体现。不过，与死相连的，是经历生死体验后的再生。

> 在黏糊糊的口袋中，我滚烫的眼睑，燃烧的喉咙，灼热的手掌开始使我愈合，成形。但是，我还不能撕破这种黏膜从口袋里挣脱出来。我像一头早产的羊羔，包裹在黏膜里面，一动也不能动。②

一条孝夫指出，《饲育》中描写的少年苏醒的一幕，很明显包含着农耕民在植物生命中赋予的循环再生思想。“种子从地下（母胎）发芽，重现其新的生命力。作为‘种子’的少年在和地下仓库相连

① [日]大江健三郎：《饲育》，沈国威译，见王中忱编选《死者的奢华》，光明日报出版社 1995 年版，第 115 页。引文略有改动。

② [日]大江健三郎：《饲育》，沈国威译，见王中忱编选《死者的奢华》，光明日报出版社 1995 年版，第 111 页。引文略有改动。

的‘谷仓’的床上苏醒。这一意象，作为作家追求的死与再生的主题，散发着耀眼的光辉。”[①]少年像“早产的羔羊”在谷仓的床铺上苏醒过来的意象，体现了以黑人士兵之死为媒介的少年的再生主题。经历了残酷的人生考验，“我”醒来后，看待死亡的眼光发生了彻底的变化。“我瞥了一眼书记的尸体，站起身，躲开围上来的孩子们。这突如其来的死，死者的表情，时而充满悲哀，时而又不无微笑。这一切我都习以为常了。”[②]我们看到，故事开始时在临时火葬场上想起被火化的死者悲伤的表情而深感恐惧的少年已不复存在，面对着暴力导致的死亡和偶然的死亡，曾被推向死亡边缘的“我”表现出异常的成熟和冷静。

《饲育》的儿童视角虽然表述的是儿童的感受，但是，它只是借用了儿童的诗性思维和纯洁心灵，为复杂、严酷的当下现实提供了一个全新的观察角度，它关注的焦点仍然是战争中人们闭塞的生存状态，建构的依然是有着战争反思意味的社会小说。我们看到，《饲育》结尾一场暴力的上演把主人公推到死亡的边缘，主人公“我”孩提时代的纯真和幸福在一瞬间化为乌有，犹如战争的暴力使日本整个国家陷入困境，变得伤痕累累一样。从“我”感伤的叙述中很容易联想到政府和当权者不惜牺牲无数生命发动侵略战争这一人类有史以来最大的暴力给人们带来的伤痛。

三、文本与现实的对话——《饲育》儿童视角的诗学内涵

钱理群指出，童年回忆是过去的“童年世界”与现在的“成人世界”之间的出与入。“‘入’就是要重新进入童年的存在方式，激活（再现）童年的思维、心理、情感，以至语言（‘童年视角’的本质即在

① 一條孝夫：『大江健三郎 —— その文学世界と背景』、和泉書院、1997 年、75 頁。

② [日]大江健三郎：《饲育》，沈国威译，见王中忱编选《死者的奢华》，光明日报出版社 1995 年版，第 116 页。

于此）；‘出’即在童年生活的再现中暗示（显现）现时成年人的身份，对童年视角的叙述形成一种干预。”[①]《饲育》中的儿童视角可以说体现了儿童感性与成人理性的复合。在对儿童视角的实际操作中，作者大江无法从叙述者的身份中脱离开来，所以不可能以百分之百的儿童眼光来审视和感受世界。成年叙事者的声音时隐时现，成为《饲育》童年回溯叙事最突出的特征。在《饲育》中，成人视角巧妙地隐藏在儿童视角背后，儿童声音、成人声音、儿童话语、成人话语的交织并存使这部小说突破了单一的线性结构而具有了多声性。在儿童的懵懂、天真与成人的世故、功利这一悖论的叙事话语和价值观念下，大江对现实世界的呈现和人物内心世界的表达趋向多元与丰富。可以说，《饲育》的儿童视角拓宽了这部小说的意义生成空间，使其具有了从各个角度解读的多义性。

虽然，《饲育》中的叙述者在很多时候基本放弃了追忆性的眼光而采用正在经历事件时的眼光来叙事，但在叙述背后，我们能够清晰地感受到已成年的“我”内心的跃动。

> 我和弟弟就像是被坚硬的表皮和厚厚的果肉紧裹着的小种子。它柔弱、娇嫩，一丝外界的光就能使它瑟瑟颤抖，把它表面的青膜破损殆尽。在坚硬的果壳外，在屋顶上放眼可及的远处光带般的大海的彼岸，在峰峦重叠的群山那边的城市里，旷日持久的，像传说中那样雄壮，却又毫无指望的战争正吁出滞闷的空气。可战争对于我们，只意味着村里年轻人的远征和邮差不时送来的阵亡通知书。战争没有渗透这坚硬的表皮和厚厚的果肉。最近开始飞过村庄上空的敌机，于我们也只不过是一种新奇的鸟而已。[②]（横线为笔者所加）

---

① 钱理群：《问题与风格的多种实验——四十年代小说研读札记》，《文学评论》1997年第3期，第54页。

② [日]大江健三郎：《饲育》，沈国威译，见王中忱编选《死者的奢华》，光明日报出版社1995年版，第75页。

很明显，当时年幼的“我”不可能用“被坚硬的表皮和厚厚的果肉紧裹着的小种子”这样的比喻来描述自己，这是成年的“我”在回首童年岁月时对自己当时懵懂未开的精神状态的描述。在对童年往事的追忆中，叙述者把战争描述为“像传说中那样雄壮，却又毫无指望”，表现了成年后的“我”对战争的失望和讽刺。时间状语“最近”一词，又把叙述自我视角转换为经验自我视角，在视角的切换中，童年的感受得以真实再现，读者也能深切地感受到成年叙述者弥散在小说中的感伤情绪。

王宜青指出，儿童视角在具体运用过程中，总是表现为两套话语系统的共存。成人与儿童两种世界的明暗交织、双重话语的交错、过去与现在两种时间的往复，使之呈现出复调的诗学意味。[①]在这个意义上，《饲育》虽然以内心独白的形式展现了作为儿童的“我”的内心世界，但其中蕴含的却是成年叙述者童年丧失的心理创伤。《饲育》其实是成年叙述者借助儿童话语和童年记忆表达当下的“我”对战后现实的幻灭感。这样，叙事声音和叙事眼光不再由叙述者一人统一起来，而是分别存在于故事外叙述者“现在的我”和故事内聚焦人物“当时的我”这两个不同的实体中。两种话语系统的相互交织，拓展了小说叙事的空间，使文本具有了一种历史的厚重感。从《饲育》中，我们可以深刻地感受到童年的生命体验在当下具有了新的意义。在美国占领下的战后，作家通过童年记忆的回溯而获得精神、思想上的反省，进而借助童年记忆超越了当下社会主导意识形态——天皇制，来冷静、深入地反思战争这一暴力的根源。在这个意义上，“我”的不幸童年不再是一个只停留在过去而不与当下发生关联的世界。正是通过儿童视角，大江细致入微地传达了“我”在成长过程中感受到的暴力、

① 王宜青：《儿童视角的叙事策略及心理文化内涵》，《浙江师大学报》（社会科学版）2004年第4期，第21页。

死亡、屈辱等种种精神、肉体之痛，通过对战争的反省，表现了那个非理性年代的阴暗、荒谬和残酷，抒发了“我”对和平的期待、对战争的反思、对人性的强烈呼唤和对生命本真的执著追问。

由此可见，把叙述的权限交给天真无邪的儿童，以清澈明亮的童眸充当观察世界的视角，这些凝聚着大江深邃的社会学、文化学的思考，蕴含了大江对童年记忆的审美观照和对当下现实的深刻批判。借助于儿童视角与成人视角的复合，大江表达了自己对暴力、战争的控诉，在对童年的诗性回溯中体现了对成人世界的非人道、残酷一面的揭露。这种叙事结构因“儿童世界——成人世界”“儿童视角——成人视角”“儿童话语——成人话语”的交织使文本充满了内在张力。叙述自我与经验自我的复合，使自我内心的情感和记忆被重新唤起，使人物叙事者在回归童年经验的同时完成了对历史的重新审视，以及内心对故乡和童年记忆的书写。可以说，儿童视角作为大江建构小说艺术的一种方式，包含着他山谷村庄经验的诗性回归和精神乌托邦的审美建构等深层创作动向，这也是大江长期以来立足边缘，将山谷村庄作为小说创作舞台的一个重要原因。

第二节　女性视角——《静静的生活》

《静静的生活》（1990 年）是大江第一部以女性作为叙述者的小说。在这部小说集中，由于父母去了国外，作为长女的大学生“我”在为毕业论文做准备的同时，还要照顾智障的哥哥和在高中复读的弟弟。在此期间，“我”经历了一系列事件，从中获得了深刻的人生感悟。这包括对智障的哥哥可能会引起性暴力事件的不安（《静静的生活》①）；看到哥哥创作的名为“弃儿”的乐谱时的忐忑（《行星的弃

① 由于小说集名字和所收的一篇小说的名字相同，后文《静静的生活》表示小说集，用《生活》表示该篇小说。

儿》)；对人生困境的超越，以及对灵魂救赎的企盼（《引路人》)；对残疾人受到的不公平待遇的心理克服和对特权的反抗（《自动木偶人的噩梦》)；对父亲人生困境的理解（《小说的悲伤》)；对生命的认识及对静静生活的追求（《家庭日记》)。在这部小说的后记《由著者向读者　小球》中，大江向读者说明了自己在这部作品中进行的叙事尝试。

> 《静静的生活》之所以成为特别的作品，直接的原因就是将小球这个女孩子设定为叙述者这一点。小说的秘密——就我迄今为止的长期的体验来说，就在于如何讲述它这一点。表现什么样的思想、人物和事件这些都很重要。但是，如何讲述这一点更为重要。为了确定这一点，我自己在写小说之前以及修改的时候花费了大半的精力。我现在决定至少今后几年内离开小说创作，最有说服力的理由就是强迫自己反省小说的叙事方法。①

大江本人也认为这部作品有别于他之前的创作，认为叙事甚至比作品的思想、人物、事件这些因素更重要。的确，叙事在大江的创作意识中具有举足轻重的地位，对叙事的执著使大江对小说获得了一种不断超越的动力。那么，《静静的生活》的女性叙述者的设置在大江文学中具有怎样的意义呢？我们有必要将其放在大江文学创作的整体中进行考察。

一、女性的存在与发现——大江小说的女性谱系

在早期作品《奇妙的工作》(1957年)、《死者的奢华》(1957年）等小说中，我们可以看到女性人物仅仅处于配角的地位，“女学生”这一没有个性的称呼就非常明确地表现了这一点。虽然，《死者的奢华》中怀孕的女大学生在经历了搬运尸体这一打工体验后决定把孩子

---

① 大江健三郎：『静かな生活』、講談社、1995年、289頁。

生下来，但这并没有给小说情节的发展带来任何积极的色彩，小说最终仍然以徒劳结束。在《他人的脚》（1957 年）、《鸽子》（1958 年）中，女性人物“护士”通过给少年患者性的愉悦这一形式在某种意义上被赋予了一定的积极意义，给作为弱者的男性性的安慰的女性形象由此成为之后大江文学女性塑造的一个典型。

大江在随后的《我们的时代》（1959 年）、《好心情》（1959 年）、《性的人》（1963 年）等作品中塑造了美军占领日本期间与外国士兵交往的妓女形象。妓女们依靠作为胜利者而成为特权性存在的外国士兵生活。而男主人公大都精神颓废，政治上没有地位，经济上依靠妓女过着寄生的生活，饱受政治上、精神上的屈辱。岩谷征捷指出了大江以性和政治为主题的一系列小说的女性塑造特点，认为大江这一时期小说中的妓女形象均带有一种色情狂般的性格，她们具有强烈的性欲望，特别是通过女上位的性交发挥着对男主人公进行精神慰藉的作用。[①]到了《个人的体验》（1964 年），大江从正面描写了女主人公火见子的精神世界，虽然还存在着之前作品中女性通过性来安慰男主人公，鼓励他们走出精神困境的一面，然而，作家对女性精神世界的关注使这部小说在女性形象塑造方面达到了一个新的高度。在《万延元年的足球队》（1967 年）、《洪水涌上我的灵魂》（1973 年）等作品中，大江塑造了具有较为强烈自我意识的女性形象。《万延元年的足球队》中的叙述者蜜三郎的妻子菜摘子是一位对身边的丈夫置之不理，公然与小叔子鹰四发生肉体关系的具有叛逆性格的女性。《洪水涌上我的灵魂》的主人公大木勇鱼的妻子是一位敢于对躲在核避难所的丈夫和“自由航海团”的成员用话筒公开发表演说的女性。虽然这两部小说对女性着墨不多，而且更多的描写是从男性的感觉出发并因此而带有

① 岩谷征捷：「大江健三郎、初期作品における《女》の役割」、『昭和文学研究』1985 年第 11 号、65 頁。

一种片面色彩，但是，她们还是被大江赋予了鲜明的时代特征和强烈的女性自我意识。

在短篇小说集《听“雨树”的女人们》（1982 年）中，大江作品中的女性开始发挥重要作用。在“雨树”系列中奠定小说整体基调的麦克西姆·劳利的妻子、高安卡儿的夫人潘妮，都以自己的力量鼓舞着小说中的男性。从《另一个和泉式部诞生的日子》（1984 年）开始，大江的叙述手法开始发生变化，大江解放了自己内在的“女性性”的一面，从而创造出生动的女性形象。《给令人怀念的岁月的信》（1987 年）虽然以 K 和义兄两位男性为中心，但他们身边的阿优、阿势、阿清、阿朝这些女性在小说中发挥着前所未有的作用。

一般说来，在传统文学中，男性作家往往对女性存在着认识上的偏见，这表现在他们在创作中大多从男性角度观照女性的感受。男性作家笔下的女性形象不是温柔、美丽、贤淑的传统型的“天使”“慈母”，就是淫荡、狠毒、风骚的“毒妇”“妖女”。我们很容易从川端康成、谷崎润一郎等传统作家的创作中发现这两种女性塑造范式。可以说，这两种被理想化或被妖魔化的女性形象，并不能反映女性真实的存在。战后，随着女性社会地位的提高和女性自我的觉醒，以女性作为他者建构起来的男性主体身份也在一定程度上遭到了消解，这也意味着传统社会泾渭分明的男女社会性别界限具有了被打破的可能性。

从以上分析不难看出，大江早期作品中的女性形象具有模式化倾向，她们在大江作品中呈现出荡妇、地母型的女性或富于牺牲精神的受难者形象。也就是说，大江 20 世纪 80 年代之前的小说中的女性形象，并没有超越传统的二元对立模式，女性在大江小说中只是一个空洞的能指，我们无法感受到女性主体的生命和感受。可以说，大江早期作品未能摆脱男性意识，他以男性视角和男性话语塑造了一系列女性形象。

在《静静的生活》前一年发表的长篇小说《人生的亲戚》（1989年）是一部以女性为主人公的小说。虽然这部小说依然以男性作为叙述者，但是，小说的叙述者“我”为了写反映仓木玛丽惠的电影故事，通过在墨西哥制作电影的年轻人的来信、主人公仓木玛丽惠的书简、了解仓木玛丽惠的“我”妻子的讲述，以及自己与仓木玛丽惠交往的回忆等手段，立体地描绘出一位虽饱受苦难却一直乐观的“圣女”形象。《人生的亲戚》处处透露出大江对仓木玛丽惠这一女性形象倾注的深切人文关怀，避免了“天使”和“妖妇”这两类充满父权制对女性歪曲和压抑的脸谱化形象。从描写手法来看，《人生的亲戚》虽然超越了大江以前的女性描写，但仍然没能跳出男性视角这一框架。不过，对仓木玛丽惠这一具有女性意识的人物形象的塑造，体现了作者创作过程中对性别问题的思考。

柴田胜二指出，20世纪80年代以来，大江小说中的女主人公形象日趋丰满和多样化，“以女性作为叙述者或主人公，明显能够体现出作者的一种指向性，当然，这不是将女性主义笼统地引入作品的战术。所列作品（指《人生的亲戚》《静静的生活》等作品——笔者注）中出现的女性都具有传统的一面，不是那种带有性的偏执、易与他人冲突的类型”①。柴田较为准确地概括了大江这一时期小说女性塑造的特点。的确，即使是《人生的亲戚》中具有激进性格的仓木玛丽惠，也不是那种面向社会振臂高呼、自我标榜的人物。在《静静的生活》中，大江尝试将叙述者小球设定为对前途隐隐不安的小人物，让她用一种稳重、内敛的语气，从女性的角度来审视和讲述周围的世界。女性叙述者的设置是这部作品不同于之前其他作品的独特之处，标志着大江小说对女性形象的塑造达到了一个新的高度。

① 柴田勝二：『大江健三郎論 —— 地上と彼岸』、有精堂、1992年、242-243頁。

二、女性主体建构与男性批判

一般认为，以女性为主体的叙事建构的重点在于关注女性的自我意识和情感世界，通过对女性细腻、丰富的内心世界的把握，描写女性的精神成长和对自我存在价值的不懈追求。《静静的生活》的叙述者“我”，以感性的语言讲述了生活中的一个个小故事，表达了自己对人生的思索和对生命本真的追问。在此意义上，《静静的生活》可以说是一部脱离父母庇护后的“我”的成长物语，是一部关于女性精神成长的小说。

叙述者“我”虽然还只是一个刚刚成年的大学生，但在被父亲半开玩笑地问到结婚的底线时，“我”毫不迟疑地表达了自己要照顾哥哥一生的决心。“因为要和义幺住在一起，要嫁人的话，对方至少要有两室一厅，我想在那儿过着安静的生活。”①“我”的回答使父母非常震惊，同时又使他们觉得滑稽可笑。然而，不可否认的是，“我”的回答是以潜意识里父母的缺席作为前提的。对我来说，在父母离开这个世界之后，自己即使结了婚，也需要一个和义幺一起生活的独立空间。“我”的回答从一个侧面体现了自己勇敢面对未来人生困境的决心。

叙述者“我”内心敏感、脆弱，能够用真挚的话语将自己的人生感受表述出来。“我”因为考虑到将来不会有人可以同时接纳“我”和义幺，不知道怎样解决这一人生困境而一筹莫展、顾影自怜，同时也为残疾人受到的社会歧视而愤愤不平。在《生活》中，“我”在无意识中表现了性格中男性的一面。在看到早报上刊登的弱智青年袭击小学女生的报道时，“我”对记者从性动机出发剖析这一事件的做法大发雷霆。

① 大江健三郎：『静かな生活』、講談社、1995年、9-10頁。

> 那时，我心中产生了“妈的、妈的”这一带有攻击性的情绪，与其说是突然爆发，倒不如说在心中积郁已久。实际上，最近经常从我嘴里冒出“妈的！妈的”这种被义幺斥责为粗话的字眼。[①]（着重号为日文原文所有）

荣格认为，人的情感和心态总是同时兼有两性倾向，阿尼玛原型是男人心理中的女性的一面，阿尼姆斯原型则是女人心理中男性的一面。女性叙述者“我”的粗口，可以看作“我”心中阿尼姆斯一面的无意识体现。着重号的添加，体现了作者的介入，也可以说是作者对叙事的一种干预。那么，作者为什么要对“我”的粗话进行强调呢？我想这是大江提醒读者注意“我”叙述中的“男性声音”的一种策略。

一般说来，日语是一种男性用语和女性用语严格区分的语言。女性用语和男性用语比起来，显得委婉含蓄，体现了传统社会对女性温柔气质的规定性。女性采用男性的口气说话，被认为是粗俗、没有教养的标志。使用男性才使用的脏话，体现了“我”对新闻报道不分青红皂白歧视残疾人的做法的强烈愤怒。在听到哥哥工作的福利工作中心也发生数次近似“性冲动”事件的恶意的传闻时，“我”的胸中又涌现出那种高亢的咒骂声，因为“我”从接孩子的那群妈妈的谈话中了解到，和健康年轻人的蠢蠢欲动比起来，那不过是非常内敛的甚至有点可怜的冲动。当“我”和 A 太太、M 太太看到一个智障的男孩在路边手淫时，“我”再一次对歧视残疾人的行为感到愤愤不平，那种“妈的！妈的”的咒骂声又在心里响起，以至于“涨红了脸，眼泪都快涌出来了，好像觉得自己品德败坏似的，真窝火！”[②]

在日语中被认为是男性用语的粗话屡屡在“我”心中回响，这是

---

① 大江健三郎：『静かな生活』、講談社、1995 年、14 頁。

② 大江健三郎：『静かな生活』、講談社、1995 年、17 頁。

叙述者性格中阿尼姆斯一面的自然流露，使“我”的叙述超越了纯粹女性的视角，从而能够全面审视生活中的男性和女性。

在残疾人“心连心音乐会”上，我看到在场的每位母亲表情坚毅，父辈们却垂头丧气，“我”对这些父辈们的表现“既同情又愤怒”。

> 这时候，我心中又回荡着这样的声音：“妈的！妈的！即使前途黯淡，难道不更应该打起精神来吗？”仅从表面上来看，我只是觉察到在我这个圆头圆脑、身体消瘦的女孩子的注视下，这些父辈们沮丧地低下了头。然而，我之所以听到自己心中的呐喊，是因为发现同在演出现场的那些忧郁的母亲们心中一样蕴含着“妈的！妈的！”的反抗力量。[①]（着重号为日文原文所有）

不难看出，大江试图借用男性声音来丰富单一的女性眼光。女性叙述者心中男性声音的凸显既有利于对男性进行批判，也有助于准确把握女性内心的真实想法；既突出了女性自我，又体现了作者对女性生存的审视和观照。

除了残疾人的妈妈们，“我”从父亲的好友重藤夫人那里也感受到了女性的力量。重藤夫人作为小说的主要人物，先后在《行星的弃儿》《引路人》《自动木偶人的噩梦》《家庭日记》中登场。“我”眼中的重藤夫人，是一个温和、善良、具有正义感的女性，是一个坚决反抗特权的存在。她清楚地认识到个人力量的势单力薄和微不足道，但还是竭尽一已所能反抗强权。为了抗议波兰政府对诗人、作家的迫害，她打算把抗议的传单亲手交给来日访问的波兰人大常委会主席，并因此遭到了警卫的暴力而摔断了锁骨。

> 以我这样普通的头脑想来，无论多小的事情都不要让自己特权化，

① 大江健三郎：『静かな生活』、講談社、1995年、55-56頁。

只要将自己看作一个普通人，生活就会游刃有余。我也总是尽最大的努力去这样做。不过，即使我竭尽全力，也不过是做些像重藤先生记得的借围巾给一个又冷又饿的小女孩那样微不足道的事情而已。①

作为一个普通女性，重藤夫人对生活有着自己的理解，在生活中尽可能做到不要让自己特权化。对“我”父亲遇到的人生困境和他那关于人的信仰，以及死后灵魂问题的混乱想法，重藤夫人认为其根本原因在于他“把自己视为特权的存在”。叙述者“我”从重藤夫人的人生态度出发，借重藤夫人之口，间接表达了自己对父亲的批判。

作者大江通过“我”这一女孩子的眼光，对特权、强权进行了强烈的控诉。可以说，《静静的生活》把女性的生存体验和人生感悟推向叙事的主导地位。重藤夫妇对“我”父亲K的批判，通过女儿“我”的眼光与“我”自身对父亲的批判微妙地交织在一起。这体现了大江在叙事上的匠心，即男性作家把自己人格的一个侧面转化为女性，试图更加自由、更加含蓄地书写自己的内心世界。通过叙述者“我”的眼光，我们可以看到大江对女性的认识，以及对女性力量的期待，也可以看出他借女性的眼光对自身进行的反思。

三、日常生活的超越——女性视角的诗学内涵

以上从叙事话语（视角）、叙述内容（人物形象）和叙述动作（叙述者与作者）三个方面分析了《静静的生活》。我们看到，这部小说女性叙述者的设置有着特殊的意义。从“我”的社会地位来看，“我”是一个大学生，单纯、天真，喜爱幻想甚至经常发呆。“我”对日常生活细腻的感受，使这部小说呈现出一种诗性色彩，也就是说，小说在对平凡生活的描绘中实现了对日常的超越。

对梦的叙述是这部小说的一个显著特征。梦是潜意识的流露，然

---

① 大江健三郎：『静かな生活』、講談社、1995年、147頁。

而，作为一种重要的文本修辞现象，对梦的叙述则是一种有意识的行为。梦境叙事是小说叙述者“我”观照现实的一种手段，是对令人不满的生活现状和生存状态的一种有意识的强调，同时也为这部小说增添了一种非理性色彩。

《生活》展现了这样的梦境：“我”身穿新娘礼服，和伴娘义幺伫立在寂寥空旷的原野上；《行星的弃儿》描写了“我”和义幺走进剧场看演出时却发现父母在舞台上表演，到前排就座时遭到戴着“媒体”袖章的人粗暴对待的荒诞的梦；《自动木偶人的噩梦》中的梦境则是“我”和哥哥以孩子的装扮置身于绝望无助的沙漠中。三个梦表现了“我”对未来的不安，这种不安促使“我”在平凡的日常生活中思考人生，使“我”在日常生活的一个个小插曲中体验长辈的关爱和家人的成长，逐渐领悟人生的真谛和存在的意义，最后甚至成为带领父亲走出心灵困境的“引路人”。可以说，梦境叙事拓宽了小说的表现空间，加大了小说描写的情感容量。

《静静的生活》的叙述者“我”虽然具有较为强烈的自我意识，但在讲述中尽量做到了叙述的客观性，准确地把握了自我与他人的关系。我们看到，在小说中，“我”作为叙述者并没有利用自己的叙述权力压抑人物，无论是重藤夫妇，还是“我”的家人，都是独立自主、生动鲜活的主体。在《家庭日记》中，“我”在讲述自己差点儿被新井强奸这一事件时，也尽量做到了不带个人偏见。

> 以下是我走进新井房间后的全部记忆。事实上，我焦虑、胆怯，几乎成了木头人。我站在那儿动弹不得，举止非常不自然……
>
> 毋宁说我的反映肯定也有使新井的行为向不规矩方向升级的一面。虽然我还做不到像重藤夫人那样完全公平，但我也想尽量对新井公平点，冷静地把房间里发生的事简明扼要地写下来。（下略）①

① 大江健三郎：『静かな生活』、講談社、1995年、276頁。

“我”在叙述中尽量拉开与所述故事和人物的心理距离，理解和包容他人意识和他人世界，这就摆脱了个人的主观偏见，从而使“我”能够冷静、客观地讲述发生在自己身上的事。这样，“我”就超越了个人的主观性，表现了作为叙述主体的成熟。在“我”的讲述中，塔可夫斯基的《引路人》、米切尔·恩德具有科幻色彩的《毛毛》和《讲不完的故事》、塞利纳的《里戈东》、布莱克的预言诗，以及大江自己的作品《M/T与森林的奇异故事》等作品也进入了叙事，叙述者“我”不断在讲述中插入这些小说文本，使它们赋予整个叙述一种知性色彩，发挥着让“我”的日常生活体验升华的作用。比如，《里戈东》里那一群与死亡斗争的“我们的小白痴们”的大无畏精神，成了“我”超越现实困境的动力。可以说，对这些作品意境的引用，显示了叙述者摆脱了日常琐事等具体现象，向普遍的诗性领域升华的超越性。

与另一部描写家庭生活的小说《新人啊，醒来吧》（1983年）相比，《静静的生活》描写了孩子由家长的庇护向成人过渡的一个精神成长过程，主题上和《新人啊，醒来吧》中“与残疾儿共生”这一主题有较大的差异。也就是说，《新人啊，醒来吧》中稳定的“家”和“家人”面临着被重新认识和建构的局面。

岛村辉在分析《静静的生活》的叙述者“小球”的设置与大江以往以家庭生活为题材的小说叙述者的不同时指出，大江历来采用的描述家人关系的叙述方法，是以作为监护人的父亲和脑有残疾的被监护的儿子这种上下关系为中心展开的，换句话说，是以“K—义幺”（父—子）这种权力关系作为前提的。这样，意识到这一点的大江在之后的作品中选择将其相对化的新的叙述方法就成了必然的事情。“要摆脱这种固定模式（指以父子关系为中心的叙事模式——笔者注）的话，就需要遵循将其相对化的手法，必须让作为作品角色之一的叙述者自身处于一种不安定状态，即在故事中不断将叙述者置于自我认同的危机中。《燃烧的绿树》的叙述者阿萨在男性与女性两种性别之间的摇摆中进行讲述这一叙事方法转变的源头就在于此。”①

也就是说，《静静的生活》通过将女儿小球这一大学生作为叙述者，将大江的家庭叙事小说中历来存在的这种垂直权力关系相对化，这成为这部小说叙事形式的价值所在。与《燃烧的绿树》中双性人叙述者的设置联系起来来看，这部小说集可以说在大江的小说创作中具有承上启下的重要意义。

《静静的生活》的叙述者“我”也是作者大江创造的一个角色。当作为男性创作主体的大江尝试用女性话语风格进行创作时，尽可能地压制了自己的男性思维，使这部小说的叙事话语具有了女性叙事的诗意、感性、情绪化等特征。然而，小说中大量文本的导入还是使叙述具有了男性叙事的知性化，特别是作品中父亲信件的引入，在客观上不可避免地将两种话语风格纠结在一起，形成了一种叙述的张力。正是在这个意义上，《静静的生活》这一看似平淡的作品，由于对小球这一女性视角的发现和尝试，从而具有了丰富的审美内涵，在大江小说叙事实验中具有不容忽视的重要地位。

第三节　双性人视角——《燃烧的绿树》

《燃烧的绿树》三部曲（1993～1995 年）是大江探讨人类灵魂救赎问题的鸿篇巨制。正如来自叶芝诗歌“从树梢的枝头，一半是耀眼的火焰，另一半是绿色”这一小说题名所象征的那样，小说中充斥着真实与虚构、现实与幻想、神圣与世俗、信仰与背叛、灵魂与肉体等两义的存在，这些要素赋予了小说一种模糊色彩。从小说叙事来说，大江尝试将经历了从男性向女性转换的双性人作为叙述者。这一独特

① 島村輝：『臨界の近代日本文学』、世織書房、1999 年、426-427 頁。

的设置，被篠原茂称赞为“日本现代文学中史无前例的尝试”[①]。的确，双性人视角的选择，是大江对以往小说叙事的一种超越，在其小说创作中具有划时代的重要意义。

一、二元共存：双性同体的意义

在接受尾崎真理子的采访时，大江提到了这部小说叙述者的设置问题。“从小时候起，我时常会梦到或想象到性的双性同体形式。在神话以及民俗传承里发现这一形象时，我非常兴奋。在这部小说中，我在生活于现代的一个姑娘身上将其实体化，而且还描写了这位姑娘以双性同体之身与小伙子相爱的情节。要问为什么这样设置，我自己也无法说清楚……”[②]的确，双性同体是神话、民间传说的一个古老的主题和原型，它是隐藏在人类灵魂深处的集体无意识，体现了人类试图打破性别的二元对立，在两性互补中获得超凡力量的愿望。大江双性人视角的选择，就建立在这种深厚文化积淀的基础之上，体现了他在叙事中试图突破性别界限，超越性别对立的精神意蕴。

在《燃烧的绿树》中，对双性同体的表述采用了两种表达形式。一个是「両性具有」（アンドロジナス），另一个是「半陰陽」（ハーマフラダイト）。从大江给两个词标注的假名读音来看，「半陰陽」来自“hermaphrodite”，更多地用于生物学和解剖学；「両性具有」的外来语“androgyny”由古希腊语中表示男性的词根“andro”和表示女性的词根“gyn”构成，原意指植物的雌雄同株、人和动物的生理畸形，现在更多地用于社会文化方面，多带有否定意义。在现代社会中，双性人往往被看做生理畸形而遭受世俗歧视，然而，双性同体这一思想却有着神话学和人类学的哲学基础，被视为人类性别尚未分割的混

① 篠原茂：『大江健三郎文学事典』、株式会社森田出版、1998年、385頁。
② 大江健三郎、尾崎真理子：『作家　自身を語る』、新潮社、2007年、217頁。

沌状态，同时也是一种完整和完美状态。"'雌雄同体'是古代人表示全能、力量以及自足的普遍公式。人们似乎觉得，神圣性或神性如果要具备终极力量和最高存在的意义，它就必须是两性兼体的。"①可以说，在远古时代，"双性同体"体现了一种神圣性，是超常智慧和无穷力量的象征。就《燃烧的绿树》来说，双性同体的叙述者"我"使小说呈现出一种怎样的姿态呢？

双性人"我"既是小说的叙述者，又是"救世主"义兄传道的"宏大故事"和教会福音书的记录者。十八岁以前，"我"同时具有女性的乳房和男女性器官，着男装，以男性的语气说话。十八岁时，"我"和来山谷的男性扎卡里发生了关系，女性意识开始复苏，决心变性，作为一个女人生活。然而，我们可以看到，"我"虽然转换为女性，但仍然潜藏着男性意识，不断地在男性意识和女性意识之间摇摆。叙述者"我"对这一点有着清醒的认识，在第一部第一章，当听到义兄不断说起祖母"临死体验"的事情时，"我"心中的男性声音复苏了。

> 不记得义兄第几次重复说起的时候，我终于忍不住发火了。每当这个时候，我觉得自己大脑和舌头的功能似乎又回到"变性"之前的状态，年轻人那种狂妄放恣的精神在我的心间猛然升起。也就是说，虽然我已经完全变成一个"女人"，但即使在"变性"以后，从心理上来说内心深处依然潜藏着男性的因素。虽然我在肉体上已成为一个女人，但对这块土地上统治自己周围的女人式思维方式和语言方式的幼稚感到厌恶，期望自己成为一个理想的女性走向成熟。我时常发觉自己自然而然向成熟女性方向过渡的男性**"风格"**，似乎正在以自我表现的**"形式"**固定下来。②（黑体字为原文所有）

---

① 戴瑶琴：《试论文艺作品中主体建构的"雌雄同体"意识》，《江西社会科学》2005年第11期，第73页。

② [日]大江健三郎：《燃烧的绿树》（上），郑民钦译，河北教育出版社 2000 年版，第21页。引文略有改动。

虽然变性，但“我”的潜意识里仍然存在着男性和女性的双重自我，内心对那种幼稚的女孩式思维和说话方式极为排斥。为了成为一个成熟女性，“我”不但有意识地认同了自己的男性思维和表达方式，而且将之看作自己的风格。从身体上来看，“我”独特的身体结构使义兄灵魂与肉体统一于一体的梦想得以实现。和义兄性交时，“我”的男女性器官第一次同时达到了高潮，并以此为契机，决心视他为“救世主”，全身心地支持他和他的教会，甚至觉得自己似乎生来就是为协助他拯救人类灵魂服务的。“我”犹如女神一样，抚慰着义兄那饱受肉体和精神创伤的心灵，发挥着宗教般的神奇力量。在这个意义上，“我”和大江之前的许多小说中塑造的女性一样，是一个富有自我牺牲精神的神圣性的存在。

不过，由于性别的原因，“我”又有别于大江之前小说中的女性形象。“我”虽然生活在男性和女性之外的第三性中，但身体中的男性性和女性性并非保持着很好的平衡。故事是沿着“我”从男性到女性，进而从女性到成熟女性这一方向发展的。具有男女性器官和性功能的“我”，在小说最后成为一个怀了义兄的孩子并打算将他生下来的成熟女性。也就是说，作者大江虽然将阿萨设定为双性同体，但其终极目标却指向了敢于面对人生苦难的勇敢、成熟的女性。

泰国学者沃拉拉克认为，“从男性向女性转变的过程中，可以看到阿萨内心在男、女两极之间的摇摆，但这是次要的，毋宁说同时具有男女性征的阿萨游走于半阴阳和双性同体之间”①。

的确，正如沃拉拉克指出的那样，半阴阳带有性的异常这一轻蔑的意味，双性同体则是世界上无与伦比的终极美的象征。少年时代的“我”是一个具有美丽容颜的男孩子，“我”的外表本身就带有一种超

① クラウプロトック　ウォララック：『大江健三郎論——「狂気」と「救済」を軸にして』、専修大学出版局、2007 年、208-209 頁。

越性别的双性同体的美。对变性后的“我”来说，双性同体意味着具有美丽的女性一面的男女双性。不过，虽然被周围的人看做是双性同体，“我”也经历了性异常的半阴阳时期。原本具有双性同体神圣性一面的“我”，却因为自己无法忍受义兄的弱点而绝望地离开了教会，“我”拯救人类灵魂的神圣欲望也由此逐渐向世俗性、动物性欲望转移。男女性器官因和扎卡里、义兄性交而被充分唤起的“我”，在伊豆靠自己独特的性特征过着糜烂的生活。自慰，卖淫，时而男性化，时而女性化，沉溺在性爱和情欲中不能自拔。在此，生理上异常的“半阴阳”就具有了性异常和性堕落这一否定的意义。于是，把独特的身体当做商品的“我”，从神圣性的双性同体状态变回了世俗性的半阴阳状态。虽然在性放纵中满足了自己动物性的世俗欲望，但“我”还是会强烈地怀念往事，回忆起在教会工作的日日夜夜。也就是说，“我”在世俗中仍然怀念那些为义兄传教事业工作的神圣日子。犹如经历了自我放逐和自我惩罚，最终通过了灵魂的炼狱一样，“我”决定回到教会，重新支持义兄的宗教事业。从精神上来说，“我”又从世俗欲望的半阴阳状态又回到了代表神圣欲望的双性同体状态。《燃烧的绿树》就是描写“我”由男到女，由半阴阳向双性同体的理想状态过渡的过程。在此，双性同体具有了神话般的力量，这显然与小说灵魂救赎的主题密切相关。

二、双重文本：宏大叙事与私人叙事的变奏

小说第一部《“救世主”挨打之前》的第一章提到了“我”记述以义兄为中心的“燃烧的绿树”教会产生、发展和解散全过程的动机。“我”的记述，最直接的原因是K伯父的劝说。

> 我劝你立即动手写下来。把发生过的事情原原本本复原，这样你才不至于变得精神脆弱。另外，你应该以自己的主张为主，又不

是那种司空见惯实有其事的故事，你记述方法的诀窍就是要坚持这种故事的存在。

只要一动手，不管是新义兄的《黄金传说》，还是《福音书》，反正我是劝你写下去。只要持之以恒，不管将来能否写成什么东西，你就能把义兄的故事重新保存下来。我想，这样的话，即使你在一系列事件中受到伤害，也是可以自我治疗的①（黑体字为原文所有）

K 伯父所说的《黄金传奇》《福音书》，都是与基督教相关的著作。《黄金传奇》（1267 年）又名《圣徒传奇》，是意大利热那亚大主教雅克·德·沃拉吉纳创作的一部有关基督教圣徒的故事。《福音书》指的是新约圣经的前四卷书，即由马太、马可、路加和约翰分别记述的关于救世主耶稣降生、传道，以及死与复活的故事。可以说，无论是《黄金传说》还是《福音书》，都是站在宗教团体的立场上讲述救世主或圣徒传道、受难等经历的历史，是一种宏大叙事。而从 K 伯父的建议中我们可以看到两点：第一，“我”的记述是对义兄传道故事的复原，但同时记述者“我”可以在记述中具有自己的主张；第二，记述本身既是保存义兄故事的过程，也是“我”治疗精神创伤的一种途径。

首先，“我”讲述了“救世主”以义兄为中心的教会产生、发展和分裂的过程，这构成了小说的三个部分。第一部《“救世主”挨打之前》讲述了“救世主”的诞生、遭受挫折和重新崛起。青年隆因被癌症晚期的祖母称呼为“义兄”，进而被指定为公馆的继承人。在为祖母举行葬礼时，义兄的手掌获得了一种特异功能，治愈了少年登君的心脏病，而且使身患癌症的锻冶得到了暂时性康复，因此被村民尊称为“救世主”。然而，锻冶不久病死，义兄也因此遭到村民的责难和殴打。遭受挫折的义兄通过与双性人“我”发生关系，获

① ［日］大江健三郎：《燃烧的绿树》（上），郑民钦译，河北教育出版社 2000 年版，第 11 页。引文略有改动。

得了肉体与精神的抚慰，“我”也打算协助义兄创立新的教会。第二部《摇摆》描写了教会的发展。在龟井和年轻的伊能三兄弟的协助下，教会在规模和信徒人数上都获得了迅速的发展，由于义兄没能明确教会的理念、组织方式等问题，教会内部产生了分歧。第三部《伟大的日子》描写了教会的解体和“救世主”义兄的死。义兄认为“真正想修炼灵魂的人，并不是加入滔滔的流水，而应该像一滴水渗透地下那样，每个人在各自的地方祈祷自己与‘救世主’联系在一起”①，面对教会组织内部出现的农场和“松男巡礼团”的分裂局面，他解散了教会。在和“我”一起出发参加巡礼团的这一天，义兄不幸被反社会的“革命党”杀害。小说最后提到了“我”怀了义兄的孩子并决定把他生下来，暗示着另一个义兄通过“死与再生”这一形式出现的可能性。

横田信惠考察了《燃烧的绿树》和《圣经》新约中路加记述的《福音书》的异同，认为《燃烧的绿树》与《福音书》的构成相似。福音书是按照救世主诞生、传道、受难、复活及弟子派遣这一顺序构成的。在《燃烧的绿树》中，“由于‘祖母’的呼唤，‘义兄’这一称呼得以重生。他组成‘教会’，最后被学生时代所属的革命党杀害。接下来教徒们接受了他的死，确认了这一系列事件的真实性，带着喜悦重新出发，这和福音书的展开相似”②。的确，这部作品可以看做是将《福音书》作为范本，讲述一个教派发展过程的宏大叙事。然而，作为叙述者的“我”在叙述中也讲述了自己的身体异常，以及在教会发展过程中自己经历的精神创伤。特别是第二部《摇摆》与第一部的明显区别在于它不再是以义兄为中心的故事，而是仅仅作为配角登场的“我”

---

① [日]大江健三郎：《燃烧的绿树》(下)，郑民钦译，河北教育出版社 2000 年版，第 727 页。引文略有改动。

② 横田信惠：「「弱き者」としての自己認識 —— 大江健三郎『燃えあがる緑の木』論」、『フェリス女学院大学日文大学院紀要』1996 年第 4 号、44 頁。

的故事。“我”在开始书写的时候就明确向读者声明，“我”的记录实际上就是“救世主”的一生和“我”的经历的交叉融合。

> 我现在开始记述的并非是不偏不倚的记录，而是作为一种**标志铭**刻在我身上的故事。由于一部分故事存在于我的经历中，因此我想记录自己最终如何获得自由。我从一开始就打算把新义兄不可思议的苦难和对苦难的超越置于故事的中心位置，我自己仅仅是一个有点奇怪的、微不足道的配角。①（黑体字为原文所有）

叙述者“我”明确表示，自己的目的就是通过记录经历的事件，将自己从各种痛苦中解放出来。这样，在对义兄波澜壮阔的一生和教会的发展进行描绘的同时，“我”的人生经历这一私人叙事也夹杂其中，特别是“我”讲述了自己离开教会后经历的性冒险和最终皈依的历程。以“我”的私人生活和个体体验为基础的“私人叙事”与以群体抽象为基础的“宏大叙事”共存，使文本具有一种很强的张力。虽然“我”的私人言说在多数情况下处于陪衬的地位，但并没有被淹没在描写教会发展历程的宏大叙事中。两种叙事相互交错，使大江成功实现了于宏大的教会历史叙事中融入对个体生命和生存价值的观照。宏大的教会历史言说因“我”的私人话语变得生动、充实，个体言说也因教会历史宏大叙事的广阔性而得以张扬和提升，小说也在宏大叙事和私人叙事的变奏中达到一种崭新的叙事高度。

三、两种身份：作为叙述者和记述者的“我”

安藤始在《大江健三郎的文学》中指出，这部小说最成功的，是阿萨这一人物形象。“双性同体这一极其‘暧昧’‘两义性’的存在被

① ［日］大江健三郎：《燃烧的绿树》（上），郑民钦译，河北教育出版社 2000 年版，第 10 页。

生动地描绘出来。可以说正因为如此，这部小说才作为如此宏大的故事存在且获得了肯定的评价。我甚至认为大江是否是想借助新义兄的故事，实际上来写阿萨，也可以说小说的叙述者（记录者）阿萨这一人物才是真正的宗教家、传道者。”[①]正如安藤指出的那样，“我”在小说中被推向了前台。在书写义兄和教会的发展过程的同时，“我”也讲述了自己的故事。在小说中，“我”用客观纪实的叙事姿态讲述了教会发展、衰落的历史，同时，“我”又用主观、细腻的女性语气追溯了自己精神皈依的过程。集叙述者、记录者于一体的“我”，最后怀了义兄的孩子，并在义兄死去之后，承担起记录教会历史和生育、培养下一代的责任。可以说，通过叙述和书写行为，“我”被赋予了继承义兄衣钵的传道者立场，在通过自己的叙述和书写行为向读者进行信仰告白的同时，传达着灵魂救赎的思想。

与讲述自己的经历相比，“我”作为书写者记录的义兄的生活和传道经历似乎更具有客观性。总领事那个标着“行将就医者的记录”字样的旅行箱里收集了许多与教会有关的人的档案，“我”对义兄经历的记述，就缘于对旅行箱中文件资料的整理和誊写。在叙述中，叙述者“我”不断打断故事的流程，插入记述材料的来源，向读者保证记述的客观性。如：

> 下面所写的是我通过祖母的谈话了解的情况。（下略）[②]
>
> 当时我没有在场，但是有人在义兄治疗时经常在场，把他治疗的情况和传道内容记录下来，所以我知道他在治疗锻冶时说了些什么、做了些什么。（下略）[③]

---

① 安藤始：『大江健三郎の文学』、株式会社おうふう、2006年、270頁。

② [日]大江健三郎：《燃烧的绿树》（上），郑民钦译，河北教育出版社 2000 年版，第25页。

③ [日]大江健三郎：《燃烧的绿树》（上），郑民钦译，河北教育出版社 2000 年版，第151页。引文略有改动。

> 以下是根据美津后来摊开她的编辑大笔记本向大家报告那天情况的内容而记录的事实。[①]
>
> 我在记录这部故事的时候，想引用这封信的内容，征求阿真的意见时，她回答说自己的文章与父亲的小说一样拒绝直接抄录，但如果是归纳的要点，无论使用什么形式，都可以自由引用。[②]
>
> 关于这次旅行的总体情况和具体细节，总领事没有留下只言片语。义兄把旅行的大体情况告诉了我。以下是我根据在“行将就医者的记录”箱子里保存的义兄的简单记录，并与美津、阿田一起向本人询问后的归纳整理情况。[③]

如上所示，作为记录者的“我”不厌其烦地告诉读者所记述内容的信息来源，不断暴露自己的记述方法。记述者“我”的在场与写作行为发生的“现在”就这样被凸显出来。同时，小说文本作为引用材料的拼贴这一特征也被突出出来。

小森阳一认为，在《燃烧的绿树》第二部《摇摆》中，从记录者阿萨的语言中可以发现某种异质的立场。“首先，阿萨的发话行为是别的主体的代理。第二，语言主体是复数的，而且文字与声音是复合的。关于声音的记忆是由复数主体的记忆互相重合，重新构成的。当然，要认识到代理并不是代表，多样性和共同性是异质的。”[④]（着重号为原文所有）

可以说，小森指出了这部作品的一个重要特征——引用。我们可

① [日]大江健三郎：《燃烧的绿树》（上），郑民钦译，河北教育出版社 2000 年版，第 166 页。

② [日]大江健三郎：《燃烧的绿树》（上），郑民钦译，河北教育出版社 2000 年版，第 294 页。

③ [日]大江健三郎：《燃烧的绿树》（下），郑民钦译，河北教育出版社 2000 年版，第 382 页。引文略有改动。

④ 小森陽一：「せめぎあう言葉の求心化と遠心化　大江健三郎著『揺れ動く<ヴァシレーション>』」、『文学界』1994 年 11 月号、266 頁。

以看到，“我”的记述中夹杂了当事人的证言、录音片段、书稿片段、日记、书信等内容，“我”记述的教会历史，实际上是各种片断的杂糅。“燃烧的绿树”教会的《福音书》，也具有这样的特征，即它是一些语言片段的拼贴。在成书之前，教会采用假名书写的曼特拉来代替《福音书》，各种各样的著作，甚至是电影、歌剧、歌曲的一节都曾被作为《福音书》来传颂。在教会中齐声唱和的“祈祷的语言”，或来自《圣经》，或是原始佛典的翻译，甚至是西藏的《死者之书》的语言，这些都是义兄、教会成员长期以来不断思考的内容。在小说中，日记、传真、信件等从原来的文本体系中剥离的语言片段与著作、教典中引用的语言完全等价地排列在一起。这样，教会的祈祷词和一些“邪教组织”从各种宗教教义、思想中抽取精华拼凑的教义有着根本性区别，它并没有将“教义”绝对化。同时，生活在遥远过去的死者生前的语言与活着的人的语言共时性地排列在一起，体现了生者与死者的共存。

我们还可以看到，作家大江健三郎的《人羊》（1958 年）、《亲自擦掉自己眼泪的日子》（1971 年）、《同时代的游戏》（1979 年）、《给令人怀念的岁月的信》（1987 年）、《人生的亲戚》（1989 年）等现实中存在的小说题名也在“我”的记述中屡屡被提及。在《燃烧的绿树》第二部第四章“气象反馈”中，记述者“我”甚至大段引用《治疗塔》（1990 年）、《治疗塔行星》（1991 年）的第三部《治疗塔的孩子们》（第一、二章）的提纲和草稿，同时借总领事之口，对这部小说做出了“缺乏科学性的情节发展，只有浅薄的神秘主义色彩”的评价，描写了总领事试图续写这部小说的热切愿望。对于这一点，三浦雅士认为，“这一以阿萨作为叙述者展开的故事虽然可以说是当下刚刚发生的事件，然而，正因为如此，小说具有这样的结构，即可以将之前的所有故事勉强称为犹如与作者一起引用的故事的故事、小说的小说。不过，作者之前也并不是没有尝试过这种写法，但是，作为方法明确提出来则是在《燃烧的绿树》中。我们甚至可以认为这一方法的实验才是这部作品的第一主题。它看上去似乎要撕破小说的边界”①。的确，三浦指出了引用造成的小说故事的多重性，特别是在小说中通过登场人物评论作家的小说创作，给人一种元小说式的意象。虚构文本中的叙述者兼记述者“我”对现实的指涉，从而使现在与过去、纪实与虚构交叉融合，使叙述本身成为一种两义的存在。

川本三郎在为《燃烧的绿树》所作的解说中指出，“故事整体是以阿萨这一双性人的眼光来讲述的，这使小说带上了一种通常的现实主义小说所没有的故事性。义兄受难这一事实，经由阿萨的语言升华至与事实不同的故事层面。就像一只蝴蝶自由地飞翔在地球上空一样，阿萨的语言反复讲述义兄的苦恼、总领事的死、现代的暴力，通过语言，祈祷的姿态鲜明地浮现出来。在这个意义上，大江是非常相信语言力量的作家”②。

川本所说的“现实主义小说所没有的故事性”，指的就是叙述者“我”由于性别暧昧、两义的存在而形成的一种独特的观察视角，赋予了义兄的人生一种传奇色彩。由于“我”游刃有余、富有个性的言说，灵魂救赎这一主题被生动地表现出来。作为记述者的“我”相对客观的记录和作为叙述者的“我”富有个性的言说交织在一起，使文本具有了一种张力，也使文本成为多种声音交汇的场所。“我”的叙述姿态和记录姿态表现了“我”试图架起一座连接现实和虚构、实在和幻想的桥梁。在这个意义上，这部小说本身就成了现实世界和虚构世界交汇融合的两义的场所。

双性人叙述者的设置是大江小说形式实验的一次大胆尝试。之所

---

① 三浦雅士：「『私』を書きしるすことの強さ」、『群像』1994年12月号、292頁。

② 川本三郎：「『存在しない神』に祈る」、大江健三郎『燃えあがる緑の木』、新潮社、1998年、420頁。

以能够成功，可以说与大江的写作立场有着密不可分的关系。英国意识流代表作家弗吉尼亚·伍尔夫认为，“在我们之中每个人都有两个力量支配一切，一个男性的力量，一个女性的力量。在男人的头脑里男性胜过女性，在女性的头脑里女性胜过男性。（中略）一个最伟大的脑子是半雌半雄的”①。的确，作家作为创作主体，其思维本身就应该是富有创造性的、超越性别的复杂的存在。在这个意义上，双性同体意识可以说是人类思想的最高境界，是作家创作意识的极致。大江对双性同体意识的探索，不仅仅是双性人叙述者，还表现在他对《燃烧的绿树》这一小说文本层次的把握上。细读《燃烧的绿树》，我们可以发现它实际上具有双重文本共存的特征：显性的、作为公共的教会福音书的男性文本（客观的、冷静的）和隐性的、作为情感经历的女性文本（主观的、抒情的）。我们看到，“燃烧的绿树”教会没有固定的教义，教会中齐声唱和的“祈祷的语言”也没有固定的属性，各种成分在中心缺席的状态下错综复杂地交织在一起，成为大江小说创作的双性同体思想文本表现的重要形式。双性人视角由于性别的不确定性，摆脱了传统两性角色的单调性，“我”性别的摇摆给小说带来丰富的变化，使小说具有了一种张力。大江通过双性人叙述者的设置探索了性别对于小说创作的意义，即性别在叙事中是可以选择的一种立场。《燃烧的绿树》的双性人叙述者打破了传统作家男女二元对立的性别立场，告诉我们正如人的性别不能按男、女那样简单概括一样，作家在创作中具有性别选择的自由，性别立场特别是异己身份的性别选择会唤起读者与此立场相关的另类想象。《燃烧的绿树》所具有的双性想象成为这部小说的显著特色，也为日本当代作家的小说创作提供了有益的启示。

---

① [英]弗吉尼亚·伍尔夫：《一间自己的房间》，王还译，生活、读书、新知三联书店 1992 年版，第 120-121 页。

第四节　知识分子视角——《万延元年的足球队》

小说《万延元年的足球队》(1967年)是大江创作中期最为重要的代表作。这部小说以第一人称"我"的视角，讲述了"我"(蜜三郎)与弟弟从东京回到故乡山村的经历。叙述者"我"本是一位大学的专职讲师，由于受到友人自杀和残疾儿诞生的打击，精神处于崩溃的边缘。"我"辞去了工作，靠版税和岳父的资助生活。弟弟鹰四大学时代参加了反安保学生运动，在运动失败后作为转向剧团的一员在美国做忏悔演出，精神上备受煎熬。在现代社会中饱受精神创伤的兄弟二人都试图通过对家族历史的追溯来获得自我身份认同。鹰四效仿曾祖父弟弟领导农民暴动的形式，组织山谷青年成立一支球队，发动了对朝鲜人经营的超级市场的抢劫，并在这一暴力事件结束后自杀。目睹这一切的蜜三郎夫妇决定离开故乡，勇敢面对生活的苦难。小说通过"我"这一知识分子的视角，冷静地讲述了一个历史与现实交织、中心与边缘对立的复杂世界。我们看到，对历史的讲述赋予了这部小说一种广阔的视野，也体现了作者大江对现实和历史的深刻反思。

一、历史追寻与身份认同

《万延元年的足球队》在某种意义上可以说是一部现代人追溯历史、寻找自我身份认同的寻根小说。在《核时代的想象力》一书中，大江谈到了这部小说的创作。

> 据我自己的体验，《万延元年的足球队》在最初的计划里本打算写成历史小说的，按照从万延元年一直到现代特别是到百年后的安保之年这一历史时间进行创作。于是，为学习写作技巧，我看了许多历史小说。在阅读中，我有一个常识性发现，即无论什么样的历史小说

家，虽然他们的视点投向了历史的追溯，但最终他们的想象力却深深扎根于现代。(中略)我首先将自己想象力的触手伸向万延元年，但也没有抛弃与这一思考相连的当下现实。①

的确，这部作品不同于一般的历史小说，它和当下现实紧紧相连，可以说是作者将当下的安保体验置于民俗氛围和历史展望下创造的现代神话。在小说中，叙述者“我”的意识不断在万延元年这一时点和 1960 年这一当下的时点之间穿行，使小说形成了与以线性叙事为中心的传统书写不同的独特时间结构。

星野彻在《神话空间的建构——以〈万延元年的足球队〉为中心》一文中指出，这部小说中环绕村庄周围的广阔森林和森林中纺锤形的洼地，是“共时性时间存在的容器”②。正如星野指出的那样，“共时性”是这部小说的一个重要特征，大江通过作为共时性存在的时间完成了对小说神话空间的建构，这点在小说叙事上有着明确的体现。在小说的第一章，“我”讲述了自己和妻子当前的精神状况、友人的经历及他奇怪的自杀、友人与弟弟在美国的相遇等内容，“我”的叙述富于跳跃，这些发生在不同时间和空间的事件通过“我”的意识流动，犹如电影画面一样不断地切换。“我”的叙述在瓦解传统线性时间，使时间碎片化的同时，也展现了生活在当下沉重现实中的“我”和妻子所面临的生活困境和精神危机。

“你彻底醉了。”

“没醉那么厉害。出汗了，那是吓的。”

“怕什么呀？你是担心孩子的将来？”

“我怕有人染红了脑袋光着身子自杀。”我只向妻子说了这些，黄

① 大江健三郎：『核時代の想像力』、新潮社、1970 年、61 頁。

② 星野徹：「神話的空間の構築 ——『万延元年のフットボール』を中心として」、『ユリイカ』1974 年 3 月号、101 頁。

瓜的事儿让我删了。

“恐怕这还不是你最怕的吧。”

“没准儿你也会染红了脑袋一丝不挂地自杀的，所以我才怕嘛。”妻子说着，垂下头，赤裸裸地显露出怯意。

霎时间，我颤抖了一下，从妻子深棕色的发间，看见死去的自己的模型。甚至可以看见死去的根所蜜三郎那朱红色的头，未完全溶化的水彩颜料粉粒粘在耳垂后，形同血滴。我的尸体也和友人的一样，来不及涂完双耳，这表明，在想出这种怪异的自杀方式后，缺乏充分的实施时间。[①]（画线部分为笔者所加）

小说描写了友人的自杀。“我”的友人用朱红色涂料涂满头部和脸部，全身赤裸，肛门里插着黄瓜自缢身亡。画线部分是“我”在事后提起这件事时对当时的话语行为进行的附加说明。这种解释很快从过去会话的场景切换到了叙述的现在，“刹那间”一词，又使“我”的意识跳到了自己的未来。同时，“我”的“未来之死”又和发生在过去的友人之死重叠。友人在安保运动中脑部受伤，加上对现实的极度恐惧，使他出现了精神异常，最后自杀而死；现实中的“我”由于残疾儿的出生而面临精神和家庭的双重危机，无法在现实中找到心灵的栖息地，自我处在不断的分裂中。在第一章的末尾，我们才发现第一章叙述的一切都是“我”在为建净化槽而挖的长方形凹坑里的回想，时间的碎片就这样被“我”的意识组织起来，过去、未来一起涌入了现在的空间。可以说，第一章奠定了小说的叙事基调，反映了“我”精神的不安定状态，也暗示读者“我”对历史的描绘具有超出历史发展线性时间规律的可能性。

在《万延元年的足球队》中，“我”以自己冷静的叙述姿态向读

---

① [日]大江健三郎：《万延元年的足球队》，于长敏、王新新译，光明日报出版社 1995 年版，第 12 页。引文略有改动。

者展示了复数的历史和记忆，这使“我”对万延元年农民暴动真相的探寻明显具有了个人性。在“我”看来，曾祖父弟弟等鲜活的个体代替民族、国家成为历史的主体。这样，历史就被定位在个人、家族史上。在小说中，关于万延元年的农民暴动事件的叙述具有了多元性，除官方和民众的记述之外，还有祖母、主持、鹰四、蜜三郎等不同阶层的人从自身角度给予的不同解释。这些复数的解释通过知识分子“我”的讲述被并置在一起，突出了个体的感觉、想象对历史的建构，使宏大的农民暴动史在“我”的讲述下变成了个人人生沉浮，家族命运兴衰的家史。《万延元年的足球队》中这些多样化、个人化的历史言说最终使历史成了为满足个人目的和需要而存在的历史。

渡边广士指出，“根据蜜三郎的看法，近代日本历史极其混乱，失去了一贯性。对历史的怀疑使蜜三郎有一种自我分裂感，他无法和‘最初的男子’、从特攻队归来的 S 兄同一化，是一个不能像弟弟那样通过想象来歪曲记忆的非行动者。鹰四首先选择了行动者立场，他沿着自己的希望来选择历史，抬出御灵在山谷中复兴诵经舞，选择了唤起沉睡的过去和‘山谷村民的共同情感’的行为”①。也就是说，渡边将蜜三郎置于非行动者的位置，认为他始终无法从历史中寻找到自我的身份认同，是与鹰四完全对立的存在。

正如渡边指出的那样，在蜜三郎眼中，历史绝不是客观存在的不言自明的东西，它被谜团和歪曲遮蔽。生活在现实中的人，必须尝试给历史去魅来发现被谜团掩盖的真实。与此相同，现实本身也并非是一个确切的东西。友人的死、围绕着“我”周围的事实本身也不是单一的、孤立的事件，甚至“我”自身对“我”来说也并非是不言自明的存在，人只有首先寻找自我才有可能重新认识现实。从第三章开始，

---

① 渡辺広士：『大江健三郎』、審美社、1994 年、105-106 頁。

小说的空间由东京转向了"我"和鹰四的故乡。"我"用现在进行时客观叙述了回乡之旅，试图在故乡找到自己的根之所在。

> 这一切都是二十年前我在这里看到的东西，正是这些，是我真实的感觉。不断喷涌流淌的水和那时的完全相同，那时它也是这样喷涌流淌着。这是一种充满矛盾但对我自身来说却具有绝对说服力的感觉。接着，那种感觉又直接发展成另一种感觉，即现在眼前弯腰蹲着的我和曾经裸露着膝盖蹲下去的孩提时的我并不是同一人，这两个我之间没有一贯的持续性，眼前弯腰蹲在这里的我对于以前真正的我来说是个异质的他者。现在的我丧失了回归真我的身份，无论我的内心还是外表都没有恢复的迹象。①

现在的泉水与二十年前并没有什么变化，随着时光流转变迁的，是"我"的感觉。"我"觉得现在的"我"对"真我"来说是一个异质的他者，已经失去了回归"真我"同一性的可能。通过现实与往昔的对比，"我"表达了对现实物是人非的感慨。

对鹰四来说，他清楚地认识到即使回到了家乡，自己的根也不一定埋在那里。参加 1960 年夏季学生运动的鹰四，作为出演《我们自身的耻辱》这一转向戏剧的"改悔的学生运动家"团体的一员去了美国，在那里痛切感受到自我的丧失，希望回到故乡的山村确认自己的根。"在美国经常听到'根除'这个词，我想确认一下自己的根，回到山谷一看，我的根已经完全被拔掉了，开始感觉到自己是一棵无根草，这才是真正的'根除'。我现在在这里必须要采取适当的行动。"②所以，他尝试通过行动来创造自我身份认同。与他相反，

---

① [日]大江健三郎：《万延元年的足球队》，于长敏、王新新译，光明日报出版社 1995 年版，第 71 页。引文略有改动。

② [日]大江健三郎：《万延元年的足球队》，于长敏、王新新译，光明日报出版社 1995 年版，第 73 页。

正如“尽管是在密林深处长大的，但每当我横穿森林，回到自己的山谷中时，总是不能从令人窒息的感觉中解脱出来”①的“我”的故乡记忆一样，故乡一开始就不是“我”灵魂的圣地、精神的乐土，一进入山谷“我”就清醒地认识到自我与故乡的断裂感，泉水旁的反思也暗示“我”最终将完成“离开—归来—再离开”的人生循环。而鹰四试图将自己与万延元年曾祖父弟弟领导的农民暴动联系起来，通过发起针对“超级市场天皇”的暴动事件，从祖先暴力的血脉中寻找与山谷村庄的同一性。

二、暴力谱系的追问

《万延元年的足球队》通过“我”的眼光，展现了日本百年以来赤裸裸的暴力史。1860 年，德川幕府第一次向美国派遣使节。在这一年的 3 月 24 日，未经天皇的许可单独签订《日美友好通商条约》（1858 年）这一不平等条约的幕府大老井伊直弼在樱田门外被刺身亡。正如年号的更替一样，历史进入一个转折时期。百年后的 1960 年，将日本置于美国保护伞下的《日美安全保障条约》的修订，在日本引起了强烈的民众反抗。小说将万延元年的农民暴动到百年之后的《日美新安保条约》的签订放到 1967 年的当下这一时间轴上，在过去和现在的反复中来探索指向未来的历史驱动力。大江通过对百年历史的追溯，试图寻求自我身份认同，以及走出时代危机和个人困境的救赎之路。

一般认为，和鹰四被定位于行动者相比，蜜三郎则被定位于观察者、思想者。作为小说的叙述者，“我”将自己的个人记忆和百年间的历史事件，以及现实发生的事件紧密联系在一起，以家族的命运为出发点，描绘了日本百年以来特别是近代以来的暴力史。

① [日]大江健三郎：《万延元年的足球队》，于长敏、王新新译，光明日报出版社 1995 年版，第 51 页。

我们看到，“我”的家族中具有两种血统——暴力血统和反暴力血统。暴力血统以领导万延元年农民暴动的曾祖父弟弟为代表，包括曾参加日清战争威海卫战役的祖父伊吉郎、战时死在中国内地的蜜三郎的父亲、在莱特岛挥刀砍下土著头颅的大哥、从海军飞行预科复员回乡后袭击朝鲜人部落的S兄。这样，“我”的家史，可以说就是近代日本侵略史的缩影。生活在现代的鹰四，正是从家族血淋淋的暴力史中寻找到自己的“身份认同”，通过组织不良青年对朝鲜人出身的“超级市场天皇”经营的连锁店的袭击，开始了自我认同和自我惩罚之路。

鹤见俊辅在《战争时期日本人精神史》中指出，日本人战争时期和战争前后所进行的调查均表明，日本人将朝鲜人看做世界最低等的民族。明治以后的日本文学史中，很少有朝鲜人作为重要角色出现。“1945年日本投降以后的战后文学，出现了许多以朝鲜人作为作品中人物的有影响的小说。日本一些战后有影响的小说家，开始创作了不少以朝鲜人作为作品中心人物的作品。可以列举出来的有松本清张、司马辽太郎、开高健、井上靖、大江健三郎、小田实、小松左京、井上光晴等人。从明治以后到战争结束期间，日本的文学家们所持有的对于世界各民族的价值观，经过战争时期而崩溃了。”①鹤见通过文学中朝鲜人地位的嬗变考察了现代日本作家民族观的变迁和重构。正如鹤见指出的那样，大江就是一位在作品中表现日本国民的朝鲜人观的作家。大江早期的小说《感化院少年》（1958年）中的朝鲜少年、《呼喊声》（1962年）中的吴鹰男虽然作为小说人物在作品中登场，但并没有过多涉及其民族身份背后的社会内涵。与前两部小说相比，《万延元年的足球队》可以说是一部全面展现战时及战后一段时期日本人

① [日]鹤见俊辅:《战争时期日本人精神史》，高海宽、张义素译，吉林人民出版社2005年版，第73-74页。

的朝鲜人观、战争观的作品。

在“我”眼里，山谷村庄的村民对在日朝鲜人充满了偏见。小说通过“我”与阿仁的对话，展现了村民对朝鲜人的态度。在阿仁眼里，抢劫超市全然没有罪恶感，甚至不顾战时绑架朝鲜人来日本当劳工的历史事实强词夺理。“自打朝鲜人到这洼地来，山脚的人就没有过好日子！仗一打完，朝鲜人就从这山脚占地捞钱，一个个全抖起来了！我们不过是把他们抢走的东西拿回来一点儿，他有什么可同情的？”[①] 那种骨子里对朝鲜人的歧视，已经使山谷村民失去了明辨是非的能力。描写歧视，是大江小说重要的主题之一。我们最初可以在《饲育》中城镇和山村的对立、《感化院少年》中成年人和感化院少年的对立中发现这一点。到了《万延元年的足球队》，日本人和在日朝鲜人的对立、日本人村落和朝鲜部落的对立一目了然地呈现在我们面前。阿仁的逻辑，是潜伏在日本民族内心深处的集体无意识。在这种歧视的氛围笼罩下，山谷的孩子也受到了潜移默化的影响。“我”看到超级市场的经理因为是朝鲜人而遭到了不谙世事的山村孩子的嘲弄和侮辱，在他们的雪团的攻击中惊慌失措。诵经舞上出现的由村人装扮的“超级市场天皇”和他的妻子两个人的“亡灵”，更是唤起了村民心底的暴力欲望。

> 鹰四的声音像刚才朝二楼喊我时一样，又恢复了激昂。“‘山脚’和‘乡下’的一些人觉得不安，好像我们的暴力权威总比不上超级市场天皇的暴力团。可现在，他们在嘲弄那两个‘亡灵’的时候，就获得了蔑视超级市场天皇的力量！他们重新有了勇气，就敢于这么想了：就算他是超级市场的天皇，过去也不过是朝鲜的伐木工一个，现在有了钱，才有了点势力罢了！这样一来，他们立刻便振作起凌弱的蔑视

① ［日］大江健三郎：《万延元年的足球队》，于长敏、王新新译，光明日报出版社 1995 年版，第 220 页。

心理和扭曲的利己心理，又跑去把电器什么的抢个精光了。一旦他们把敌人蔑视成可以恣意践踏的弱者，他们就能够做出最为无耻的事情。……（下略）[①]（着重号为原文所有）

在“我”看来，鹰四所谓的寻根，就是通过幻想，将自己的根同山谷村民共同的情感紧密相连。然而，他骨子里却对山脚和乡下的民众充满了蔑视。他试图通过煽动战前和战争期间日本人“对朝鲜人的优越感和甜美记忆”发起暴动，把山脚的经济权力收回到日本人手里，从而从祖先暴力的血脉中寻求自我身份认同。

从“我”对家族往事的追溯中可以看到，“我”的母亲是一个对抗暴力的存在。对于万延元年的暴动，母亲一直站在曾祖父一方，对发动暴力的曾祖父弟弟充满憎恶。在父亲即将离家去中国时，深信女人站在门槛上会给自家男人带来不幸这一说法的母亲故意站在门槛上，结果被临行的父亲打得不省人事。S 兄在袭击朝鲜人部落这一事件中丧生时，母亲甚至都没去看他最后一眼，也没有为他举行葬礼。母亲对待暴力的态度无形中影响了“我”。关于朝鲜人，“我”感到“他们打死 S 兄是事实，但是他们对待死去的 S 兄倒是很亲切和善，就像对待自己家人的遗体一样充满了爱心”[②]。面对山谷村民对朝鲜人的偏见，“我”以自己的记忆试图修正他们心中朝鲜人被妖魔化的他者形象。小说最后一章，“我”亲眼见到了成为鹰四暴动目标的“超级市场天皇”。在“我”看来，鹰四通过装扮“超级市场天皇”卑微的“亡灵”，欺骗了所有人，“超级市场天皇”非但不是传言中的鬼魂一样的人物，反而是一个“洋溢着青春的生机”“纯真善良”的人。在

① ［日］大江健三郎：《万延元年的足球队》，于长敏、王新新译，光明日报出版社 1995 年版，第 258-259 页。

② ［日］大江健三郎：《万延元年的足球队》，于长敏、王新新译，光明日报出版社 1995 年版，第 88 页。引文略有改动。

小说中，“我”与阿仁、鹰四辩论，试图使他们以正确的态度认识历史，虽然“我”的努力以失败告终，但此时的叙述者“我”，已不再是一个冷静的旁观者，开始通过话语介入来表现自己对历史和现实的思考。

三、知识分子视角的批判功能

从以上分析可以看出，叙述者“我”对身份认同的找寻和对历史、当下暴力的呈现在某种程度上表明了“我”的态度。作为知识分子，“我”在冷眼观察中始终没有放弃自己的批判立场，“我”将目光投向了边缘，对民间文化的糟粕表达了自己的看法，这反映在“我”对诵经舞的态度上。诵经舞原本是安抚那些邪恶势力或恶灵的民俗活动，在战争时期的显著变化就是出现了战争阵亡者的亡灵。诵经舞和山谷共同信念、暴力紧密联系在一起。“如果阿鹰真的是把根扎在山谷共同的信念中搞活动的话，那也算是新型的诵经舞了。……我希望阿鹰的足球训练跟曾祖父在森林里开辟练兵场训练青年队伍有所不同，它的目的完全是为了有益于和平。”①然而，鹰四的行为最终导致了对朝鲜人经营的超级市场的抢夺。反映山谷共同体信念的诵经舞成了村民狭隘的排外意识的再现。在“我”眼里，诵经舞的音乐成了暴动的前奏。“将近中午时，诵经舞蹈的音乐重又奏起，这一次是固定在超级市场前面进行演奏。（中略）这一次音乐停止的那一刻，便是宣告‘暴动’的反动时期开始的一瞬间。”②诵经舞使“我”从心底产生了一种厌恶，“诵经舞的音乐还是响个不停，搅得我心烦意乱，困乏无力。（中略）诵经舞乐带给我的厌恶，恰似病入膏肓的肝脏，不停地遭受

---

① ［日］大江健三郎：《万延元年的足球队》，于长敏、王新新译，光明日报出版社1995年版，第151页。

② ［日］大江健三郎：《万延元年的足球队》，于长敏、王新新译，光明日报出版社1995年版，第243页。

着无法治愈的污染”①。不难看出，“我”对边缘文化中消极的一面是持批判态度的。“我”把反映共同体排外意识的抢超市行为和民俗诵经舞活动联系起来，其意味是深远的。鹰四死后，有关他的记忆也化做“亡灵”被山脚共同体共有。这很容易让我们联想到在迄今为止世界上最大暴力——二战结束之后，一些战争罪犯仍被供奉在靖国神社的社会现实。“我”对故乡山谷村庄封建性、保守性、排外性的描绘，揭示出藏在日本民族心灵深处的集体无意识。在“我”看来，故乡非但不是灵魂拯救的乌托邦，甚至成了被主流意识形态浸淫的地方，万延元年那种地方反抗中心权力的民间精神，到了近代完全变了味道，堕落为协助侵略战争的思想工具。在这个意义上，“我”的寻找身份认同之旅可以说以失败告终，连“我”自己也觉得“恐怕我们不会再回到这洼地来了”②。

“我”这一知识分子视角的设定反映了大江的边缘写作立场。“如何在小说中把握现代并将其全方位地展现出来呢？把握这个时代时，我们丝毫不能怀疑它面临着仿佛就要在我们面前灭亡的严重危机。要抓住现代危机的本质就必须站在边缘，不能以中心为指向。对时代整体性的表现必须从边缘，从结构的隐性方面来完成。”③大江所说的中心与边缘，是一个社会文化学概念，实际是指占据中心地位的天皇制文化形态与边缘的民间文化形态的对立。大江认为，作家只有站在边缘，把主流文化压制下的丰富、多元、开放的边缘文化共时性地展现出来，才能表现一个时代的整体。大江民间的发现和对边缘文化的重视，成为他边缘书写的重要策略之一。在这个意义上，“我”这一知

---

① ［日］大江健三郎：《万延元年的足球队》，于长敏、王新新译，光明日报出版社1995年版，第217页。

② ［日］大江健三郎：《万延元年的足球队》，于长敏、王新新译，光明日报出版社1995年版，第322页。

③ 大江健三郎：『小説の方法』、岩波書店、1978年、177-178頁。

识分子视角的运用可以说集中反映了他站在边缘，对占据文化中心地位的天皇制文化的单一性、封闭性，以及中心文化浸淫下的边缘文化的糟粕进行批判的立场。

20 世纪 60 年代，国家主义重新抬头，日本政府计划在 1968 年举行庆祝明治维新百年庆典，试图通过所谓的“明治热”，大力推动国民意识的提升。在这一背景下，社会上开始出现公然否定历史的声音。大江以知识分子的良知将目光投向边缘，通过对暴力史的追问，对可能带来更大暴力的以天皇制文化为中心的新国家主义进行了强烈的批判，同时探索了在现代危机中知识分子必须直面现实的精神拯救之路。可以说，“我”这一知识分子视角，以冷静的历史眼光和居高临下的当下视野，使小说具有了深刻的历史反思和现实批判意味。

以上从儿童视角、女性视角、双性人视角、知识分子视角四个方面探讨了大江小说人物视角的诗学、美学意义和社会文化内涵。从小说表现的人物主体意识来看，大江小说的人物叙述者都参与了对时代精神、社会价值观念的建构。在大江笔下，多样化的第一人称人物叙述者的叙述行为使现代个体特别是处于社会边缘的儿童、女性、双性人等弱势群体获得了以自己的名义言说的机会，大江的知识分子视角也体现了他站在边缘，对占据中心地位的意识形态进行批判的立场。这些多样化的人物视角的出现与作家的社会认识，以及日本战后个人主体意识的提高这一社会文化背景有很大关系，体现了大江对现代个体的尊重，从一个侧面反映了大江小说形式探索的先锋色彩和文化意义。

第三章

大江健三郎小说的叙事特征

除了叙事人称和人物视角，大江还采取了一些具体叙事策略来建构小说文本，这些叙事策略体现了大江对西方文艺理论的吸收和借鉴，反映了他对小说形式的深入思考。可以说，在大江的小说创作中，复调叙事体现了大江小说的时空美学和内部结构原则，狂欢叙事体现了大江小说的风格原型，重复叙事体现了大江文学创作的整体特征和他对小说文体风格的认识，反讽叙事凸显了大江小说的话语特征和修辞精神，隐喻叙事体现了大江小说的建构原则。五个方面既互相独立，又彼此互补，共同体现着大江对小说形式的深刻思考，形成了他小说形式创新的主要手段，进而成为大江小说叙事显著的审美特征。

第一节 复调叙事

“复调小说”这一术语源自苏联文艺理论家巴赫金对陀思妥耶夫斯基小说的评价。巴赫金指出，陀思妥耶夫斯基笔下的人物不是表达作者意志的传声筒，而是拥有独立自我意识的主体。陀思妥耶夫斯基的小说“有着众多的各自独立而不相融合的声音和意识，由具有充分价值的不同声音组成真正的复调”①。在巴赫金看来，作者与人物、

① ［俄］巴赫金：《诗学与访谈》，白春仁、顾亚铃译，河北教育出版社 1998 年版，第 4 页。

人物与人物之间的对话关系，是复调小说的主要特征。实际上，复调不仅体现在作者与主人公的关系上，还体现在小说结构上，这点在米兰·昆德拉等小说家的创作中都有着具体的表现。对大江来说，复调是其建构小说结构、表现小说主题的重要策略之一。霍士富指出，在《新人啊，醒来吧》中，布莱克的诗、义幺的话语和“我”的随笔使小说具有了多声部性，现实与想象、美与丑、抽象与具体三个层次的对位，以及作者与主人公的对话性三个方面使这部小说在创作方法上充分体现了复调小说的特点。正是因为小说的复调特征，作者认为“这部作品的研究对把握大江整体的创作方法具有重要意义”[①]。的确，复调已成为大江小说特别是 20 世纪 80 年代之后小说的主要特征之一。本章以《同时代的游戏》为例，具体探讨小说的并置结构产生的复调意味，以及小说的未完成性和读者的参与性，论述小说的复调性及其对文本的主题意义和审美效果的影响。

一、时间与空间——并置的小说结构

《同时代的游戏》（1979 年）可以说是大江迄今为止形式实验走得最远的一部作品。在这部小说中，叙述者“我”以给妹妹写信的形式记述了故乡“村庄=国家=小宇宙”的神话和历史。这部作品由于私人化诉说和历史书写的不断交叉、时间和空间的相互交错而显得晦涩难懂，所以在发表后遭到了很多评论家的批评。在《我这个小说家的创作方法》中，大江对这部小说当初受到的冷遇仍然无法释怀。“过了大约六年，我决定重新正视这部大部头的小说。它虽受到了批评家和读者的冷遇，但对我来说，它仍旧是非常重要的作品。我怎能就这样任其被世人遗忘呢？”[②]虽然这部小说的形式实

---

① 霍士富：《大江健三郎小说〈新人啊觉醒吧〉的复调性》，《国外文学》2003 年第 2 期，第 92 页。

② 大江健三郎：『私という小説家の作り方』、新潮社、1998 年、103 頁。

验在当时并未得到众多评论家和读者的认同，但大江还是对它情有独钟。的确，这部作品匠心独运，充分体现了大江勇于探索小说方法的开拓精神和先锋姿态。

四方田犬彦指出，《同时代的游戏》首先可以看做是一部关于时间的小说。“首先，主人公兼叙述者的故乡——四国山村‘村庄=国家=小宇宙’的恢宏的故事时间是本书核心的存在。此外，主人公接受担任村庄神官的父亲的斯巴达式教育，虚实夹杂地讲述村庄历史这一叙事行为进行的时间和处在过去故事的延长线上，与主人公和妹妹的奇特经历相关的故事时间也是不能被忽略的。不过，这些复数的时间不像一般的现实主义小说那样按照不可逆的线形时间模式有条不紊地被讲述出来，它们相互交错，相互牵引，处处矛盾，浑然一体且同时进行。”[①]

可以说，四方田犬彦的解读抓住了这部小说的本质。小说中这些复数时间的交错，给小说结构带来了很大的变化，具体表现在小说时间流程的停滞让小说看起来仿佛不是在讲述一个完整的故事，而是不断地呈现大量的细节片断。比如，在第一封信中，从“我”在墨西哥城的公寓里看着妹妹裸露着私处体毛的幻灯照片的场景陆续切换到“我”对村庄的回忆、墨西哥的状况、村庄的历史等。对这些跳跃性很强的瞬间感受、感想的描写在刹那间汇集了身体感受、回忆、历史等各种片断。为了让这些片断同时涌现，大江取消了叙事的时间顺序，从而在形态上使它们呈现出一种空间上的并置。

《同时代的游戏》的文本结构也是一种并置，只有将六封信并置在一起，才能在互相参照中把握小说的整体，理清故事的脉络。

第一封信“寄自墨西哥，向时间的开始前进”侧重于描写叙述者

---

① 四方田犬彦：「『同時代ゲーム』解説」、大江健三郎『同時代ゲーム』、新潮社、1984年、588頁。

“我”在墨西哥的所见所感。“我”从被群山包围的墨西哥小镇玛里纳尔柯金字塔联想到墨西哥的历史；从位于四国山谷中的故乡村庄“吾和地”，联想到创建者们乘坐“呆子船”溯流而上创建“村庄=国家=小宇宙”的神话；在讲述给学生授课的情景时不断插入“破坏人”用火药炸掉大石块和黑硬土块的传说。

第二封信“像狗那样大的家伙”首先讲述了妹妹以肉体的活力，使“破坏人”重生的故事。接下来讲述“破坏人”炸掉大石块和黑硬土块，发现新世界的传说。“我”从“破坏人”的冬眠和复活联想到在峡谷经营铁工厂获得成功，用车床和气焊机制作冬眠器械的被称为“车床”的男子。接下来叙述了“更换住处”和“复古运动”这一导致村庄私有制和家庭制度解体的变革、“破坏人”被暗杀，以及他在梦中指挥人们重建荒废盆地的传说。最后，“我”谈到了在孩提时代看到的表现“破坏人”传记的画。

第三封信“‘牛鬼’和‘黑暗之神’”通过一问一答的形式描写了“我”向一个小剧团导演讲述的“自由时代”，即从创建期至“村庄=国家=小宇宙”被藩镇权力收编的历史，以及亀井铭助和原重治的故事。“黑暗之神”亀井铭助试图把本质上独立的土地置于天皇权威之下的举动，以及在峡谷河流一带发生的两次农民暴动中发挥重要领导作用的故事。被称为“牛鬼”的原重治在大逆事件后，过度担忧村庄长期以来户籍上的造假行为可能会导致与“大逆事件”同样的严重后果而发疯的故事。“我”在讲述故乡历史的过程中夹带叙述了“破坏人”创建“村庄=国家=小宇宙”的传说。

第四封信“赫赫武功的五十天战争”讲述了被历史抹杀的“村庄=国家=小宇宙”与大日本帝国之间的一场全面战争。战争开始时，“村庄=国家=小宇宙”的军队，用堤堰拦住的河水制造洪水，实行洪水战术，获得大胜。接下来描写了战争的结束，以及“无名大尉”在“死亡之路”上对隐瞒户籍的人进行大屠杀的故事。

第五封信“写神话和历史者的一家”描写了“我”的家世。父亲=神官与女艺人结合，生下五个孩子。“我”的长兄露一在第二次世界大战期间得了精神病，战后他只身进入皇居，试图与天皇直接交涉，谋求“村庄=国家=小宇宙”脱离日本独立。二哥露二郎当了演员，他是一位同性恋者，最后因变性手术失败死亡。弟弟露留原本是一名职业棒球队员，被球队解雇后去了北海道猎熊，结果被猎人错认为是熊误杀了。妹妹露己因知道美国总统以前的丑事一直被美国中央情报局审查、盯梢，她为了摆脱他们投水自杀，最后却奇迹般地生还，回到了父亲=神官的身边做了“破坏人”的巫女。

第六封信“村庄=国家=小宇宙的森林”是一封无法寄出的信。描写了“破坏人”的复活、幼年时期“我”在阿波老爹和培利老爹那里用图画的方式描绘的“村庄=国家=小宇宙”的历史、父亲=神官在第二次世界大战期间祈祷战争胜利的集体参拜过程中的捣乱行为，以及他背叛为其辩护的阿波老爹和培利老爹的事件。接下来描写了为父亲的背叛行为深感耻辱、愤怒的“我”赤身裸体进入森林，寻找被屠杀埋在森林各个地方的“破坏人”的尸体，试图使解体的“破坏人”复原。在此期间，“我”看到了周围一个个分子模型般像玻璃球一样明亮的空间，这些空间里包含了当地传承中所有的人。

我们看到，在六封信中，一些内容也是其他章节同样描述过的，如第五封信详细介绍了“我”的一家。然而，通过其他章节，我们也可以了解一些“我”家人的情况。关于“破坏人”溯流而上建立新天地的神话，在其他信中也多有涉及，所不同的只是每次都增添了一些新的细节或“我”的看法。这些相似情节在重复中不断割裂每个章节叙事的连贯性，事件整体也在不断重复中得以修补和完善。

在小说的最后，我们可以看到和小说的开头一样出现的妹妹的形象。

最后，我还有一件事要说。四个消防队员像抬死猴子一般提着我的手脚，在像浮在空中的湖一样饱含雨滴的森林中穿行时，妹妹啊，我看到了树木和藤蔓围着的一个像玻璃球那样明亮的空间。已经长成大姑娘的你位于空间的中心，除了小腹被那要燃烧起来的美丽体毛掩盖之外，你全裸的身体像涂了奶油一般熠熠生辉。在你身旁，有一个已经复活并恢复到狗那么大小的东西。①

这是“我”少年时代在森林中看到的妹妹。对少年时代的“我”来说，看到的是未来已长大成人的妹妹即现在的妹妹。在此，过去、现在、未来在同一空间共时存在。

一般说来，传统小说叙事都有开端、发展、高潮和结局，有着明晰的时间进程。我们很难将童年的“我”在森林中看到妹妹的场面作为整个小说的结尾。六封信所展示的是一个个片断，叙事也以一个个空间场面的并置取代了传统小说叙事的连续性。正因为如此，这种整体性的缺失对读者的想象力提出了更高的要求，也是这部作品晦涩难懂的一个主要原因。

二、独白与复调——书信的私人性与历史的多元性

《同时代的游戏》的开头，大江用晦涩的翻译式文体描写了主人公书写村庄神话、历史的动机，这一动机来自与妹妹乱伦的冲动。

妹妹啊，那项我从懂事时起，就经常考虑在一生中某个时候开始书写的工作；那项我相信一旦动笔，肯定会根据自己找到的方法毫不犹豫写下去但迄今为止仍然犹豫不决的工作，现在我决定以给你写信的形式完成它。妹妹啊，我用别针将你私处体毛的彩色幻灯片覆盖在你那红衬衫衣襟系在牛仔短裤上，小腹微露，宽宽的额头没有任何遮掩的微笑着的照片上。我用图钉将其固定在墨西哥城寓所的案头，从

① 大江健三郎：『大江健三郎小説 5』、新潮社、1996 年、146 頁。

那火焰般的体毛中不断寻找写作的激情。[①]

一般说来，历史书写的动机来自为某个时代立传的冲动，它是严肃、庄重且富于责任感的。叙述者对双胞胎妹妹大胆的告白充分体现了书信的私人性质，这一点颠覆了传统历史书写的严肃与崇高，也告诉读者关于故乡历史的书写不同于传统历史书写的正统性。关于彩色幻灯片的描写在第四封信、第六封信中重复出现，给“我”一种不断书写下去的勇气。十重田裕一认为，《同时代的游戏》中关于身体的表现提示了小说的主题。出生之前就被赋予记述“我们土地的神话和历史”任务的“我”对书写行为的青睐，和以上关于身体的表现密切相关。与之呼应，日本神话（《日本书纪》《古事记》）的主题也被编织其中。[②]

十重田裕一所说的日本神话的主题，指的是伊奘诺神、伊奘冉神兄妹近亲相奸，诞生日本国土的神话。这一神话也是第一封信中“我”给学生讲授的《日本书纪》的内容之一。很明显，这一设置告诉读者将要书写的“村庄=国家=小宇宙”的历史和神话是以日本神话作为参照的。正如日本的创世神话始于兄妹之间的性行为一样，“我”面对妹妹的裸体照片，在妹妹肉体的鼓舞下，开始了“我们土地的神话和历史”的书写。

《同时代的游戏》的叙述者“我”，就其内在心理世界来说，是一个因小时候闯入原始森林，被救出后常被讥讽为“天狗相公”，从此生活在森林之外的边缘人，整部小说都是“我”一个人的独白。第一人称回顾式叙事使叙事时间与故事时间存在着较大的间隔，当往事、历史、神话不断进入叙事，就出现了跨度很大的跳跃和倒错。小

① 大江健三郎：『大江健三郎小説 5』、新潮社、1996 年、9 頁。

② 十重田裕一：「『同時代ゲーム』 —— 「第一の手紙」．書くことの端緒と身体イメージ」、『国文学 —— 解釈と教材の研究』、1997 年 2 月臨時増刊号、89 頁。

说中不时出现的"妹妹啊"这一对妹妹的呼唤，看起来是用进行时的表达来体现书信的一种现场感，但叙述的内容却多是对往事的回忆和自己对神话、历史的看法。"妹妹啊"这种叙事话语使叙事时间在过去与现在之间摇摆不定，消弭了叙述者全篇独白所产生的寂寞，也为全书奠定了怀旧的基调。

前田爱指出，《同时代的游戏》的叙事，是借助给妹妹写信这一形式进行的内心独白。但是，大江在独白式的讲述中，加入了复调的叙述结构。"它不是单一的线性的旋律，而是将各种音色交错的装置配置在作品的各个重要地方。如果'我'对妹妹的讲述使作品背后作者大江对读者的讲述得以隐性存在的话，以一看就被认为是编年史的小说文本为线索，重新创造多义的神话世界的工作，就被完全委托给了读者的想象力自身。"①

用私人化故事消解历史是这部小说叙事的显著特征。第一封信中，"我"将身体感受（如对牙痛的描写等）、感想（如对墨西哥民众版画家波萨达描写灾难的版画的认识等）都成为书写"我们土地的神话和历史"的动力。"我"对村庄神话和历史的追溯带有强烈的个人性，历史在"我"的笔下失去了历史时间的秩序性和发展状态。第五封信描写了一家人动荡、不安的人生，这样的家史和村庄神话和历史不协调地并置在一起，在很大程度上用私人性解构了历史。在大江笔下，时间的秩序发生了混乱，历史呈现出多元性，以线性时间观和传统历史观组织文本的传统历史书写模式遭到了消解，对历史事件和历史人物命运随机性、偶然性的强调使历史不再表现为一种发展的必然。

在"我"漫长的独白中，我们可以看到，六封信并不是都采用了倾诉的形式。比如，第三封信的第一小节和第二小节基本采用了对话

① 前田愛:「宇宙論と救済」、『国文学 —— 解釈と教材の研究』、1983年6月号、51頁。

体，在一问一答中将“黑暗之神”亀井铭助的历史以讨论的形式讲述出来，给读者一种剧本的效果。除此之外，小说中重复性叙述、意象的反复描写等也打破了传统小说以情节为结构中心的单线叙事的纯粹时间性而构成一种空间关系。六封信主要按两条线索组织情节：一个是故乡的神话，一个是故乡的历史。总体来看，第一、三、五封信侧重描写历史，第二、四、六封信侧重描写神话。然而，综观六封信，我们会发现很多情况下在一个章节里神话和历史是互相交叉的。比如，第三封信主要内容是“我”给小剧团导演讲述的关于“村庄=国家=小宇宙”这一共同体“自由时代”的历史，但在这一章中也提到了“破坏人”创建“村庄=国家=小宇宙”的神话。即使是历史，我们也发现它是多义的存在。“我”叙述的历史，夹杂了很多自己的推想、看法。在此，历史和神话一样具有了多义性、主观性。

加贺乙彦指出，《同时代的游戏》的叙事，存在着将历史神话化的倾向。“发端于古代的神话叙事，在对象进入历史时代之后仍然持续着，不断地将历史神话化。从幕藩体制到明治维新，进而到现代，所有的内容都以神话的形式来书写。虽然，从现实世界里发现各种各样的神话要素是一般的做法，但作者将其颠覆，用神话来创造现实世界。这是对现实世界的挑战，是费尽心机的游戏，由此可以看出《同时代的游戏》这一小说题名的由来。”[①]

一般说来，历史属于因果的、逻辑的、必然的、有时空条件限制的现实世界，而神话则属于无因果、无逻辑、偶然的、超越时空的幻想世界。在这部小说中，两个世界交叉讲述，犹如藤蔓交织盘绕，共同编织成这部小说的叙事结构。加贺指出的将历史神话化的方法，就是在叙事上故意模糊时空界限，将本可以完整叙述的故事粉碎化，以

① 加賀乙彦：「根源への遡行 —— 大江健三郎『同時代ゲーム』を読む」、マサオミヨシ·他『群像 日本の作家 23 大江健三郎』、小学館、1992 年、210 頁。

呈现历史的多元性和主观性。虽然，零散、破碎的情节似乎很难统一，但六封信结构上的复调性还是从不同的角度再现了“我们土地的神话和历史”并服务于这一主题。这样，看似散漫无序的各部分就形成了一个整体。

三、作者与读者——游戏规则的暗示与接受

一般说来，书信作为一种交流媒介，真实性是保证其私密性的基础。书信与小说两种体裁的结合则意味着叙述者向读者敞开自己的内心世界，从而满足读者窥探他人隐私的欲望。从读者的角度来看，读者在阅读中既可以将自己和叙述者“我”一体化，进入“我”的内心世界；又可以站在收信人即妹妹的一方来阅读书信。这样，小说读者就可以积极参与到小说情节的建构中来。然而，《同时代的游戏》的实际接受状况却违背了作家的本意。平野荣久在《大江健三郎——我的同时代游戏》中，引用了大江在《小说的策略 知性的愉悦》一书中对这部作品的反思，结合自己的阅读感受，认为“‘作者’=大江一门心思为自己写作，没有时间考虑针对‘读者’的阅读接受采取策略”[①]。实际上，大江并不是无视读者，而是因为作品复杂的结构和叙事方式，使文本和读者发生了脱节。我们可以看到，大江在文本中还是设置了对这部小说阅读方法的提示。

清水徹认为，《同时代的游戏》与法国作家纪德于1925年创作的《伪币制造者》具有相似之处，即小说中设置了映射小说整体的一面小镜子。第六封信中提到的少年的“我”在阿波老爹和培利老爹家里描绘的关于当地所有传承的图画，就是小说中讲述的“我们土地的神话和历史”。“作为小说的写法，可以说将‘第六封信’中提到的‘我’

① 平野栄久：『大江健三郎 —— わたしの同時代ゲーム』、オリジン出版センター、1995年、113頁。

画的像漫画那样的东西撕成小片，打乱顺序后重新排列就是这部小说。小说的设置就像拼图游戏一样，读者经过努力思考、排列才得以了解故事整体。”①

《同时代的游戏》并未按时间顺序来组织事件，而是打乱秩序重新排列。在神话和历史分别错开的叙事过程中，还穿插叙述了不少与主要情节似乎不相干的人和事，如第一封信第五小节“我”做的日本被中国人民解放军占领的梦等，这使原本有着先后发展顺序的事件或历史显得更加破碎。然而，将各个部分叙述的主要事件并排放在一起，还是可以把握故事整体的。可以说，在某种意义上，小说中少年的“我”在大图画纸上用蜡笔描绘的所有传承的图画可以看做是作者大江关于这部小说阅读方法的提示。也就是说，《同时代的游戏》这一文本，不应该是按照从第一封信到第六封信的顺序来阅读，而是像画幅一样必须将其看作横排的六个文本来接受。

遗憾的是，许多读者并未认识到用书信描写的神话、历史和用绘画表现的同一内容在形式上的同构性，并没有发现清水徹所说的映射小说整体的这面镜子。实际上，在小说临近结尾的地方，大江通过孩童的“我”看到的“空间×时间”的单元中出现的奇异景象也提示了这一小说的阅读方式。

> 为了掩埋被肢解的破坏人的身体碎片，我在森林里四处走动。在我的眼前，展开了一个分子模型状的像玻璃球一样明亮的空间。在树木、藤蔓围绕的这一空间中，有“牵狗人”的狗、屁股上长眼的人。像这样，在一个个相继出现的玻璃球一般明亮的空间里，我看到了我们当地所有传说中的人物。这些也与未来事件有关的人物毫无例外都是同时存在的。②

① 清水徹：「『森のフシギ』の大きな涙」、『文学界』、1994年12月号、119頁。
② 大江健三郎：『大江健三郎小説5』、新潮社、1996年、146頁。

神话和历史又以一种映像的形式再一次得以共时性展示。至此，读者在小说中看到了用书信书写的历史、用绘画表现的历史和以映像呈现的历史，三种历史都是共时性的。对大江来说，共时性可以说是其创作意图和构建文本意义的出发点。

叙述者“我”通过六封信，完成了对“我们土地的神话和历史”的书写，这六封信合在一起，又形成了现实小说文本《同时代的游戏》。在这些信件的设置上，我们还可以看到信件人为的一面。比如，在第一封信第八小节的开头，用黑体字标明这一节是“第一封信投递前被删除的部分”[①]。在投递前删节的部分说明收信人妹妹并没有看到。那么，这一部分进入文本到底反映了叙述者“我”或作者大江健三郎什么动机呢？每封信都有父亲=神官读过的痕迹，妹妹是否读过在文本中并没有明示，妹妹读这些信的感受等内容在小说中也没有提及，个人对共同体历史的言说由于缺乏交流而变得只有一种声音，个人的独白在多大程度上是真实的呢？这些问题都有待读者在文本中找寻。

《同时代的游戏》的六封信各自形成一个相对独立的章节，对读者来说，无论从哪一封信开始阅读都是可行的。这样，小说由于其复调结构形成了罗兰·巴特在《S/Z》中所说的“可写文本”。读者可以对六封信的顺序重新编码，对文本进行创造性阅读，从而体现小说书名所标明的“游戏”本质。遗憾的是，正是由于大江在小说叙事上的大胆创新，完全打破了读者的阅读习惯，最终使这部作品成了一部“难解之书”，使普通读者参与文本游戏的初衷成为泡影。虽然如此，小说开放式的复调结构为作者、叙述者和读者提供了对话的空间。通过对话，作者、叙述者和读者的思想在文本内外永无休止地交汇与碰撞，从而使小说的主题意义具有了多重性。在这个意义上，作为大江复调

① 大江健三郎：『大江健三郎小説 5』、新潮社、1996 年、62 頁。

小说的代表作，《同时代的游戏》的复调叙事充分体现了大江小说的时空美学和小说内部结构特征，即使在 21 世纪的今天，对日本当代文学仍然具有巨大的开拓意义和重要的启示价值。

第二节 狂 欢 叙 事

在长期的小说创作中，大江对巴赫金的狂欢诗学表现出浓厚的兴趣。在《我这个小说家的创作方法》中，大江认为自己找到了一直寻找的小说方法。“（那时）对俄国形式主义的译介已经起步，几乎与之同时，米·巴赫金的著作特别是《弗·拉伯雷作品和中世纪文艺复兴的民众文化》（塞利卡书房）的出版颇具影响力，文化人类学家山口昌男的活动也引人瞩目，三者交相辉映，进入了我的视野。”[①]大江提到的《弗·拉伯雷作品和中世纪文艺复兴的民众文化》，就是巴赫金狂欢思想的代表作。巴赫金通过对欧洲中世纪狂欢节的考察，发现了节日中蕴含的民间意识和具有颠覆性、革命性的狂欢精神。通过狂欢诗学的建构，巴赫金梳理出长期被主流文学遮蔽的欧洲狂欢文学的悠久传统。大江准确地把握了巴赫金文学思想的本质。“巴赫金所谓的荒诞现实主义的基本思想，可以用他自己的定义简单概括为民众笑文化意象系统。”[②]的确，巴赫金反复强调的“狂欢节化”，其核心精神就是通过对民间文化意识的挖掘和肯定，来表达对自由的向往，进而达到对权威、专制话语的解构和强烈批判。在这一点上，大江文学与巴赫金的狂欢诗学具有了某种契合。本节尝试以《摆脱危机者的调查书》（1976 年）为例，探讨狂欢理论在大江小说叙事上的体现，追寻其小说叙事策略的美学意蕴和文化价值。

---

① 大江健三郎：『私という小説家の作り方』、新潮社、1998 年、92-93 頁。
② 大江健三郎：『私という小説家の作り方』、新潮社、1998 年、136 頁。

一、对话式的叙事结构

王建刚指出，巴赫金的狂欢诗学主要指作家的“思维狂欢化”“文学体裁的狂欢化”“作品世界的狂欢化”三个方面[①]。就大江的小说世界来看，狂欢化首先体现在他站在边缘，以自由奔放的幽默表达边缘人的情绪和心声这一点上。在这个意义上，《摆脱危机者的调查书》可以说是大江对小说叙事风格的一次重要探索。在这部作品中，狂欢思想在小说结构、情节等方面都有着鲜明的体现。

《摆脱危机者的调查书》中描写的智障的儿子和他的父亲这一意象是大江《个人的体验》（1964 年）之后的小说中不断描写的内容。在这部小说中，大江安排了具有科幻色彩的父子二人年龄转换这一情节。38 岁的森父年轻 20 岁，成为拥有鲜活肉体的 18 岁青年；8 岁的森年龄增加了 20 岁，在身体和智力上成了 28 岁的大人。可以说，这一“缘于宇宙意志”的“转换”荒诞无稽，完全脱离了现实。转换后的“俺”，由于生理上的变化与之前的情人麻生野经历了新鲜的性体验，同时，“俺”的叙事声音也发生了变化。

> 录音带播放出来的声音确实是森父“转换”后的声音，但是，这种声音听起来脆生生的，像十来岁的孩子，让人怀疑“转换”仍在进行，年龄已经回到变声期前后了。不过，那大概是由于录音机器转速异常导致的吧。但是，身为技术人员的森父，会犯如此低级的过失吗？也许他想利用这脆生生的声音首先给代笔作家一种震动吧。而且，那种尖利的声音本身在演讲录音里就分化成两种声音了，为准确将这两种声音用语言表现出来，代笔作家采用了片假名和平假名分别记述。[②]

---

① 王建刚：《狂欢诗学——巴赫金文学思想研究》，学林出版社 2001 年版，第 125 页。

② ［日］大江健三郎：《摆脱危机者的调查书》，包容译，作家出版社 1996 年版，第 212 页。引文略有改动。

这部小说是将发生在森父父子之间的年龄“转换”这一奇迹和之后两人的冒险，通过森父的讲述，代笔作家“我”以笔录的形式记录下来的最终结果。“转换”后的森父叙事声音的变化，也必然造成了代笔作家记述文体的变化，使文体出现了两种声音。这就要求读者在阅读时意识到二者的动态关系。不难发现，对话性是这部小说的基本特征。讲述和记述两种方式的设置使小说在结构上呈现出鲜明的结构对话。小说的叙述者森父和记述者“我”是同时代的人，都有着一个智障的儿子。“我”的记述，不是对森父讲述内容的被动笔录，“我”在记述中，也对森父讲述的内容进行修正。

> 我接下来记述的全都是来自森父的经历和梦想的话语，所以，那些原本错误的引用和翻译的随意性，说不定也是他蒙骗代笔作家来取乐的手段。代笔作家这项工作的难处就在于虽然源于别人的讲述，却必须首先通过自己的精神和肉体把它写在纸上。虽然通过这项工作我能够进入森父的内心世界，洞察他的秘密，能够暂时把握他的一切，但是反过来如果被森父占据了我的世界的话可真受不了。①

在记述过程中，代笔作家“我”怀疑森父通过错误的引语和翻译戏弄自己，通过书写，自己试图与讲述者一体化，真正进入讲述者的内心深处。同时，也担心自己在与讲述者的这种交流中，自己的世界也被对方掌握。那么，记述者“我”是否隐藏了自己的观点了呢？我记录的所谓的“调查书”，和警察客观的事件笔录有很大不同，“我”的笔录由于记述者和叙述者的交流互动而具有了双重声音。

> 虽然这样做马上就逾越了代笔作家的权限，可是我仍想把带问号的注脚写在这里。（中略）作为前原子物理学家自不必说，就是作为

① ［日］大江健三郎：《摆脱危机者的调查书》，包容译，作家出版社 1996 年版，第 38 页。引文略有改动。

人类的一分子，森父不也是放弃了主体责任了吗？这点才是造成森父带着孩子一味地向梦中逃避这一根本弱点的原因。

哎呀，你可不要那样急于给俺下断语呀。ha、ha。即使立刻遭到了反驳，俺也要讲有关梦的事情。仅这一点显然就得冒相当大的危险呢！（下略）[①]（着重号为日文原文所有）

“我”怀疑记述内容的真实性，对讲述者的立场进行质疑，并用注释的形式表达了自己的看法。同时，将讲述者对自己的批评的反映也原封不动地写进文本。通过与讲述者的对话，摒弃了书写中常见的书写者对人物声音的压抑，从而使人物具有了自己的声音和思想。“如果你怀疑的话，俺希望你的怀疑能够压住俺所坚持的主见。当然，俺并不是让你把它写成代笔作家的注脚：像‘……不过，我深表怀疑。’那样。”[②]人物强烈的自我意识以及记述者与人物平等的对话使小说叙事显得既轻松，又庄重；既幽默，又认真。与大江之前的小说创作相比，这部小说具有一种压抑不住的狂欢精神，既有对人类核危机下生存状况的严肃思考，又有对生活的戏谑调侃。小说吸收了黑色幽默、怪诞、夸张、反讽等许多现代文学元素，用充满颠覆意味的情节和天马行空的想象表达了作者对时代危机特别是核危机的感受和思考，在情节结构上体现出鲜明的狂欢叙事特征，这些特征表现了大江小说叙事的复杂性和广阔性。

《摆脱危机者的调查书》中，讲述者和记述者不断产生分歧，两个人的叙述很多情况下既互相拆解又相互指涉，事实在叙述者的讲述和记述者的质疑中显得越发无法把握。记述者除了记述讲述者的行为、言语之外，还将一些“副文本”引入作品。例如，关于放射元素

① ［日］大江健三郎：《摆脱危机者的调查书》，包容译，作家出版社 1996 年版，第 42 页。引文略有改动。

② ［日］大江健三郎：《摆脱危机者的调查书》，包容译，作家出版社 1996 年版，第 113 页。引文略有改动。

的知识、美国核专家拉尔夫·拉普的言论等文字材料，记述者利用这些事实对森父言说的真实性进行拆解，认为“森父所说的二十个核弹的核物质装在那个容纳绿色液体的桶里，是找到了发挥想象力的机会”①，从而对森父所说的核原料被抢劫一事提出了质疑，甚至认为一些插话或许全都是他的杜撰。这样，两套话语的虚虚实实，互相消解彼此的确定性和真实性，使关于森父冒险的故事包容了异质的成分与声音。这种双重叙事结构的设置极富叙述意味，不同声音的并存使文本变成了话语狂欢的场所，同时也拓宽了作家反映现实的广度。三种时间（冒险经历时间、叙述时间和记述时间）、两种叙述语式使读者的思维不停地转换，小说的对话结构诱使读者自觉进入故事情境，在两种话语的对照中来判断叙述者话语的真实性，进而填补小说中尚未明确显现的信息。这样，读者作为接受主体，可以积极地加入到文本建构和话语狂欢中来。

二、戏剧化的人物塑造

狂欢节上，小丑是一个不可缺少的存在。“确定时间、空间，将这一角色制度化的话，就形成了以狂欢节为中心的庆祝活动。（中略）在狂欢节期间，上下、贵贱、老幼、善恶、认真和疏忽、工作与游戏等价值关系发生颠倒，人们从秩序的压抑中解放出来，自由自在地享受欢乐的节日。”②的确，以小丑为代表的包括骗子、傻子和疯子等狂欢化人物，是小说狂欢叙事不可缺少的存在。《摆脱危机者的调查书》的故事层叙述者“俺”，是一个处于社会边缘的小人物。“俺”因为工作关系受到了核辐射，精神处于高度紧张状态，妻子也因为智障儿子的事情与恋人私奔。然而，在大江看来，从这些边缘的小人物身上，

---

① ［日］大江健三郎：《摆脱危机者的调查书》，包容译，作家出版社 1996 年版，第 57 页。引文略有改动。

② 山口昌男：『文化人類学の視角』、岩波書店、1986 年、240 頁。

可以获得与中心文化对抗的力量。

> 我国近现代文学被作为日本文化一般倾向的向心性和单一化趋势包围，没有与其抗衡的力量。站在这样的历史高度上，我们做如下思考也并非没有意义。即把“陌生化”的人置于边缘人物、边缘性这一条件下，积极地作为文学的典型塑造出来。这就是为批判地超越我国文化的向心性和单一化趋势所必须进行的想象力训练。①

正是从狂欢节等节日的庆祝活动中，大江发现了民间的力量，获得了打破不合理社会秩序的超常想象力。骗子、小丑等民俗学、文化人类学要素的运用就是大江塑造人物常用的“陌生化”手法之一。大江利用这一要素，在小说中塑造了许多典型的边缘人形象，从而使小说在具有一种黑色幽默的同时，对社会特别是天皇制给予了强烈的批判。

所谓骗子、小丑形象，就是喜欢捉弄人，采用一些小伎俩，对现存社会秩序进行短暂破坏的边缘人物。他们的性格具有双重性，虽然破坏旧秩序，但并不能说是坏人。他们不是道德性的存在，毋宁说是打破沉滞的旧秩序，使其活性化的具有挑战性的存在。在大江文学中，这些小人物看起来似乎滑稽可笑，但却具有压抑不住的反抗精神，他们近似疯癫的话语和异想天开的行为，在一定程度上代表着真理，揭示了现实存在的荒谬。

《摆脱危机的调查书》的森父，就是一个骗子、小丑式的边缘人物。因家庭矛盾被妻子抛弃的“俺”和智障的儿子“森”，在第二天早上醒来时突然发生了源于“宇宙意识”的年龄“转换”。年龄的转换对森父来说犹如狂欢节上给小丑加冕，“俺”和森身份的突然变化，在一夜间降格、升格，产生了一种狂欢的气氛。“转换”后，“俺”的心理、

① 大江健三郎：『小説の方法』、岩波書店、1978 年、192-193 頁。

生理都发生了很大的变化，成了一个一面向天皇家族护卫者——大人物A氏即老板提供核能发电站的秘密资料，一面又参加反核运动的双面的存在。“俺”不断变换自己的身份，频繁出入两个敌对的阵营，使作品具有了一种黑色幽默式的喜剧色彩。“俺”和森组成的二人帮，对大人物A氏企图操纵核力量来统治人类的计划奋不顾身地进行抵抗。在看到报纸刊载的从大人物A的家乡进京，准备为住院的他进行祈神消灾表演而化装成小丑的一群人聚集在医院门前的消息时，森化妆成超级老人，“俺”打扮成袋鼠那样大的洋娃娃混进了小丑队伍，试图利用这个机会顺势反击，挫败A氏最后统治人类的野心。然而，他们被老板的秘书发现，出乎意料的是，二人却戏剧性地被老板委以重任。

> “像你那样的小丑……也就是你这样转换为十八岁的本来三十八岁的人，带领着原来八岁现在二十八岁的儿子，自称是为人类工作的小丑，即使从我这里带出去的钱被查出来，警察也不会怀疑到我身上的。”老板并不是对大笑的俺，而是对那个肯定是钱的直接出处的油轮主解释。那个人已经又转到俺和森的背后了。“不过，关键时刻能托付重任的就是这种人啊！这些怪异的家伙，就是以极其奇怪的打扮出现的。嘶、嘶、嘶？！”①（着重号为日文原文所有）

在老板看来，森父完全是一个小丑似的存在。森父在行将就木的老板面前肆无忌惮地大笑，体现了他站在现实边缘，用一种另类视角来戏弄现实的态度。森父和森在打算袭击大人物A（老板）时反而被老板委派了用钱收买对立的两个党派或支持一方消灭另一方，将两派的原子弹工厂合并的任务。然而，在“俺”即将屈服强权，答应接受任务的一刹那，却采取了反抗。森抓起地板上的仙杖，打死了老板，

① ［日］大江健三郎：《摆脱危机者的调查书》，包容译，作家出版社1996年版，第290页。引文略有改动。

夺过装有5亿日元的提包跳入了小丑集团熊熊燃烧的花车。

> 森被机动队追赶着，向那火势凶猛的花车奔去。他抡起半敞开的旅行包，遮着他全身的头发随风飞扬，小丑集团的鼓噪自不必说，他现在在整个人群发出的呐喊中越过栅栏，跳进了花车的火焰中！就在森一头扎进了那巨大火焰，身子还飘在空中时，散落出来的钞票和他的头发一起燃烧起来。在和他纠缠的油轮主的身后，老板嘴巴张着死去，他最后的野心一下子化为灰烬，接下来要消失的，就是燃烧着的森！
>
> 俺再次倒在碎玻璃上，被那些警官按着，像刚生下的婴儿那样浑身是血，声嘶力竭地哭号着。哩——、哩——、哩——、哩——、哩——、哩——、哩——、哩——！[①]

在小说中，我们可以看到，转换并不是恒定不变的。“我”切实感受到这种状态还会再次来临。小说最后“我”像一个刚出生的婴儿那样哭号的情景，可以认为转换进行到了极限——“我”和森在转换的极限中被脱冕，“我”降格为刚出生的婴儿，森作为替罪羊为正义殉道，“我”在森死去的同时像婴儿那样获得了新生。在这个意义上，“转换”这一加冕脱冕仪式体现了交替与变更，死亡与新生的文化内涵。“俺”在最后发出的“哩——哩——哩——”的呼喊声，既是为森反抗强权的大无畏精神的呐喊助威，又是对他被选定为牺牲者而殉难的哀悼。“加冕和脱冕，是合二而一的双重仪式，表现出更新交替的不可避免，同时也表现出新旧交替的创造意义；它还说明任何制度和秩序，任何权势和地位（指等级地位），都具有令人发笑的相对性。”[②]对小丑来说，赋予他这一小人物身上的行动只会招致

① ［日］大江健三郎：《摆脱危机者的调查书》，包容译，作家出版社1996年版，第293页。引文略有改动。

② ［俄］巴赫金：《诗学与访谈》，白春仁、顾亚铃译，河北教育出版社1998年版，第163页。

他人的哄笑，然而，在权力、制度的结构显露出来的场合，就会产生强烈的破坏力量。随着老板的死，老板试图控制核弹进而控制整个国家的阴谋灰飞烟灭。可以说，大江小说中的骗子、小丑形象具有强大的修辞功能和深刻的社会文化内涵，这一形象反映了作者对现代政治状况的嘲笑和对强权政治的反抗，暴露了黑幕政治家统治人类的企图，透视出大江对当代核状况和政治现状的关切与忧虑。

三、狂欢化的文体风格

在文体层面上，《摆脱危机者的调查书》可以说是各种语体的狂欢。狂欢化的语言风格在这部小说中达到了极致。根据小说文字表现来看，不难发现这部小说叙事文体的复杂性。小说第二章“起用代笔作家”描写了“俺们”在运送核物质的路上被劫持的情景。当汽车被迫停下，司机和助手看到五六个青年拿着钢叉顶住车门时，愤怒地冲着他们大叫起来。

> “干什么、干什么、干什么？这样咚咚咚地敲门，你们干什么？”
> “干什么、干什么、干什么？这样当当当地砸门，你们干什么？”①

而当“俺”担心核物质泄露造成污染，从另一侧车门跳下车去制止他们的时候，司机和助手的态度一下子有了一个一百八十度的大转弯，之前理直气壮的责问马上变成了不负责任的神经质似的吼叫。

> “干什么，干什么？你满脸煞白，要把我们卷进麻烦里呀！”
> “干什么，干什么？你满脸煞白，不要去惹麻烦啊？”②

① ［日］大江健三郎：《摆脱危机者的调查书》，包容译，作家出版社 1996 年版，第 59 页。

② ［日］大江健三郎：《摆脱危机者的调查书》，包容译，作家出版社 1996 年版，第 60 页。

司机和助手犹如童话里的人物，一人一句，而且近似同语反复，显得生硬机械。而劫持核物质的青年，犹如《奥兹的魔术师》中的铁皮人一样发出稀里哗啦的金属声，动作麻利而又显得死板。很明显，叙述者是用童话的语气讲述核物质被劫持的严重事件，带有童话语言效果的「なんだ、なんだ、なんだ？」(怎么啦？怎么啦？怎么啦？)、「なんだい、なんだい？」(什么？什么？)等用粗体表示的话语反复，既强调了声音的高亢，又给人一种紧迫感。同时，用童话语言描写司机和助手前后不一的态度，造成了一种滑稽的表达效果。

另外，在第六章“俺和‘大人物 A’也就是‘老板’，如此这般地见面了”中，叙述者讲述了在情人旅馆的桑拿间遭到自己的情人——市民运动领袖、未来的电影家麻生野“逼供”的情景。代笔作家在记述这一事件时，采用了记录访谈或智力节目对话时经常采用的 Q（问）和 A（答）这样的罗马字表现方式。更滑稽的是，双方的对话采用了文语或半文半白的形式。

> 问：由于举报汝数年来向“大人物 A 氏”提供有关核状况情报，接受了超出核电站津贴的金钱援助的匿名者提出，在必要时会通报详细之内情，所以，为公平起见问汝，汝对此举报人怀恨否？
>
> 答：然也。吾相信前天夜里，割伤吾之面颊后（那伤痕现今不能从吾脸上看出，乃吾已“转换”之故也），出奔之妻与原内弟乃上述事项之举报人也。①

桑拿室里所谓的逼供，却因为这样一个空间和文绉绉的话语消解了逼供的严肃气氛，同时这也是对政治话语的一种降格，在对严肃问题的反讽中造成一种滑稽的效果。在叙述者看来，之所以这样进行会话是因为环境的限制，进而对自己进行调侃。

---

① ［日］大江健三郎：《摆脱危机者的调查书》，包容译，作家出版社 1996 年版，第 140 页。

> 在摄氏八十度的空气这样的“媒体”中是无法恰当地选择措辞的，所以，关于烘烤之下的私人盘问过程就长话短说吧。对俺来说，下面的问答显然绝非出自轻率，但是，俺不仅在密闭的 1.2 米 × 1.2 米 × 1.7 米的长方体内，而且还要面对放着砖瓦色石块的热源 + 坐台高度 + 俺和麻生野的体积以及大量的热气，还老担心自己放屁的话会很糟糕，她放屁的话会更惨……，屁股简直都快坐不住了。ha、ha。十八岁是多么难熬的年龄啊！？①

在庄重的一问一答中又加入了叙述者有点低级趣味的插科打诨，这也给小说文体带来了变化。特别是小说中不断出现的用英文标记的“ha、ha”这一感叹词在森父的讲述中不断出现，反映了叙述者对待现实中的人和事的调侃态度。

除此之外，我们还可以看到第八章《续“老板”的多方面研究》中对麻生野和总部的人的现场谈话采用“麻：”“领：”这一演出场记的形式记录；对“俺”演讲的记述根据“俺”的声音状况分别用平假名和片假名标记形式分开。“俺”在演讲中提到大人物 A 的计划时将之分为第一脚本、第二脚本、第三脚本、第四脚本这一电影脚本的形式来讲述。这些不同体裁的兼容并收，成为大江小说创新的源泉，也使文体具备了一种诙谐的色彩，是大江对日本传统写作规范和审美意识的颠覆，最终使巴赫金意义上的体裁的狂欢化成为可能。

不难看出，大江的狂欢叙事意味着对权威的否定，反映了他文学创作的边缘文化立场，体现了一种反抗权威、批判传统的文学创新精神。从我们对《摆脱危机者的调查书》的分析中可以看出，大江的狂欢叙事带来了小说结构的对话性、人物塑造的戏剧性和小说体裁的狂欢化，带来了想象力的自由驰骋。狂欢叙事颠覆了日本文学传统的审

---

① ［日］大江健三郎：《摆脱危机者的调查书》，包容译，作家出版社 1996 年版，第 140 页。引文有改动。

美理念和写作规范，打破了读者的期待视野，拓展了小说的叙事空间和话语表现形式，从而使大江小说充满张力，给读者一种全新的感受。在这个意义上，大江的狂欢叙事在日本当代文学中具有重要的理论意义和不容忽视的文化诗学价值。

第三节　重复叙事

美国解构主义批评家米勒在《小说与重复》一书中指出，小说是重复现象的复合。“在各种情形下，都有这样一些重复，它们组成了作品的内在结构，同时这些重复还决定了作品与外部因素多样化的关系，这些因素包括，作者的精神或他的生活，同一作者的其他作品，取自神话或传说中的过去的种种主题，作品中人物或他们祖先意味深长的往事，全书开场前的种种事件。”①在米勒看来，批评家的任务，就是站在文本是互文性的编织物这一立场上，采用一定的方法通过这些重复现象有效阐释作品。对大江来说，重复是其小说叙事策略的重要一环，其小说创作具有显著的重复特征。小到词语、句子、段落等语言层面的重复，大到情节、主题、人物形象、写作技巧的重复，重复叙事策略体现在大江小说的各个层面上。从内容上来看，它不仅局限在文本内部或作家个人的创作风格，甚至包括了大江与历史上其他作家的创作，以及与同时代文本、社会语境的重复关系。作为大江文本建构的一种方法，重复叙事策略不但具有加深读者阅读印象，深化小说主题的功能，还展现了其小说创作主题的连贯性和不断的超越性，使他星座小说的构想成为可能。在《给令人怀念的岁月的信》等小说中，大江正是通过文本内部事件的重复、对先前文本的重复来探索小说书写新的可能性。

① ［美］J.希利斯·米勒：《小说与重复——七部英国小说》，天津人民出版社 2008 年版，第 3 页。

一、重复的意义

在《给令人怀念的岁月的信》中，叙述者“我”=作家K面对已经去世的义兄，以书信的形式追忆了自己和义兄一生的交往及发生在义兄身上的一系列事件。这部小说由三部构成。从故事时间来看，第一部以妹妹告知我义兄开始创立新的宏伟事业这件事为开端，从时态来看是接近现在时的设定。第二部描写了“我”和义兄交往，时间从“我”和义兄的青少年时期一直到义兄出事后服刑。第三部从十年后义兄出狱、被杀害一直持续到写作的现在。小说展现了叙述者“我”对往事的回忆，而追忆往事本身就可以说是话语重复的变形，是对过去的重现。在《给令人怀念的岁月的信》中，重复叙事的表现形式之一就是“回忆”，小说的开头表现了这一点。

> 那年秋天，妹妹从森林包围的峡谷村庄即我出生成长的地方打来电话，说现在的义兄之妻、我们的老朋友阿势找她谈心，聊起了义兄开始的宏大事业。阿势认为，虽不能说义兄的行动是之前怪异行为的延续，但她对这一行为的发展方向忧心忡忡。（中略）但是，义兄真的是开始着手一种全新的宏大事业了吗？这难道不是他考虑作为自己在这个世界上最后的、独特的举动之后开始做准备的吗？阿势对他逐渐深入的做法非常不安。阿势这样说，拜托我在年末到新年这段时间回来一趟，看看义兄的事业并和他谈一谈。①（着重号为原文所有）

从小说开头的话语模式来看，大江在此采用了间接引语的表述方式，包含了三个表述层次。第一个层次是阿势因为义兄的事情到“我”妹妹那里商量要“我”回故乡的事。第二个层次是妹妹从山谷村庄打电话传达阿势的话。第三层次就是“我”面对小说的读者，传达一连

① 大江健三郎：『懐かしい年への手紙』、講談社、1992年、13頁。

串事情的经过。间接引语这一形式本身就是一种话语重复，在重复中，“那年秋天”这一开头提到的“秋天”这一季节，是一个仅仅存在于小说人物之间的特定年份，读者无法从中获得具体的时间信息。小森阳一指出了这种表达的形式意义。“《给令人怀念的岁月的信》这一小说的开头，一开始就使读者处于语言导致的传达的非对称性以及传达方和接受方没有共同约定这一事态。这也是对读者和作者之间、讲述者与受述者之间犹如有着某种契约关系似地展开的一般小说话语形式的一种深刻批判。”①的确，小说开头关于“那年秋天”这一时间在小说将近结尾的第 3 部第 2 章“这个故事开头写的打来电话……”这一承接句中才能最终确认，也就是说，读者几乎需要把全部小说读完才能把握“那年秋天”的确切所指。除了小说开头间接引语导致的话语在人物之间的重复之外，在小说结构上，从第一部和第二部在形式也存在着叙述的重复。

在第一部中，“那年”的年末到下一年年初这一段时间作为故事发展的标准时间被叙述出来。不过，第一部分插入的记忆片段不断地割裂这一标准时间。第二部可以说几乎是按照编年体的顺序来叙述的，故事开始于两人在“太平洋战争结束那年”的相遇，并沿着留在二人记忆中的事件的先后顺序讲述。这样，读者沿着时间顺序阅读第二部内容的同时，将之前在第一部中提到的小说人物记忆的碎片重新置于义兄与“我”的故事的链条中。第一部和第二部就以回忆为媒介相互参照，本身就构成一种重复。从整体来看，小说由义兄来信和“我”的回忆、感想构成全篇，在某种程度上可以说是生者与死者的对话，“我”通过与死者对话方法，重新回到过去，完成了自我审视和再认识。

在 2000 年的访华演讲中，大江这样说道：“无论是现实的历史发

① 小森陽一：『小説と批評』、世織書房、1999 年、223 頁。

展，还是小说的叙事方法，我认为二者有一个共同点，我将其理解为‘包含差异的重复’。作为小说的叙事方法，它是一种方法论。”[①]在大江看来，小说叙事方法与现实的历史发展进程具有同构性，“包含差异的重复”这一概念已经超越单纯的小说技巧的层面，可以理解为大江对现实和历史的认知方式。在这个意义上，《给令人怀念的岁月的信》就是一部反映大江这一认识，故事进程在“包含差异的重复”中不断推进的小说。

在《给令人怀念的岁月的信》中，义兄的生涯可以简单归结为“奔放的青春时代—负伤—创立根据地—性犯罪、理想受挫—源于精神皈依的理想小社会建设——惨遭杀害”这一模式。在这个模式中，包含差异的重复的事件主要有以下几个方面。

（1）肛门损伤。义兄在战争时期声称自己能够预测出征士兵的生死。战争结束后，被义兄作弄的复员军人一伙强迫他当众与保姆阿势发生性关系，并将黄瓜强行塞入其肛门。

（2）脑部受伤。在安保斗争中被右翼团伙打伤头部。

（3）爱情、精神受挫。义兄在创建“根据地”过程中与新剧女演员阿繁同居，在阿繁试图逃离山谷时将其强奸、杀害，并因此被判刑。

（4）疾病。在建设人造湖的过程中被查出患有癌症，在松山的医院接受手术治疗。

（5）死亡。被人造湖建设反对派抛入湖中溺水身亡。

不难看出，义兄一生所经历的重大事件在主题指向上基本是一致的，即对人生挫折的反复演绎。然而，这并非是一个个不幸事件的简单重复，而是小说主题不断深化、意义不断增殖的过程。伴随着肉体创伤的是精神的成长，在这些磨难中，义兄不断地思考人生，反思自

① 大江健三郎：「北京講演二〇〇〇」、『鎖国してはならない』、講談社、2001 年、222 頁。

我。“在成为这部作品方法基础的‘包含差异的重复’这一反复运动中，主题和情节被激发、净化和深化，义兄漂浮在无法驾驭的‘丧失’、‘获得’这一连续往返运动的振幅的夹缝中，他的人生因为突然的死而打上了句号，最终，这一运动提示了皈依的主题。”①可以说，义兄一生中遇到的不同磨难的重复推动了小说情节的发展，对义兄悲剧事件的重复叙述使小说具有了清晰的叙事结构和叙事脉络，形成这部小说舒缓的叙事节奏，奠定了小说“令人怀念”的叙事基调，使这部小说人生反思、精神皈依的主题一步步达到顶峰。由于重复叙事的作用，义兄每个阶段的挫折不再是一次次孤立的事件，而是被置于生命的无限循环之中，体现了大江对个人悲剧命运的思考。义兄人生挫折的重复在意义上不断增殖，直达作品的精神皈依主题。

二、引用策略与叙事格调

在大江的小说创作中，引用是其最为重要的重复策略之一。《给令人怀念的岁月的信》是大江以自己的经历、家庭生活为素材的私小说式小说的代表作。在《为了新的文学》（1988年）中，大江提到了自己从单词、句子及文章片段、插话和故事、作品整体四个层面多层次、多角度地阅读《神曲》的读书体验，试图将《神曲》带来的文学感动在小说各个层面上表述出来。“我将《神曲》看做是一部使自己构思、完成这部小说的作品。它非常重要，我想从中将给我动力的事物的本质展现出来。”②的确，这部作品自始至终都回荡着《神曲》的旋律，这和作者最终追求的“精神皈依”这一主题有着密切的关系。与同一时期的《听“雨树”的女人们》《新人啊，醒来吧》等相比，作者对其他文本的引用明显增多。杉里直人对《给令人怀念的岁月的

① 榎本正樹：『大江健三郎の八〇年代』、彩流社、1995年、266頁。

② 大江健三郎：『新しい文学のために』、岩波書店、1988、14頁。

信》的引用文本进行了详细的考察，指出大江的引用涉及除自己作品之外的28个文本，包括诗歌、小说、研究论文、书信等多种题材①。大量文本的引用，体现了大江对其他引用文本的兼容并收，这些文本的引用，并没有使小说陷入文字的拼贴游戏之中，而是将引用文本置于新的语境中，使引用片段由于新的语境而生成新的意义。引用这一重复策略增加了这部小说的信息量，扩展了小说的叙事空间，使小说主题得以升华，也使小说具有了丰富的社会内涵和哲学意蕴。

殷企平认为，法国学者克里斯蒂娃互文性概念中的文本与文本之间“重新组合”“互相交叉”和“互相中和”的关系本身就是一种重复。“这一点曾被巴特说得更为明白：互文性是任何文本都无法摆脱的一种状况。当然，我们不能把互文性问题简单地还原成起源和影响的问题；互文是一片综合性的领域，它包容了各种几乎已经无法追溯其起源的无名程式，包容了各种不加引号的、在无意识状态或自动化状态中被引用的话语。‘被引用的话语’和‘程式’当然也是一种重复。”②作为重要的重复策略，《给令人怀念的岁月的信》的引用大致可分为两种：大江对旧作的引用和大江对其他作家文本的引用。由于大量文本的引用特别是《神曲》片段的插入打乱了叙事流程，从而导致故事时间的停滞。这种忽视小说故事时间存在的片段插入，使文本结构显得松散。特别是但丁诗歌的大量引用，对读者的想象力提出了极大的挑战，增加了读者整体把握文本的难度。

大江这种叙事风格的转变和结构主义的影响有着密不可分的关系。大江与结构主义的接触，开始于20世纪70年代中期，以其好友山口昌男的《文化与两义性》（1975年）的发表为契机，他广泛涉猎

① 杉里直人：「方法としての引用」、島村輝『日本文学研究集成 45 大江健三郎』、若草書房、1998年、111頁。

② 殷企平：《重复》，《外国文学》2003年第3期，第63页。

索绪尔的语言学理论、雅各布森的诗学理论、列维·斯特劳斯的文化人类学理论，并将这些理论成果用于自己的文学创作。他对引用的认识，充分体现了结构主义对其文学创作的影响。“语言本来就是别人的东西，——如果这样断言过于偏激的话，那么至少可以说它是与别人共有的东西。如果不考虑语言的共有这一事实，也就无法思考索绪尔语言学意义上的语言，也不存在作为个人语言使用的言语。幼儿们用刚刚学到的——刚从别人那里借来的语言说话。我们讲话可以说只是在儿童的语言中附加更深的意义，与其在本质上并没有什么不同。在这个意义上，所有的小说、诗歌都是用与他人共有的语言，即通过引用创作出来的。”[①]可以说，大江充分认识到语言的本质，在他看来，由语言构成的文本也就不可避免地成为文本与文本的引用，所有文本都是其他文本的吸收和变形。对大江来说，自己文本的生成和他者文本的消费是密不可分的。正是因为明确认识到这一点，大江才积极地将引用作为小说形式实验的重要一环加以运用。大量的引用，使大江的文本具有了对话性，不仅是自己的文本同他者文本的对话，对自己旧作的引用又使自己不同时期的文本获得了对话的场所，用巴赫金的话说就是使自己的小说具有了“杂语性”。一些研究诗歌的学者曾经指出，大江在《新人啊，醒来吧》中对布莱克《天真与经验之歌》的引用存在着对原诗的误读。在我看来，这是无可厚非的，但并不影响大江文学的魅力。因为他者文本的引用，很多种情况下由于语境的改变，不可避免地会赋予原来文本中所没有的新的意义。正如巴赫金指出的那样，“引进小说（不论用什么形式引进）的杂语，是用他人语言讲出的他人话语，服务于折射地表现作者意向”[②]。

一般认为，文体与作家的人格、创作风格是统一的。这种“文如

---

① 大江健三郎：『私という小説家の作り方』、新潮社、1998 年、124-125 頁。

② ［俄］巴赫金：《小说理论》，白春仁、晓河译，河北教育出版社 1998 年版，第 110 页。

其人”的传统文体观一直在读者心中占据着中心地位。大江吸收他人的文体，也就是说，把别人的文体特色引入自己的文体中，特别是诗歌、小说、随笔等多种体裁的共存，不同国别、不同时代文本的引用，虽然冲淡了自己固有的文体风格，但也使自己小说的生活容量、情感容量和文化意蕴都明显加大，拓宽了文本想象的空间。“文如其人”的文体观，具有过分强调个人文体的独特性、纯粹性，排斥他者因素的倾向。大江有意识地大量引用他人的文本，在某种程度上是对这种传统文体观的扬弃。在大江看来，个人文体应该具有独特性，但更应该具有包容性。同时，还必须具有发展性。传统的文体论往往把过多的引用看做是文体中的“不协调音”，是反美学的，因为作者很难把自己文体的个性和被引用的他人文体的风格完美统一起来。大江通过引用这一策略，使自己的文体具有了多声性。如果说，大江过多的引用冲淡了自己以前形成的个人文体风格，毋宁说大江在文本的对话中获得了自己独特的“引用”文体，从而实现了个人文体的创新。

大量的引用，增加了小说文本的容量，使大江小说由于叙事文体的多声性而具备了一种百科全书性质。“百科全书是由许多已经存在的原始文本为基础的，百科全书具有一种大量‘引用’引文的性质，而且喜欢反复、举例、佐证和相似的文本引用。话语的复制、重复和增殖，主要在对经典文本的引用这一层面上。（中略）这种方法到了小说叙述中，就会变成一种滑稽模仿，重复、复制和增殖转到了人物、事迹和情节的层面上。”①可以说，不同体裁、不同时期、不同国别文本的引用凸显了这部小说的百科全书式风格。大江采用百科全书式的叙述方式，在这部小说中表现了自己的情感体验、人生思考，在保持小说叙事形态的同时，使之包含了多种现代知识体系，借助多种题材

① 耿占春：《叙事美学：探索一种百科全书式的小说》，郑州大学出版社 2002 年版，第 70-71 页。

和体裁来表达私人话语。可以说，引用作为一种重复叙事策略，使大江通过他者文本的接受获得了叙述的多样性和风格的丰富性。

三、重复叙事与星座小说的可能性

徐旻在博士论文《重复中包含着差异》中指出，大江获诺贝尔文学奖之后的三部作品《燃烧的绿树》《空翻》《被替换的孩子》存在着相同点和不同点，相同点和不同点可以用大江自己的语言“包含着差异的重复”相对应。“‘重复’也就是指各个作品相同点，但是又不是完全的重复，各个作品具有其独特的一面，也存在着‘差异’这一三部作品之间的不同点。”①的确，从作者对大江后期的三部作品《燃烧的绿树》《空翻》《被偷换的孩子》的分析我们可以看出，大江是把个人灵魂救赎这样一个主题，通过包含差异的重复策略在不同的文本间架起了一座桥梁。《给令人怀念的岁月的信》可以说是大江灵魂救赎主题的先行之作，它体现了大江追求小说主题连续性的创作态度。为了寻找连续性，他重读旧作，在想象世界、书写的虚构世界中不断反复地自我表述、自我代言和自我辩驳，试图通过将书写过的内容陌生化，将陌生化的内容进一步陌生化来建构新的世界。

在《给令人怀念的岁月的信》中，我们可以看到大江旧作中的情节不断地出现在小说中。鹰四的杀人事件、与残疾儿的共生、故乡的神话和传承等这些在《万延元年的足球队》《同时代的游戏》《M/T与森林的奇异故事》中出现的内容在这部小说中又一次得到了体现。这些相似性情节的重复不仅仅是强调其相似性，更重要的是强调其不同的言说方式。可以说，大江把一个多义的主题，通过丰富的想象力不断地变形，不断地重复讲述。小松和彦发现了大江小说创作的连贯性。

① 徐旻：《重复中包含差异——论获得诺贝尔文学奖后的大江健三郎》上海外国语大学2005年博士论文，第9页。

他将《给令人怀念的岁月的信》放在与大江之前的四部作品的关系中考察之后认为，"《万延元年的足球队》的变化就是《同时代的游戏》，接下来的变化就是《M/T 与森林的奇异故事》，进而就是《给令人怀念的岁月的信》。不，应该说至今《万延元年的足球队》并不是原来的故事，四部作品横排在一起，各自张扬着自己的个性，互相交感呼应，共同描绘同一个世界，宛如某个社会中传播的神话、传说、民间故事，具有对一个故事的多种变体"①。的确，正如小松和彦指出的那样，大江迄今为止的小说创作，始终存在着主题的连贯性，这些小说并不是孤立的个体，文本之间存在着潜在的关联，读者如果将其定位连接在一起的话，这些文本就形成犹如星座一样的布局。

王琢指出，大江在多年的小说创作中，形成了两个星座系列，一个是根植于大江故乡森林峡谷村庄的"望乡星座"，一个是残疾儿大江光为核心的"观光星座"。"'望乡'的想象指向是历史记忆中的人类经验，'观光'的想象指向是未来的人类经验，它们得以汇合在一起的，当然是对当下的状况的显现。"②可以说，王琢高度概括了大江的小说创作。具体到大江小说的创作主题来说，每部作品都有其突出的核心主题，围绕着每个核心主题的一系列小说都可以形成一个星座。这些星座彼此相连，相互呼应，共同形成大江小说灿烂的星空。除主题之外，小说人物形象的重复也可以成为连接不同作品的桥梁。《给令人怀念的岁月的信》的主人公义兄的名字"义"就是《核时代森林的隐士》的隐士阿义的延续。将其与之后的《燃烧的绿树》的义兄、《被偷换的孩子》《愁容童子》的古义人联系起来考察的话，"义"这一虚构的人物，在大江的小说文本中呈现出多样的变化，不仅"义"

---

① 小松和彦：「懐かしい年への回帰」、『国文学——解釈と教材の研究』1990 年 7 月号、16 頁。

② 王琢：《想象力论——大江健三郎的小说方法》，上海文艺出版社 2004 年版，第 168 页。

这一名字，连“义”这一人物形象也可以说是反复的结果。[①]这一系列人物分别具有前一人物性格的同时，也是新塑造的人物，通过这些人物，也可以将大江的创作像珠子一样串联在一起。大江小说的星座式的布局，正是由这样一些既相互联系又各自独立的要素相互作用的结果。可以说，大江的重复叙事，使自己的小说创作在重复中不断突破，重复使其创作在不同时期并没有出现风格的断裂，正是由于重复叙事的特殊表达效果，使单独的一个个文本，经过读者能动的解读，犹如星座那样被连接起来。

从以上分析可以看出，大江每一部作品之间或多或少地在小说主题或创作方法上都会构成与其他作品之间的重复关系，大江的重复叙事，是变化中的重复，是包含差异的重复，是创新式的重复。在《给令人怀念的岁月的信》中，重复形成了大江小说的叙事格调，使这部作品具有了百科全书式的风格。包含差异的重复叙事，使大江星座小说的构想成为可能。正是在重复中，大江不断拓展自己的艺术世界，体现了他对现实问题的深入思考，贯穿了他对现代思想、文艺思潮的理解以及对小说形式的执著追求。

第四节　反讽叙事

在西方文艺理论中，反讽是一个内涵丰富的概念。我们可以将之看作是一种修辞格，也可以将其认定为一种叙事策略、叙事结构，甚至可以把它看作是一种创作原则、一种生存论哲学理念。“它（反讽）是作者由于洞察了表现对象在内容和形式、现象与本质等方面复杂因素的悖立状态，并为了维持这些复杂的对立因素的平衡，而选择的一种暗含嘲讽、否定意味和揭蔽性质的委婉幽隐的修辞策略。它通常采

① 根据古义人（kogito）这一读法可追溯及“古义人”的幼名小义（kogi），进而向古义人=义（gi）展开。

取对照性的描写或叙述、戏拟、独特的结构、叙述角度的调整、过度陈述、克制陈述、叙述人评价性声音的介入等具体手法。”[①]作为一种叙事策略，反讽叙事主要体现在语言表达与文本意图的相悖上。就大江小说来说，反讽叙事策略被广泛应用于语言、结构、主题等各个层面上，成为使文本充满张力，深化小说主题的写作策略之一。表层因素和深层因素的悖论性存在是言在此而意在彼的反讽意味产生的基本条件。对大江来说，叙事层面上反讽的导入，大大增强了小说的批判力度，拓宽了小说的表现视野。本节以《十七岁》（1961 年）、《被偷换的孩子》（2000 年）、《愁容童子》（2002 年）为例，探讨大江小说反讽叙事的表现形式和审美意义。

一、不可靠叙述者与反讽意味的生成

叙事话语表层与深层意义的背离是反讽叙事的主要特点。一般说来，反讽效果来自叙述者的叙事话语与隐含作者观点的错位，作者的真实意图就是通过两种不同价值观的对立、碰撞表现出来的。在小说《十七岁》中，大江将右翼少年“我”设定为小说的叙述者。加入右翼团体的“我”表面上赞同右翼的思想，恰恰是隐含作者通过小说要否定的内容，这就造成一种反讽的张力。

在《十七岁》开头，“我”以肆无忌惮的口吻讲述了自己的身体体验和所见所感。“我喜欢勃起，勃起使我浑身充满力量。我还喜欢看勃起的性器官。我又坐在澡盆里浑身上下抹遍肥皂开始手淫。这是我满十七岁以后的第一次手淫。我原先以为手淫对身体有害，自从在书店里看了性医学书后，知道对手淫的负罪感才有害身心健康，从而获得充分的解放。”[②]不难发现，《十七岁》延续了大江《性的人》

---

① 李建军：《论小说中的反讽修辞》，《中国人民大学学报》2001 年第 5 期，第 107-108 页。

② 大江健三郎：《人的性世界》，郑民钦译，作家出版社 1996 年版，第 3-4 页。

（1963年）等一系列小说中对性赤裸裸的描写手法。“我”将自己真实的身体感受，一股脑地宣泄出来。“我”的隐私告白使读者感受到“我”率真一面的同时，也感受到一种滑稽感。这样，主人公原本试图通过倾诉来消除自己内心寂寞的意图由于内心告白成了读者的笑料而落空了，叙述话语的表现形式和表现意图的错位，造成了强烈的反讽效果。

布斯在《小说修辞学》中通过叙述者与隐含作者的思想规范之间的距离来判断叙述者是否可靠。他认为“不可信的叙述者之间依据他们距离作者的思想规范有多远，依据他们在什么方向上背离作者的思想规范，存在着显著差别”[①]。叙述者“我”的讲述，传达的是与隐含作者民主主义思想相悖的天皇制意识形态。“我”讲述的不可靠性，在于“我”讲述的主观态度。詹姆斯·费伦等认为，“小说叙事的不可靠叙述不仅发生在事实/事件和价值/判断轴上，而且发生在知识/感知轴上”[②]。的确，正如费伦在分析具体作品时指出的那样，不可靠叙事具有多样性特征，可以发生在任何一个轴或多个轴上。就《十七岁》的叙述者“我”来看，不难发现“我”在“事实/事件”和“价值/判断轴”上具有某种不可靠性，因为“我”的言行桀骜不驯，性格上由于缺乏家庭关爱而存在缺陷。“我”对姐姐、父亲、哥哥、母亲、同学、体育教师，甚至右翼同伙都带有自己的偏见。虽然“我”对这些人物的描述并不能说是完全颠倒黑白，他们也的确存在着这样那样的缺陷，但“我”偏激的言辞还是体现了“我”因为感知力有限而无法认识到他人世界的复杂性这一点，这就造成

① ［美］W. C.布斯：《小说修辞学》，华明、胡晓苏、周宪译，北京大学出版社1987年版，第179页。

② ［美］詹姆斯·费伦、玛丽·帕特里夏·玛汀：《威茅斯经验：同故事叙述、不可靠性、伦理与〈人约黄昏后〉》，见戴卫·赫尔曼：《新叙事学》，马海良译，北京大学出版社2002年版，第35页。

了“我”在“知识/感知轴”上也存在着不可靠性。虽然“我”的叙述带有浓厚的叛逆色彩，而且与隐含作者的思想规范存在着明显的差异，但大江并没有通过隐含作者对“我”的叙述进行干预，而是以一种客观的方式呈现了主人公的主观精神世界，展示了一个孤独的高中生成长为一名誓死效忠天皇的右翼分子的心路历程，这就形成了典型的客观陈述式反讽。

“我”对他人过于偏激的评价，使读者在阅读心理上产生一种逆反心理，不可靠叙述者“我”与隐含作者观点的矛盾又促使读者深入思考反讽产生的原因以及二者的分歧。《十七岁》中，通过叙述者“我”的自我告白与自揭家丑，实现了叙述者的自我解构，从而使告白话语具有了一种批判性效果。叙述者“我”由于自己的单纯、无知很容易唤起读者的同情，同时，“我”主观片面的话语和丧心病狂的暴力也颠覆了读者的感性，让读者觉得“我”不可救药。在小说中，由于缺乏叙事的干预，“我”拥有绝对的话语权，可以随心所欲地做出利己的讲述。不过，读者在阅读中还是可以在道德批判和审美判断中体验到隐含作者的存在，这就形成了独特的反讽审美效果。《十七岁》中否定性人物“我”的叙述，与隐含作者道德观念、伦理诉求形成对照，从而使文本成为一个开放的结构，使读者能够摆脱受述者的被动地位，能动地对“我”的叙述进行反思和批判。叛逆的“我”的不可靠叙事是对惯常化的叙述过程的反动，它拉开了读者与人物之间审美距离，通过“我”的精神历程对日本民族主义进行了辛辣的讽刺和嘲弄，也使读者获得了独特的反讽审美体验。

在小说开始，“我”将皇太子夫妇骂为“老百姓的税虫”，从而和赞同右翼思想的姐姐大打出手。但是接着“我”参加了右翼活动，被誉为“天皇陛下满意的男子汉”“真正具有日本人灵魂的优秀少年”。可以说，“我”的经历本身就带有反讽色彩。在“我”打伤姐姐之后，内心非常后悔，甚至考虑到主动承担责任。“要是姐姐眼睛受伤因此失明，我准备牺牲自己的眼睛给她做角膜移植手术。一人做事一人当，自己的罪恶必须用自己的血肉来抵偿，不然就不是人，我不是那种卑鄙负心的小人。”①然而，在加入右翼团体后，经过右翼的思想改造，“我”变成了一个冷血的政治工具。

> 我作战勇敢，朝学生抡起仇恨的棍棒，对女性挥舞着带钉子的敌视的木刀，践踏着、驱赶着他们。我数次被捕，释放后又立即冲进游行队伍大打出手，如此反复多次。（中略）在细雨霏霏的夜里，传来一个女学生死去的消息，混乱的群众顿时平静下来，在雨中，难过、悲哀、疲惫摧垮了这些学生，他们一边哭泣一边默默祈祷。这时，我感受到强奸者的快感高潮，向黄金的幻影发誓要斩杀一切。这就是我一个人的无比幸福的十七岁。②（着重号为日文原文所有）

在此，作者让“我”面对他人的死亡，仍然喋喋不休地讲述“强奸者的快感高潮”。这样，主人公加入右翼前后的语言表述由于前后矛盾从而具有了强烈的反讽意味。作者大江并没有通过叙事干预对“我”直接进行道德上的批判，其用意何在呢？我想这是大江让读者根据自己的理性经验来感受“我”的右翼言论的荒谬，感受到“我”背后那种强大的天皇制文化对人身心的毒害。叙述者“我”是一个重要文化符码，“我”的思想、行为代表的是战后右翼思想的歪理，它以天皇制意识形态为依靠，“我”既是这种思维逻辑的自觉捍卫者，同时也是被毒害者。

在“我”对右翼分子演讲的叙述中，不难看出右翼的荒谬之处。

> 一进车站广场，就知道皇道派头头逆木原国彦的演讲糟糕透顶，

---

① ［日］大江健三郎：《人的性世界》，郑民钦译，作家出版社 1996 年版，第 12 页。

② ［日］大江健三郎：《人的性世界》，郑民钦译，作家出版社 1996 年版，第 42-43 页。引文略有改动。

> 没有一个人在认真听，而在讲台上声嘶力竭吼叫的一个五六十岁的男人似乎也不指望众人会认真听他的演说，独自莫名其妙地叫嚷着，他的眼睛并不看听众，而是盯着在高高的铁轨上奔驰的电车。也许他立志要成为第一个敢于单独与进站电车的轰鸣声对抗的人吧。①

《十七岁》的叙述者“我”的讲述，一直采用一种“过去的我正在经历事件的眼光”这种“经验自我”视角。在过去的“我”看来，皇道派头头犹如一个表演拙劣的小丑，这同当下的“我”对他的崇拜形成了反讽。同时，由于“我”的认识能力不强，叙述也呈现出主观与理解力有限的特征。在听到皇道派头头逆木原国彦的表扬时，当时的“我”仿佛完全进入一个令人头晕目眩的世界。

> 天启的声音压倒嘈杂声、电车声、喇叭声、大都市所有的吼叫声，如同蔷薇般美丽温馨。我又一次变得歇斯底里性的视觉异常，黄昏的大都市沉入黑暗的深渊，内藏着暗黑色金粉肤施的墨一样的光辉，浮现出一轮金光灿烂的黎明的太阳。我觉得那是黄金人、是神、是天皇陛下。你是天皇陛下满意的日本男子汉！你才是真正具有日本人灵魂的优秀少年！②

在叙述者“我”一本正经地抒发自己被夸赞时的感受背后，我们仿佛可以听到隐含作者戏谑的声音，在隐含作者的嘲笑背后就是具有严肃批判性的反讽精神。在此，反讽叙事使小说表层的滑稽感与深层的悲剧感交织在一起，“我”从陷入自渎的“性的人”，转变为穿着右翼铠甲的“政治的人”。对“我”来说，仿佛只有这样才能获得自我的精神拯救。

---

① ［日］大江健三郎：《人的性世界》，郑民钦译，作家出版社 1996 年版，第 33-34 页。引文略有改动。

② ［日］大江健三郎：《人的性世界》，郑民钦译，作家出版社 1996 年版，第 3-4 页。

渡边广士将《十七岁》置于大江20世纪六七十年代的“性的人”“政治的人”这一对立的小说主题模式中进行考察，认为从小说开始叙述者的“性”的言说，到加入右翼组织后的身体体验，我们可以看到他从“性的人”到“政治的人”的转变。[①]的确，“我”的转变本身体现了大江对政治的思考。反讽叙事使大江以一种委婉的方式，更为理性地将自己的政治态度隐藏在不可靠叙述者的叙述中，获得了强烈的反讽效果。

总之，不可靠叙述者的设置使《十七岁》的小说叙事实现了大江对天皇制进行批判的目的。表面上，叙述者的叙述是矛盾的，一方面是对右翼的赞美，另一方面又以不经意的方式说出右翼分子荒诞的本质。同时，通过叙述者和隐含作者价值观念的背反把反讽对象——日本右翼置于滑稽可笑的境地，取得了出色的反讽意味。叙述者极具个性的叙述暴露出右翼分子的丑态和残暴，有力地揭示了右翼团体的荒诞本质。可以说，对反讽的自觉运用使作者以一种更具审美性的方式含蓄地表现了天皇制批判的政治意图，成为之后的大江小说意识形态批判的主要叙事策略和话语风格特征。

二、元小说式反讽与小说主题表达

《被偷换的孩子》是一部取材于1997年大江内兄伊丹十三自杀事件而创作的一部小说。小说讲述了因好友吾良的死深受打击的古义人，回顾高中时代自己和吾良在日本占领解除那年共同经历的事件，试图通过对二人少年时代经历的回忆和吾良以此为素材创作的剧本，来寻找导致吾良自杀且与古义人的生活密切相关的“那件事”的真相。对“那件事”真相的追问成为小说叙述的主轴。也就是说，吾良的死与日美合约生效那天，由日本右翼发起的针对美军军营的抵抗行动有

① 渡辺広士：『大江健三郎』（増補新版）、審美社、1994年、75頁。

关。即继承古义人的父亲——长江先生遗训的錬成道场的国家主义残余分子大黄，妄图利用年幼的古义人和吾良，诱惑具有同性恋倾向的美军将校皮特，通过他获取十挺坏掉的自动步枪来袭击美军军营，妄图通过近似自杀式的袭击行动来唤醒日本人失去的国家思想。然而，小说最终并未对事件的结局进一步涉及，仅仅叙述了得知这一计划的古义人和吾良被道场的年轻人侮辱性地裹上了刚刚剥下的带血的牛皮后推下了山坡。之后，两人在日美合约生效的 1952 年 4 月 28 日拍照留念。小说将“那件事”的真相和结局悬置起来，给读者提供了通过想象力来填补文本空白的余地。

这部小说取材于伊丹十三的自杀这一轰动性的真实事件，成了吸引读者窥视著名小说家与著名电影导演之间隐秘的“那件事”真相的媒介。小说不仅将古义人=大江、吾良=伊丹这一事实同一化，也讲述了古义人作为知情人针对媒体关于吾良自杀报道的愤慨。从对事实和虚构的处理来看，可以说这部小说具有明显的元小说特征。也正是由于这种特征，增强了小说的反讽意味。

元小说关注小说的虚构身份及其创作过程，其主要特点是暴露小说的虚构性，凸显叙述行为及其过程，消解真实与虚构的界限。通过人物的自我指涉，作家自己的声音不断切入到小说叙事中。在这部小说中，根本没有出现“大江健三郎”“伊丹十三”的名字。尽管如此，读者将文本自身提供的信息与从现实世界得到的信息对照起来，进而把古义人看作大江，将吾良认定为伊丹十三。《被偷换的孩子》的元小说策略利用读者窥探别人隐私的好奇心，从而将虚构世界的人名与现实世界的人物实名一一对应。可以说，大江故意将事实和虚构混杂在一起，同时将“那件事”的真相悬置起来，给喜欢通过阅读获得花边新闻的读者设下圈套。

一般认为，传统现实主义小说的最终目的在于真实地再现现实生活。因此，为获得逼真的艺术效果，作家在叙事上都会尽量压制自己的声音，掩盖自己的叙述行为。而元小说在叙事上则倾向于暴露创作的手法和过程，注重对小说与现实关系的思考。在这部小说中，作者大江与视点人物古义人在某种程度上合二为一，拉近了读者和作者之间的距离，让读者的想象力在文本和现实中不断穿行。大江利用小说人物的“自我指涉”[①]打破了现实世界与虚构世界相对立的构图，利用元小说技法实现了对传统小说的突破。小说中真实与虚构的融合，从而使这部小说具有了亦真亦幻的神秘色彩。

也就是说，这部小说中认真、严肃的内容与谎言味的内容同在，严肃的内容来自对作家来说既是义兄，又是好友的伊丹十三的自杀这一现实中发生的事件，谎言味的内容来自小说叙事方式不隐藏它是虚构这一点。这部小说同时向读者发出了“这是事实”和“这不是事实”两种信息。“这是事实，请参照事实”这一信息，积极挑起了想知道绯闻事件真相的读者的好奇心。另外，“这不是事实，不要参照它”这一信息又试图排斥读者探寻真相的欲望，这反映了大江在小说创作中对读者作用的认识。正如井口时男指出的那样，大江在这部小说中采取的方法，“绝不是将读者对事实的好奇心作为低俗的东西加以排除，毋宁说对读者愿望的积极的回应”[②]。的确，这种悖论性信息的存在导致了读者对传统真实性概念的反思，在故事的似真性和故意消解真实性之间形成反讽的间离，以此构成了文体意义上的反讽。

图像的叙事功能也造成了反讽意味的生成。《被偷换的孩子》选取了现实中存在的文本《日本的作家 大江健三郎》（小学馆，1992 年）中刊载的一幅附有“昭和 29 年 3 月摄于芦屋伊丹家”这

① “自我指涉”在此并非指哲学意义上构成悖论的逻辑因素，而是指作家在文学创作中的自我提及。

② 井口時男：『危機と闘争 —— 大江健三郎と中上健次』、作品社、2004 年、25 頁。

一说明性文字的照片。然而，为了切合小说故事情节的发展，同一幅照片的说明性文字却变成了“摄于 1952 年 4 月 28 日即日美合约生效那天”。现实中照片的插入诱使读者将作品人物古义人、吾良和现实人物大江健三郎、伊丹十三等同起来。同时，同一幅照片不同拍摄时间的设置，突出了来自文本外部的声音强烈地反抗着小说中所谓的“事实”。龙迪勇指出，图像是一种从事件的形象流中离析出来的“去语境化的存在”。“由于在时间链条中的断裂，由于失去了和上下文中其他事件的联系，图像的意义很不明确。要使其意义变得明确，必须辅之以文字说明，或者让它和其他图像组成图像系列。”[①]可以说，说明性文字在图像叙事功能中具有不容忽视的地位。但是，本来以文字来使意义明确的说明性文字却由于和现实中存在的照片拍摄时间的差异而使意义变得更加模糊，甚至使读者对这幅照片的真实性产生怀疑，进而和上下文联系起来对小说描写的“那件事”的真实性产生疑。

《被偷换的孩子》反讽叙事，通过小说人物长江古义人与现实世界的作家大江健三郎的混同这一设定而得以保证。对读者来说，古义人只能是大江本人，作家自身也积极地接受将自我与作品人物同一化。作者设定的古义人就是大江，但讲述者并不是古义人这一结构（小说的最后一章离开古义人采用千樫这一聚焦就明确了这一点）。这一结构，一方面肯定了将古义人与作家自身看做是一致的，另一方面使书写的“我”的形象——古义人和书写的“我”的区别得以维持。当然，即使在与作家自身非常相似的让“我”叙述的小说中，“被写的我”和“书写的我”的混同在大江那里也是不可能的。因此，可以说，这是为了向读者明示这一区别而采用的结构。

---

① 龙迪勇：《图像叙事与文字叙事——故事画中的图像与文本》，《江西社会科学》2008 年第 3 期，第 30-31 页。

苏明仙认为，大江元小说技法的自我指涉性，就是面向他者将自我差异化、陌生化，通过虚构文本与文本外世界交流的形式表现了大江的“自我省察·自我批判以及自我辩护・自我代言”①。《被偷换的孩子》以貌似读者习以为常的私小说形式为诱饵，诱惑读者进入一个自认为自己熟悉的思维常轨。大江利用与惯常思维方式和传统模式不同的元小说技法，打破读者常规性的审美感受方式，使他们的阅读期待屡屡受挫。在由此产生的反讽效果中，读者日趋麻木、萎顿的思辨能力被重新激活，由语言的自动化带来的审美疲劳再次被新鲜的感受代替。在这个意义上，反讽促使读者重新审视习以为常的私小说模式和文学观念的不言自明性，正是利用元小说事实与虚构的混同、叙事话语与批评话语杂糅的叙事特征，大江的自我指涉作为建构新的元小说修辞发挥着作用。元小说技法形成了对传统小说形式的反讽，展现了与历来的私小说不同的新的创作方法的可能性。

在《被偷换的孩子》的续篇《愁容童子》中，步入老年的古义人带着儿子阿亮与为研究古义人小说而来到日本的美国女性罗斯回到了自己的故乡。按照罗斯的解释，古义人在故乡的举动就是堂吉诃德式的行为，其结果就是屡受伤害，直到最后由于头部受伤处于昏迷状态。小说人物罗斯引用、阅读的著作都和对“古义人”与“古义人”小说的解释有关。在罗斯看来，古义人在故乡的经历可以说是对《堂吉诃德》的戏仿。归乡的古义人和罗斯在山谷村庄的行为，是不断追寻“古义人”的创作并对其小说作品进行解读的行为。对“古义人”来说，就是对自己小说中描写的事实和虚构在现场进行确认的行为。

在元小说中，作家声音和自我意识的凸显往往体现在作家借人物

① 蘇明仙：『大江健三郎論——〈神話形成〉の文学世界と歴史認識』、花書院、2006年、172頁。

身份对写作进行谈论上。在《愁容童子》中，对写作的谈论也多次出现，主要是通过大江笔下的人物来实现的。人物的评论在某种程度上可以看作大江小说解读的一个切入点，体现了作者文学创作过程中强烈的自我意识。这样，大江自身的写作行为与其所构思创造的故事形成小说的双层叙事结构。大江将可看作是自己生活内容之一的读书体验也写进小说，形成了对传统现实主义和私小说的反讽。

首先是古义人的母亲对他创作小说的评论。

> "……我只读了很少一部分，古义人写的是小说，小说不就是编写谎话的吗？！不就是想象一些谎话世界吗？！不就是这样的吗？！我在想，假如要描写真实事物的话，不是可以采用小说以外的其他形式吗？！（中略）
>
> "说起来大致是这样的。编的故事怎么能与这个世界上存在的事物，曾经发生的事情以及应该存在的事物没有丝毫关联呢？"①

在《愁容童子》的序章中，古义人的母亲面对前来采访的女学者，谈起了古义人的创作。也就是说，作者大江面对读者在虚构世界中重新强调"这是谎言"。大江借人物之口面向读者声明故事的杜撰性，从而导致了对传统小说真实性观念的消解，在故事的似真性和故意消解真实性之间形成反讽的间离，形成了元小说意义上的反讽。

《愁容童子》不仅通过作品人物对古义人小说进行评论，古义人自身对小说技法也有着自己的思考。第六章《桃太郎》中，古义人以"桃太郎"为原型向村里的中学生说明民间故事生成原理的同时，也是对自己以山谷村庄为场所的作品群的结构分析。此外，小说中还导入了现实中评论家加藤典洋对前一作品《被偷换的孩子》的批评。加

① ［日］大江健三郎：《愁容童子》，许金龙译，南海出版公司 2005 年版，第 5-6 页。译文略有改动。

藤典洋推测了小说没有明示的“那件事”的核心。即古义人和吾良被具有同性恋倾向的右翼团伙的年轻人强奸，为发泄怨气，两人向警察告发了他们的“蹶起”计划这一作品中的原事实。加藤典洋的推测使古义人异常愤慨。在此，作品人物古义人读了作品外即现实中的真实人物的批评，修正了关于“作品中的原事实”。对作家大江来说，作为先行文本的《被偷换的孩子》的这一情节在《愁容童子》中经过古义人对自己小说的反思达到了自我解说、自我批评的目的。虽然古义人并没有说出真相，但通过与加藤典洋解释的对立，体现了古义人的自我抗争和自我辩解。这样，由古义人母亲对其小说的理解、罗斯对古义人小说的解释等由复数的他者进行的对古义人批评、古义人自身进行的解释，和文本外的评论家的批评一道，质疑了这种严格区分虚构和现实的传统小说观。这样，《愁容童子》中的批评话语，以古义人的母亲、古义人、真木彦、罗斯、加藤典洋的批评形式呈现出各种声音相互交错的复调样态。在这点上，小说将各种完全不同的话语——叙事话语、批评话语等自由组合在一起，在真实与虚构、小说与批评、叙事与论述等不同层面之间纵横驰骋、恣意发挥。就形式本体层面而言，大江的元小说技法故意暴露小说的杜撰性来解构传统小说的真实性观念。在这一意义上，大江的元小说技法就具有形式本体论的反讽意义。

综上所述，大江通过不可靠叙述者的设置、元小说技法这些反讽叙事技巧来形成叙述间距，从而达到强烈的反讽叙事效果。大江小说的反讽叙事并不仅仅体现在小说结构、情节、叙事视角、叙事文体等层面的悖论要素的设置上，而且还体现在他把反讽看作反思事实与虚构这一小说本体内容的一种方式。在这个意义上，反讽叙事成为大江小说显著的话语特征和批判精神，体现了作家对小说形式锲而不舍的探索。

第五节　隐喻叙事

在与中野孝次的对谈中，大江表达了自己对隐喻的看法。“一般说来，metaphor 一词可以译为暗喻或者隐喻，但我认为，明喻也是 metaphor。（中略）在思考比喻的问题时，明喻、隐喻这样的说法并没有实际意义，比喻都是 metaphor，这是我的原则。（中略）因此，我的小说创作并不是说明性地把握事物，我首先考虑与自己对世界、对人类所持意象对等的隐喻形式并由此出发推动小说故事的发展。”①

由此看来，大江对隐喻的认识和许多作家把隐喻仅仅看做是一种修辞格不同，他的谈话表明他已经超越了修辞学范畴而将其看作是一种思维模式，从而赋予隐喻更加深刻的思想内涵。“隐喻与其他修辞格构成了一个庞大的修辞家族，各成员之间有一定的家族‘家族相似’，即‘隐喻性’。”②这种修辞格之间的家族相似性上升到思想层面就成为一种思维模式。广义上说，语言本身就是一个庞大的隐喻体系，它从事物之间的邻近性、相似性出发，通过包罗万象的类比作用形成隐喻性的表义程序。对人的经验和存在来说，我们在隐喻思维指导下，可以用一种体验、存在来建构和设定另一种经验和存在。至今，隐喻已经从一种狭义的修辞格提升为一种广义的认识世界的思维方式，成为认知语言学的一个重要课题。大江对隐喻的看法与语言研究者对隐喻的认识不谋而合，他把自己对世界的认识和印象、感觉，看作是对世界的隐喻，同时用隐喻的形式而不是对事物说明的方式进行小说创作，从而使隐喻叙事成为大江小说文本的一个主要特征，也使其文学有别于传统文学，具有独特的魅力。

① 大江健三郎、中野孝次「対談　小説作法」、『文学界』1982 年 7 月号、222 頁。

② 张沛：《隐喻的生命》，北京大学出版社 2004 年版，第 82 页。

一、隐喻叙事与大江文学文体的创造

大江是一位非常重视表现形式的作家。“在尽可能表达多样事物、可以超越伦理的多重内容这一创作方针指导下，我还要表达自己的东西。为此，文体本身就成了必须要思考的内容。因此，我认为不是在内容的层面表达自己独特性的，在所书写内容的文体中，就能够把自己文学的独特性全部表现出来。”①大江的谈话表明他把“如何表达”放在了文学创作的第一位，他对形式的关注，似乎已上升到了本体论的层次。那么，大江具体通过什么样的文体形式来表现自己文学主题的呢？

大江初期小说文体的一个重要特征就是大量地运用比喻。从表达效果来看，无论是明喻还是隐喻，都能带给人一种新奇的、非同一般的意象。大江的初期小说意象的丰富性可以说和比喻的运用有很大关系。一般认为，比喻作为修辞的一种，仅仅是语言的装饰。随着认知语言学的发展，比喻被看做是一种形象地传达日常生活感受，创造新的感觉世界的有效手段。比喻是一个积极的认知过程，它体现了人类对外部世界的感知方式。我们知道，日常语言是一种遵循社会、文化规约的语言，我们平时就是通过这种规范的语言来习惯性地表现日常世界。大江小说中大量的比喻，使语言具有一种新鲜感，我们可以通过这种形象、感性的语言充分体验小说清新、丰富的意象世界。比喻是新的认识和象征世界的入口，比喻所唤起的新的感性体验不是难以理解、无法捕捉的存在，而是具体生动、鲜活可感的意象。在《饲育》中，大江就用了许多动植物的意象，如把“我”和弟弟比喻成“被坚硬的果皮和厚厚的果肉紧紧包裹的小种子”，把敌人的飞机比喻成“奇怪的鸟”等。这样，动物、植物具有的生命意象就在比喻的作用下产

① 安岡章太郎、大江健三郎:「対談　作家と文体」、『文体』1977 年創刊号、63-64 頁。

生了。“种子”这一比喻就给人一种儿童天真、懵懂未开的意象。同时，被果肉包着的“种子”，象征着一种闭塞状态，和主人公生活的“山谷村庄”这一环境的封闭性相呼应，很好地体现了大江早期小说“描写封闭环境下人的生存状态”这一存在主义文学主题。在早期的作品中，大江还大胆地用了一些性的意象。例如，在《我们的时代》中，“空中的太阳毒得像即将射精的紧绷的输精管那样似乎要冲破阻拦奔涌出来。”“灼热的太阳从他背后向强奸者那样扑了过来。”不难想象，大江这些赤裸裸的性的意象给当时的读者多大的感官冲击。这些露骨的描写，毋宁说是对传统的美文式文体的反抗。大江独特的文体，隐喻地展现了当时的时代特征，描绘出了现代人骚动不安的生存状态。比喻的运用，使大江的文体富有感性的同时，又在某种程度上对读者的想象力提出了更高的要求。正如叶渭渠指出的那样，大江的这种富于感性的比喻文体，“扮演着重要的暗喻、讽刺和批判角色，同时成为发挥文学上的想象力的一羽重要的翅膀”①。

大江早期文学中比喻的广泛使用，与法国文学的影响密不可分。大江在随笔中曾谈到比喻在日语、法语中的不同表现，以及与文学创作的关系，从自己的创作体验出发，对比喻的文学功能提出了自己独到的见解。“简单地说，困扰我的，就是一些非常技术性的问题。比如，明喻在法语文章和日语文章中所占的比例是大不相同的。很难想象，日本作家用日语文体所形成的精神结构去接受法国文学的影响。”②大江认为，要接受法国文学的影响，必须要改造传统的文体模式，他通过大量比喻的运用，使自己的文体富于感性的同时，也赋予了文体更深的内涵。

---

① 叶渭渠：《大江健三郎文学的独特魅力》，见大江健三郎：《摆脱危机者的调查书》，包容译，作家出版社 1996 年版，第 9-10 页。

② 大江健三郎：「徒弟修業中の作家」、『厳粛な綱渡り』（上）、文芸春秋社、1975 年、55 頁。

到了中期，除了比喻的运用外，隐喻叙事还体现在大江用丰富的身体感受来描述现代人的生存状态上。对身体感觉的描写在《万延元年的足球队》《同时代的游戏》等作品中大量出现，增加了小说文体的可感性，成为其小说显著的文体特征。比如，《万延元年的足球队》的开头，就很好地体现了这一点。

夜明けまえの暗闇に眼覚めながら、熱い「期待」の感覚をもとめて、つらい夢の気分の残っている意識を手さぐりする。内臓を燃えあがらせて嚥下されるウイスキーの存在感のように、熱い「期待」の感覚が確実に体の内奥に回復してきているのを、おちつかぬ気持で望んでいる手さぐりは、いつまでもむなしいままだ。力をうしなった指を閉じる。そして、躰のあらゆる場所で、肉と骨のそれぞれの重みが区別して自覚され、しかもその自覚が鈍い痛みにかわってゆくのを、明るみにむかっていやいやながらあとずさりに進んでゆく意識が認める。（下略）[①]

试译：在黎明前的黑暗中我醒来了，追寻着一种焦灼的“期待”感，探索着痛苦梦魇过后残存的意识。犹如咽下一口使内脏燃烧的威士忌，我以焦灼的心情期盼这种热辣辣的“期待”感能切实回归至肉体深处，而这种探索总是徒劳。我的手指无力地拳着，身体所有地方可以感受到肌肉和骨头各自的重量，而且这种骨肉分离感逐渐转化为一种钝痛，我那迎着光亮不愿前行的意识确认了这一点。（下略）

我们可以看到《万延元年的足球队》的开头充斥着“内脏、肉体深处、手指、身体所有地方、肌肉、骨头”等身体器官的名称，而且，还出现了“黑暗、灼热、痛苦、焦灼、徒劳、重量、钝痛、光亮”等许多描写身体感觉的名词、形容词。同时，我们还会发现这样一个事实，谓语“追寻”（日文原文为「もとめて」）、“探索”（日文原文

① 大江健三郎：『大江健三郎小説 3』、新潮社、1996 年、9 頁。

为「手さぐりする」）的对象分别是“感觉”“意识”，而像“感觉”“意识”这些词没有具体的感知对象是无法形成的，但这些感知对象在句中并没有得到任何提示，感知对象的缺席使感觉更加模糊不定。可以说，大江用富于感性的语言，创造出一个意识流动的世界，一个读者似乎可以触手可及的感觉世界，它确保了主人公在想象的世界中维持一种切实的存在感。大江这种富于感性的文体，在给读者一种真实感的同时，又给读者一种像梦境一样的非现实的意象。

大江对隐喻的认识是一个渐进的过程。如果说他初期的作品是为了表达与萨特存在主义相似的内容而有意识地接受了法语文学文体的话，那么，他中期以来的文学创作则是他在小说方法方面自觉探索的进一步体现，他对隐喻叙事的认识，充分体现了结构主义对其文学创作的影响。

索绪尔认为，“在话语线条中，词语靠它们之间的结合力而产生的、两个要素不能用一次发音完成的语言的线性特征结合起来，这些要素按顺序排列在语言的链条上，这种作为支柱的能够扩展的结合可称为句段”①。另外，“在话语线条之外，有某种共同点的词在记忆中联合起来，形成各种各样关系的集合”②，这种集合不同于线性的句段关系，而是在句段之外呈垂直向，仅仅出现在人的联想之中，索绪尔称之为“聚合关系”③。不过，词语之间丰富的联想（聚合）关系只可能出现在我们的感觉和意念中，无法在语言之链上得到呈现，也就是说在句段轴上实际出现的只是词的组合关系。隐喻把“话语之外”的联想系列投射到“话语之中”的组合关系，把垂直向的意象投射到

---

① フェルディナン·ド·ソシュール：『一般言語学講義』、小林英夫訳、岩波書店、1972年、172頁。

② フェルディナン·ド·ソシュール：『一般言語学講義』、小林英夫訳、岩波書店、1972年、173頁。

③ 句段关系又可称为“组合关系”，聚合关系又可称为“联想关系”。

水平向的表意程序，它打破了组合关系的逻辑性与自明性，使难以言说之物得到了某种暗示。

大江的这种隐喻叙事，使其对近代以来形成的所谓的标准语的日语语法、句法进行了某种程度的颠覆，并在颠覆中重构。比如，大江的小说「懐かしい年への手紙」（《给令人怀念的岁月的信》）的标题本身就具有这一倾向。从组合关系来看，格助词「へ」是不能和表示时间的“年”搭配使用的，然而，大江用“年”（とし），使人不由自主地联想到可以和「へ」相接，表示地方的“土地”（とち）和表示对象的“人”（ひと）。由于“年”与“土地”“人”具有共同的音素，从而唤起读者的想象力，并打破了时空和实体的概念，使这一标题本身就具有了模糊性和多义性。

小森阳一指出，大江的文体是“对近代日语文体即言文一致体所倡导的句法的反抗，同时也是对规定以‘系结原则’为主，把「てにをは」的呼应模式化，并规定其正确用法，将其作为造句原则的本居宣长拟古文句法的反抗，因为它和近代日语具有同一性”①。不难看出，大江的隐喻叙事，使语言与意义、词与物、能指与所指之间创造出一种紧张关系，是对将能指与所指、词与物的对应关系固定化的现代日语语言制度的反抗。

一般说来，在日常语言中，词与物、能指与所指的关系是固定的，其目的是尽量用明晰的语言来避免语言交际中的歧义现象。大江的隐喻叙事体现了他对固定语言模式的消解和对语言规范的偏离，大江通过运用大量的比喻和身体感觉描绘，在具体的语境中来恢复语言符号所指的多义性。隐喻叙事丰富了大江文学的内涵，增加了小说文本的表现力，为读者想象力的发挥提供了广阔的空间，从而使自大江文学超越了日常生活，开辟了一个崭新的世界。

---

① 小森陽一：『小説と批評』、世織書房、1999 年、171 頁。

二、隐喻叙事与大江文学创作模式

如果说，大江初期的作品是他在学习法语的过程中深刻体会到法语文体和日语文体的差异，并在两者之间找到平衡的话，他后期对结构主义的主动接受则体现了他对隐喻叙事认识的深入。这对其小说创作特别是对其小说创作模式产生了决定性的影响。

雅各布森在《语言的两个方面和失语症的两种类型》中指出，隐喻是相似性异常，换喻是连接性异常，“无论是在个人性的，还是社会性的，换喻与隐喻两种手法间的对抗在所有象征过程中都能明确地看到”[①]。他所说的两个概念的对立可以追溯到索绪尔关于横组合与纵组合的二元对立观点，即语言系统的活动是在两个坐标轴上进行的：一是横向的句段（组合）关系，二是纵向的联想（选择）关系。对作家来说，“通过将这两种类型的结合（相似性和连接性）在两个侧面（位置的和意义的）进行操作——选择、组合、归类——来展示具有个人风格的文体，表达自己的偏爱和喜好”[②]。雅各布森把隐喻和换喻作为文化符号学的两个主要概念赋予了其新的内涵，认为它们反映了两种基本的文学结构模式。隐喻模式表现为依靠意义多重性而产生联想的艺术形式，包括抒情诗、浪漫主义和象征主义小说、超现实主义绘画、弗洛伊德的梦的象征等；换喻模式是依靠单一、连续话语世界的移动而产生联想的艺术形式，包括写实小说、叙事诗、人的欲望行为等。人的文化行为通过这两种比喻而典型化。

在对谈中，大江对雅各布森的诗学理论表现出极大的兴趣。“从诺曼·雅各布森到列维・斯特劳斯、乔姆斯基，在当今的语言学、文

① ロマーン·ヤーコブソン：『一般言語学』、川本茂雄など訳、みみず書房、1973年、43頁。

② ロマーン·ヤーコブソン：『一般言語学』、川本茂雄など訳、みみず書房、1973年、40頁。

化人类学领域，一般都把文学的构思看做是隐喻的、换喻的事物组合形成的一个结构。所谓隐喻，是联想关系的，用英语说是paradigmatic。纵向排列的许多要素，用一个独立的隐喻统领之后来实现与横向要素的连接。横向连接——这个地方不好解释——是换喻的、组合的，换句话说，是各个要素在水平方向的展开。位于纵轴的联想的事物在水平的组合轴上的投影，就是小说的故事。我也是以雅各布森的理论为中心来思考的。”①

的确，读大江的小说，不难发现其中的意象来自两个系统：一个是现实，一个是虚构。二者融合在一起，营造出一个个缤纷多彩的想象世界。由于现实和虚构两种要素比例不同，小说的表达效果也呈现出一定的差异。我们能够从大江大多数小说中找到现实中人物和事件的原型，然而，在很多情况下，小说的情节发展又让读者觉得这些要素虚幻缥缈、不合常规。现实与虚构的交汇杂糅，使作品结构趋向复杂。从大江小说的意义表达形式来看，即使是一些类似“私小说”的作品，也由于其浓厚的象征性仍然可以看做是隐喻式的。一般说来，隐喻模式往往不顾及词语、上下文之间的逻辑性，容易造成事物连续性的混乱；换喻模式则有采用线性结构，利用“部分表现整体”的特点来表现社会历史的优势，大江在创作实践中往往打乱时空顺序，打破叙事的连贯性，混淆虚构与现实的界限，实际上是把隐喻叙事的特点发挥到了极致。也就是说，从整体来看，隐喻模式在大江文学中占据着绝对的地位。

比如，《万延元年的足球队》中的意识流表现手法就是一种隐喻叙事，这种手法打破了小说的线性发展，是传统现实主义小说叙事的大忌，但是却能够栩栩如生地描绘出人物复杂、多变的思想意识和精神状态。在第1章“死者引导我们”中，叙述者“我”通过视觉、听觉、触觉展开了对发生在不同时空的往事的追忆。“我”的叙述打破

① 大江健三郎、中野孝次：「対談　小説作法」、『文学界』1982年7月号、222頁。

了时空的界限，许多意象在迷乱中交叉、碰撞，形成一个陆离斑驳的世界。隐喻叙事由于隐喻自身的特点从而呈现出能够将不同事物、意象同时展现出来的一面，通过把过去与现在，历史与未来高度浓缩在一起，从而把“发生在两条不同的时间轴上的一系列事件准确地推向悲剧的顶峰”①。

由于隐喻叙事策略的广泛应用，大江中期以来的文学呈现出一定意义的不确定性和多义性。象征、内心独白、意识流、自由联想、蒙太奇、视角多变等具体隐喻叙事手段的运用，增强了文本反映生活的广度，加大了文本的哲学深度，从而使小说意义变得模糊不定。这种意义的暧昧体现了大江小说文本的开放性，读者在阅读中可以对文本加以自己的理解和阐发，在开放式阅读中建构文本的意义。

作为传统文学的“私小说”，往往采用第三人称限制性视角进行叙述，过多强调故事的真实性。大江在《为了新的文学》中就尖锐地指出，日本文学具有浓厚的“私小说”传统，在文学表现上侧重于单一、线性的描写。同时，他又提出了克服这一弊病的方法，即借鉴巴赫金狂欢化手法和变异现实主义的创造方法。因为“狂欢化”手法可以使“在现实世界里，像符号一样只有单一概念的抽象意义的事物，能够回归到多义的、本来的事物和人”②。大江正是在这一点上向传统文学提出责难的，他多用第一人称内视角或者多视点进行叙述，通过探讨人物内心复杂的心理世界特别是潜意识、梦境，试图获得一种本质的真实。隐喻叙事所产生的丰富想象力拉开了大江文学与现实生活的距离，同时，也使大江小说意象在真实和虚构之间摇摆，具有一种独特的魅力。

---

① ［瑞］歇尔・耶思普玛基：《颁奖辞》，见大江健三郎：《万延元年的足球队》，于长敏、王新新译，光明日报出版社 1995 年版，第 344 页。

② 大江健三郎：『新しい文学のために』、岩波書店、1988 年、186 頁。

三、隐喻叙事与大江文学形式建构

大江文学中，隐喻叙事还表现在他把许多民俗学、文化人类学、神话学要素用于自己作品的建构上。

耿占春认为，“隐喻不仅是一种诗的特性，不仅是语言的特性，它本身是人类本质特性的表现。是人类使世界符号化即文化的创造过程”①。在这个意义上，隐喻可以说是人类文化的基本构成方式。大江小说中的神话学、民俗学、人类文化学要素，就是通过本质上是符号性的隐喻叙事，建立起世界万物相类似或对等的认同关系，通过人类世界与动植物世界的类比，来寻求人类自身的身份认同。

《万延元年的足球队》《同时代的游戏》《M/T 与森林的奇异故事》《核时代的森林隐遁者》中的森林，《洪水涌上我的灵魂》中的树木，《燃烧的绿树》中源自叶芝诗歌意象的“燃烧的绿树”等森林、树木意象是大江小说中经常出现的意象，它们反映了大江深邃的社会学、文化学思考。20 世纪 80 年代，大江甚至以“雨树”为内容创作了一系列中篇小说，这就是著名的“雨树”系列。

树木经常作为一种原型出现在神话、民间传说中，大江小说中的“雨树”，也是建立在这样一种神话原型的基础上。作为一种象征体系的“宇宙树”，“雨树”象征着生与死不断反复的生命力的根源。树的枝叶覆盖了地表，根伸向地下，树干指向宇宙，“雨树”连接着三个垂直轴上的世界。树木开花、结果，象征着生育和丰饶。“雨树”把“雨水”和“树”这种邻接性特性组合在一起，作为生命源泉的“水”和“树”同时得到了体现。可以说，大江通过“雨树”来思考世界，认为“雨树”本身就是关于世界的隐喻。

“雨树”系列由六个短篇构成，在每个短篇中，隐喻“雨树”通

① 耿占春：《隐喻》，河南大学出版社 2007 年版，第 5 页。

过不同的人物而赋予不同的意象。在第一部《聪明的“雨树”》中，“雨树”只停留在阿卡德的叙述和“我”的解释上。透过黑暗，“我”没能直接看到“雨树”，只感知到那像墙一样耸立的存在。通过多次重复叙述自己没能清楚看到“雨树”这一点，使“雨树”在文本中成为一种象征性的存在。在第二部《听“雨树”的女人们》中，“雨树”作为变化的两男一女之间的关系、作品中反复提到的悲叹的心情以及人生救赎的意象而成为焦点。高安卡儿“在宇宙边缘展翅欲飞的雄鹰”这一构思和整体都在滴水的茂盛的“雨树”意象是类似的。第三部《吊死在“雨树”上的男子》中的“雨树”成了“死与再生”的象征。在第四部《倒立的“雨树”》中，“雨树”又成为面临着被核大火毁灭的世界的隐喻。第五部《从地上消失的“雨树”》影射了暴力无处不在的人类生存现状。第六部《宇宙大的“雨树”》中的“雨树”又与高安卡儿“在宇宙边缘展翅欲飞的雄鹰”这一意象重合。

大江的“雨树”系列，各个小说之间是互相关联的。首先，“雨树”的隐喻，是由“雨”和“树”在神话学层面上的邻接性而构成的。也就是说，水和树木自然意象的连锁运动，将“雨树”系列统一起来。除此之外，小说都是以叙述者“我”统一全篇，同时把自己在墨西哥、夏威夷的经历、体验写进小说中。小说中的人物如高安卡儿、潘妮甚至跨越了文本。各个文本之间互相影响，但由于故事的不同又赋予“雨树”不同的象征意义。在联想关系上，各个短篇从隐喻“雨树”的语义获得的意象的类似性构成了故事的纵轴。在组合关系上，处于横轴上的短篇系列的投影织成了故事，提供了登场人物在作品中的位置关系。可以说，大江通过隐喻的反复，不断生成新的文学意象，在对“雨树”这一隐喻多元地进行解释中建构了小说的故事。在这个意义上，榎本正树认为，在大江看来，小说就是“在纵轴（选择的隐喻）和横轴（组合的换喻）这两极的各个不同阶段增殖的有机构造体”[①]。因

① 榎本正樹：『大江健三郎の八〇年代』、彩流社、1995年、46頁。

此可以说，大江的“雨树”系列，是他把文学看作是一个系统，把一部作品看成是文学系统的一部分这一结构主义思想的体现。同时又体现了他在文学创作中重视小说形式，关注文本之间的相互关联，进而挖掘文字符号多义性的探索。可以说，在大江文学中，隐喻叙事具有强大的生命力，已成为其小说形式建构的基本原则。

由此可见，隐喻叙事决定了大江小说的文体特征、创作模式和形式建构。从大江小说创作的整体来看，隐喻叙事使大江文学具有了强烈的象征色彩，唤起了读者无限的想象力，体现了大江小说的形式建构原则。大江的隐喻叙事，也必然在他小说的象征性和大众文学的通俗性之间划出了一道鸿沟，在一定程度上成为大江文学晦涩难懂的一个主要原因。在阅读大江小说时，我们一定要了解小说隐喻叙事的表现方式，认真思考形式背后的思想内涵，只有这样，才能深入理解大江形式创新的意义，真正把握大江文学的本质。

以上从复调叙事、反讽叙事、重复叙事、狂欢叙事、隐喻叙事五个方面探讨了大江小说叙事的美学特征。我们可以看到，叙事已不再是单纯的外部形式，它与大江文学的主题、意义、审美等因素息息相关。大江文学的复调叙事突出了小说的内在形式原则，狂欢叙事和反讽叙事显示出大江小说的风格原型、话语特征。重复叙事体现了大江文学创作的共性，反映了他对文本互文性概念的理解和文学实践。隐喻叙事体现了大江小说的建构原则和叙事的整体倾向，是大江文学语言表达的一个内在特性。这些叙事特征体现了大江对西方文艺理论的吸收和借鉴，体现了他在小说形式探索中勇于突破陈规的先锋精神。

第四章

大江健三郎的语言意识

大江是一位杰出的语言实践者。在日本当代文坛上，似乎没有人像他那样对小说的文体和叙事产生如此大的兴趣。从翻译式文体、比喻-引用式文体的实验到打破文学体裁疆域的跨文体写作，在小说写什么和怎么写上，他的每一次实验，都具有重要的文体革新意义。可以说，大江在小说形式上的探索、创新，在一定程度上丰富了日本当代小说的文体、叙事形态。

和许多大众作家为了把自己所要表达的内容更好地传达给读者，采用一般读者都能接受的文体进行创作不同，大江似乎采取了一种和读者的文体期待背道而驰的态度，这就必然造成大江小说的可读性问题。从大江晦涩难懂的文体中，我们可以看到时代思潮在作家小说形式上的反映。大江的文体探索，体现了一种推陈出新的文学变革精神。对大江来说，新的文学的产生，就意味着新的文体的创造。

第一节 “晦涩难懂”的背后

在日本，大江文学似乎被贴上了“晦涩难懂”的标签。在文学随笔《“说后想”与“写后想”》中，大江这样写道：“即便是我，也非常渴望自己的小说被上百万人阅读。如果能够做到这点，我也会不惜一切去努力的。但是，我只能通过自己的文体来表现自己认为重要的内容，我是那种仅仅创造出表现自己的文体，就用去了大半个人生的小说家。”[①]不难看出，大江在文学的“写什么”和“怎样写”上，似乎对“怎样写”倾注了更多的心血。他认为自己是“仅仅创造出表现自己的文体，就用去了大半个人生的小说家”，表现了他重视文学创作的个性、把形式创新放在首位的先锋姿态。

翻译式文体是大江早期小说显著的文体特征。《奇妙的工作》《死者的奢华》一发表，大江这种极具个性的文体立刻引起了评论界的广泛关注，可谓是毁誉参半。在随笔《我最初这样想》中，他这样写道："日语散文的创作，由兴趣突然成了一种充满苦涩的重负。为了从这种苦役中解脱出来，我重读自己以前就酷爱读的古典（特别是平安文学）。以此为契机，我将日语文章和法语文章进行比较，从二者的差别中寻找日本人和法国人思想构造的差异，进而使我想到采用翻译式文体。”[②]我们很容易在大江早期的作品中找到西洋句式的影子。例如，在《奇妙的工作》中，大江就用了诸如「僕は政治をふくめてほとんどあらゆることに熱中するには若すぎるか年を取りすぎていた。」（我这个年纪要么太年轻，要么太老成，无法专注于包括政治在内的所有事情。）、「僕はそのことを時々、ひどく苛だたしい感情で思ってもみるが、怒りを回復するためにはいつも疲れすぎていた。」（我时时为“那件事”（指因为自己精神麻木，无法参加学生运动—笔者注）坐卧不安，但为找回愤怒的感受总是心力交瘁。）等翻译式句式。很明显，这是和英语的“too…to…”（太……以至于不能够……）、“so…that…”（如此……以至于……）等结构近似的句式。这些英语、法语等西方语言的句式增加了文体的异质感，从而使大江的文体风格有别于传统小说。

① 大江健三郎：『「話して考える」と「書いて考える」』、集英社、2004年、265頁。

② 大江健三郎：「初めはこう考えた」、『厳粛な綱渡り』（上）、文藝春秋社、1975年、67頁。

除大量西欧语句式的运用外，大江文体最显著的特征就是语言的破格。大江的短篇小说《他人的脚》中，「僕は、この姿勢のままで何十年か生きるんだ、そして死ぬ、と僕はいった。僕の掌に、銃を押しつける奴はいないさ。戦争は、フットボールをできる青年たちの仕事だ。」（“我就这个样子活它几十年得了，”我说，“没有人会把枪硬塞到我手里的。战争是那些能踢球的年轻人的事。”）、「便器にまたがったまま、紅潮した顔をむりに振りかえって学生がいった。」（学生满脸通红，骑在便器上勉强转过头来说。）两句在格助词的使用上就存在与传统日语表达不同的地方。许多评论家、作家一时还接受不了这种对传统日语的强暴行为，谷崎润一郎甚至不客气地指出，要是他的话，他会将之改为〈戦争は、フットボールが〉、将〈紅潮した顔を〉改为〈紅潮した顔で〉或〈紅潮した顔をむりに振りむけて〉。[①]

实际上，这些格助词使用上的“错误”反映了作家对待语言特别是对待文体的态度。大量的语言破格和翻译式文体的结合，使大江文体更加具有颠覆性意义。这与被奉为日语文体典范的志贺直哉那句式短小、简洁明快的文体形成了鲜明的对照。文体体现了作家的语言意识，作为小说家，大江是如何认识小说语言的呢？

在《小说的语言》（1981 年）一文中，大江这样写道：“作为小说家，我的实际工作方式就是将语言写出来，反复修改，并在这一过程中不断审视小说语言与自身的关系。这也从反面证明小说家没有专门的语言、专业思考体系。也就是说，小说创作没有任何线索和法则，即没有其他领域的专家应该具有的关于工作的基本道路。小说家的工作从意识活动来看，就是在白纸上书写语言。”[②]大江认为小说创作没

① 一條孝夫：「大江健三郎における谷崎潤一郎」、『帝塚山学院大学人間文化学部研究年報』、2002 年、51 頁。

② 大江健三郎：「小説の言葉」、大江健三郎ほか『言葉と世界』、岩波書店、1981 年、20-21 頁。

有“关于工作的基本道路”，也就是说不存在一个所谓的基准问题。对大江来说，文体不存在一定的基准，这也是大江对传统文体大胆突破的思想根源。大江的文体策略，总的来说就是在词语、句子、篇章的不同层面上，改变常规化的表达，使作品标新立异。在大江抛弃传统日语文体的简洁明快，故意写得晦涩难懂这一写作行为的背后，我们看到了他对传统进行突围的焦虑和冲动。

莲实重彦认为，虽然大江的文体被称为“翻译腔”，但是，无论将其翻译为何种语言都是有难度的。“当然，这种文体在某种程度上是可以修正的，稍微改变一下思考方式，我认为或许就可以用更为容易理解的语言来重新讲述。那些批判大江至今仍执著于这种文体的人或许想借此来表达其他内容。或者是与其他内容比起来，毋宁说他们仅仅被一种千篇一律的固定模式所束缚，不由自主做出‘翻译腔’这样的评价的吧。”①

在莲实重彦看来，对大江文学作出“翻译腔”这一消极评价的人，内心存在着一种根深蒂固的文体范式。这种文体范式就是以“小说之神”志贺直哉为代表的简洁明快的传统日语文体。大江初期小说中的独特的破格、具有超长修饰语的西欧句式的应用以及新奇的比喻，打破了习惯传统日语表达的读者的文体期待视野，使他们感受到一种异质感。

对于大江文体“翻译腔”的批评，音乐家武满徹在《眼睛背后的黑暗》中指出：“我不知道与‘翻译腔’对应的恰当的词是什么。但是，如果存在完全顺应国语的文体的话，在处理不断变化、生成的语言这一小说创作行为中，给既定的言语空间带来异质透视的大江的语言操作就是正当的了。这使我们想起这样一个事实，音乐史上最初出

---

① 蓮実重彦、青木保:「対談　二十世紀のコスモロジ—大江健三郎をめぐって」、『国文学』1983年6月号、28頁。

现的长三度的不协调音，对现在我们的听觉来说就是最美的声音。”①

武满徹用音乐史的例子试图证明这样一个事实：艺术（包括文学）都不存在一个永远恒定的基准，大江对文体的认识符合艺术发展的规律。的确，从翻译式文体的历史来看，明治时期的文人创造的所谓口语体的文体的功劳最突出的一点就是西洋式的措辞。小说也在历史转型中通过自身形式的变革来表现它与时代的回应。战后，《太阳的季节》（1955 年）的石原慎太郎、《恐慌》（1957 年）的开高健、大江他们这一代年轻作家以清新而又富有个性的文体描绘出了战后青年的精神状态，给战后文学带来质的转换的事实就是明证。“文体是指一定的话语秩序所形成的文本体式，它折射出作家、批评家独特的精神结构、体验方式、思维方式和其他社会历史、文化精神。”②通过大江的文体，我们可以看到其文本背后的文化场域，可以观察作家的思维方式和精神结构。战后日本是一个知识分子的文化立场与价值取向迅速分化，多元文化形态和文化立场的对立、矛盾逐渐趋于表面化、公开化的时代。文化立场的差异在很大程度上决定了他们不同的审美选择。大江作为战后民主主义的继承者，民主主义思想也必然反映在其小说形式中。

井口时男认为，大江的“民主主义”，就是承认与作为“异物”的他者共存的思想。这不仅仅反映在他的社会思想或政治思想上，也反映在他的语言思想上。“大江健三郎的文体并不是为了将‘异物’排除或者同化，而是为了竭尽所能地突出‘异物’。我们将之称为‘恶文’的话，大江的‘恶文’就是对战后文学家野间宏、椎名麟三的那种为导入观念、意识这些‘异物’而不自然地扭曲变形的‘恶文’最为正统的继承。……这一思想，对以‘物哀’这一美学理念为范式的日语

① 武満徹：「眼の背後の暗闇」、『国文学』、1983 年 6 月号、9 頁。

② 童庆炳：《文体与文体的创造》，云南人民出版社 1994 年版，第 1 页。

来说就是异物。他的文体，就是使刺入日语中的异物凸现出来，促使读者觉醒，以认识到‘异物’必须通过经常交流才能得以存续。”[①]的确，语言的生命在于交流，思想的火花在于碰撞。民主主义思想反映在小说文体上就是承认“异物”的存在。在大江看来，所谓的纯粹的、恒定的日语文体是不存在的。只有在不断与他者的交流中，才能建构自己独特的语言世界。

在《读书人》中，大江这样写道：“……我不是极其自然地进行小说创作的那种类型，不是天生具有漂亮文体而因此写作的人。我总是首先读外国小说、论文，在阅读过程中感受到那种文体很有趣，接下来就考虑创造具有这种感觉的日语句子。特别是每次读外国诗，我都那样想。因此，经过痛苦的探索，我创造出了自己的文体。”[②]

由此可见，大江新的文体的创造是和他的大量阅读分不开的。在阅读母语文学和外语文学的过程中，他的思维不断在外语和日语之间穿行。这样，他就不断体验到语言的往复、感受性的往复、知识的往复。读书方式的变化，也改变了大江自己的文体。不断选择新的阅读对象，集中阅读选定的作家、诗人和思想家，就不可能不受到自己阅读对象的影响。阅读是一个与他者交流的过程。在试图理解他者语言的过程中，大江也找到了自己新的语言感觉。可以说，大江采用将阅读（他者语言的接受）直接转化为写作（自己语言的创造）这样的创作方法。

大江的这一创作手法，在以奥登和布莱克的诗句为内核的《告诉我们在疯狂中活下去的路》（1969 年）中就初露端倪了，《听“雨树”的女人们》（1982 年）开始大江有意识地引用了麦尔康·劳里的文本。之后，在《新人啊，醒来吧》（1983 年）中大江引用布莱克的《天真

① 井口時男：『暴力的現在』、作品社、2006 年、160-161 頁。
② 大江健三郎：『読む人間』、集英社、2007 年、70-71 頁。

与经验之歌》，在《给令人怀念的岁月的信》中引用但丁的《神曲》，在《人生的亲戚》（1989年）中引用弗兰纳里·奥康纳，在《再见了，我的书》（2006年）中引用艾略特，《优美的安娜贝尔·李寒彻颤栗早逝去》（2007年）对爱伦·波的引用等都采用了这种方法。大江在写小说的同时，大量阅读诗歌、散文、戏剧等人类其他领域的文化优秀成果，这使他深深认识到现代艺术门类之间的互通性，也使他打破小说、散文和诗的界限，实现文体的开放与整合成为可能。

文体越界是指在一个创作文本中包容了两种以上的文体形式，它增加了大江文学表现的思想内涵、文化意蕴，为读者提供了一种具有创造性、想象性的广阔思维空间。除他者的文本外，大江的小说还内在融合、指涉了他不同时期创作的其他小说文本。大江小说的文体越界，在文本内部创造了不同思想、不同文化之间的对话与交锋，凸显了一种主体思想的内在不确定性。从创作主体与现实世界的相关性的角度来看，大江的文体越界，表现了他对社会现实，对传统思想、文化的积极再创造、再思考。

可以说，大江对传统文体的话语方式、艺术规范进行反叛的自觉，源于他强烈的表达自我的焦虑。这种强烈的文学诉求，使他在消解甚至颠覆传统文体的同时，也在不断地超越自我。

第二节　大江文学与宏大叙事

一般说来，新的时代精神呼唤新的艺术形式，艺术形式的革新在一定程度上体现了时代精神的嬗变。对小说创作来说，小说形式的创新要求作家主体意识的确立和创新意识的自觉，大江小说叙事模式的变迁明确表现了这一点。大江在叙事上的探索往往具有突破性。比如，《万延元年的足球队》（1967年）对家族历史追溯的多元视角所表露出的新历史主义倾向；《摆脱危机者的调查书》（1976年）独特的双重叙事视角造成的滑稽艺术效果；《二百年的孩子》（2003年）中科幻小说叙事手法的运用所产生的时空交叉的艺术魅力，都体现了大江小说创作的主体意识和创新意识，表现了他在小说叙事方面大胆、不懈的尝试。

在与萨义德的对谈中，大江这样说道："到目前为止，我对自己的小说并不满意，因为我没有把握说在叙事上具有了自己的风格。我对日本的宏大叙事、主叙事一直有抵触。但说到与此对抗的反叙事，我还没有创造出来。特别是作为最后的作品（指《燃烧的绿树》——笔者注），超越时间和空间，把许多不同的事物聚拢在一起的构思倒是有了，但是还没有找到叙事方式。毋宁说我想在自己的作品中创造出反叙事这样的东西。……"①

大江提到的"宏大叙事"，是指叙述者或作者在处理宏大社会历史题材时，站在历史的高度上，试图为历史提供一种全知的权威解释的叙事。由于宏大叙事为西方思想界构建的理性主义神话②的合法性寻找合理的解释，加上它和差异性、多元性相对立，长期以来，宏大叙事不断遭到质疑和疏离，解构中心、关注处于边缘的弱势群体的私人叙事、日常生活叙事成为时代的主潮。大江文学拒绝宏大叙事的历史、时代、社会大叙事，在小说创作中表现出刻意强化"日常性"和"生活化"的倾向。特别是20世纪80年代发表的《新人啊，醒来吧》《听"雨树"的女人们》等一系列小说都具有这种倾向，以至于许多评论家认为这是大江对私小说传统的回归。从小说创作来看，大江对宏大叙事的反抗集中体现在宏大叙事对人类生活、历史发展的普遍性和总体性过分强调而产生的对个体性、差异性、多元性的忽视这一点。

① 大江健三郎、サイード：「特別対談 生の終わりを見つめるスタイル」、『世界』1995年8月号、30－31頁。

② 指关于世界及人类社会发展的总体性、同一性、普遍性等内容。

大江文学强烈的文化意识、紧迫的现实使命感以及对文学的诉求，虽然没有采用宏大叙事的史诗视野，但也追求从个体和生活细节出发，在人生意义、历史发展、人类灵魂救赎等方面进行着形而上的积极思考，体现着宏大叙事精神。可以说，正是这种精神，使大江以个人经历为背景的小说最终超越了传统的私小说，最终没有陷入私小说视野狭窄的泥潭。

一般认为，传统小说在叙事上表现为单一视点，叙述者的位置相对比较固定，在情节发展上呈现为线性特征。从大江的小说创作来看，他似乎更倾向于多视点叙事和小说时间、空间的多元化。这种多视点使小说内容往往处于一种含混状态，增强了小说的虚构性和不确定性。在《万延元年的足球队》中，我们可以看到大江试图摆脱传统小说叙事的时空限制，努力使小说结构呈现出多层次、多主题的尝试。在叙事时空探索上，大江还借鉴了科幻小说的技法来表现不同于宏大叙事的时间观和历史观。《二百年的孩子》就是一部利用科幻小说的表现手法探索人类历史、当下和未来，体现大江小说时空美学的小说。

《二百年的孩子》描写了 1984 年暑假，主人公兄妹三人借助“做梦人”的时间装置（具体指老柯树的树洞——笔者注），在睡梦中进行时空穿梭的故事。在祖母遗画和当地传说的指引下，他们先后去了 120 前的元治元年（公元 1864 年）的峡谷村庄、103 年前的美国、庆应三年关押农民起义领袖铭助的狱中、80 年后（2064 年）的县政府以及与其相对抗的“鼯根据地”。借助于科幻小说中常用的时间机器，两百年的历史就在同一空间（峡谷村庄）得以真实再现。我们看到，科幻手法的运用不仅没有冲淡作品对历史和现实的反映，而且强化了艺术观照的空间感和层次感。对于科幻小说来说，这样的题材、内容和切入视角并不新鲜，但该作品在叙事结构上却匠心独具。它突破了以往情节化叙事的思维定势，巧妙地将流动的时间结构和舒展的空间交叉，给人以耳目一新之感。时空观念属于人类生存体验范畴，只有确立时空界域，人类才得以在历史演进和空间位移中把握自身存在，体验现实人生。《二百年的孩子》这部小说，首先确立了一个叙事起点“现在”，然后追溯到过去。接下来再经由“现在”，到达遥远的未来。最后又重新回到叙事起点“现在”。过去、现在和未来三个时间向度和空间维度在叙述过程中交错融汇，“现在”成了在整个时空之流中往返运动的参照系。这种独特的时空观念，构成对宏大叙事线性时间观和历史空间观的有力消解。霍士富在《九十年代以降的大江健三郎》中明确指出了《二百年的孩子》这种时空交叉的叙事效果：“时间的空间化具有使抽象的存在得以生动再现的表达效果。视觉化的空间和时间的融合，可以将既具有个人性、又具有时代性的历史传承得以透彻把握。历史时间的哲学把过去、现在、未来置于历史长河中而不是分割开来加以理解、解释。”①当然，这样的叙事策略是和大江的表达主题密切相关的。叙事形式本身表现了大江重视当下的时间观念。大江将希望寄托于现在，认为可以像在河流的中游修建水库改变下游的状况一样来改变未来。他立足于现在，在历史回顾和未来展望中表达了自己对历史的深刻思索以及对人类未来的忧虑。对过去的描写，就是追溯历史，使来自历史的启示更好地服务于当下；对未来的展示，就是在当下敲响警钟，努力改变未来。可以说，大江对叙事策略的选择，与小说的主题表达有着密不可分的关系，小说叙事体现了大江的历史观、时空观、人生观、创作观，体现了他对社会的看法和态度。

除了在小说时空表现上对传统文学的超越之外，大江在小说叙事中通过人物、场所的设置来挑战权威，实现对历史、神话等宏大叙事的消解。在《同时代的游戏》中，大江虚构了一个和日本对立的具有

① 霍士富：『九十年代以降の大江健三郎』、菁柿堂、2005 年、243 頁。

自己神话和历史的共同体“村=国家=小宇宙”，在某种程度上讽刺、批判了日本的天皇制。在《同时代的游戏》中出现的双胞胎兄妹露巳（ツユミ）、露己（ツユキ）的名字和《古事记》《日本书纪》神话中创造日本国土的男神伊弉诺神（イザナキ）、女神伊弉冉神（イザナミ）的名字的最后一个假名正好相反。[①]可以看出，在设置人物名字时，大江有意识地区别于《古事记》和《日本书纪》，这是为小说主题服务的。因此可以说，《同时代的游戏》为日本当代文学提供了一种反中心、反权威的叙事模式。同时，这部小说叙事所表现的没有中心事件的片段式聚合，一定程度上体现了大江对传统小说故事整体性的瓦解。中期以来，大江凭借大量高水准的创作，把小说叙事话语从现实层面提升到历史文化层面，从而在小说中营造了一个个自由、多向、崭新、开放的审美空间。

大江的叙事实验是对自己创新能力的挑战。他的每一次叙事实验可以说都伴随着一定的危险性，最突出的一点就是对读者期待视野的打破会导致作品的可读性问题。大江文学被公认为晦涩难懂就充分证明了这一点。大江的许多作品在问世之初就被认为是非同寻常的，具有突出的艺术风格，但他并没有停下创新的脚步，为了避免形式实验走到最后变成自我复制，他除了追求叙事技巧上的新奇之外，还一直站在时代思潮的最前沿，博览群书，时时保持思想的先锋性。这也是他能够不断超越自我，叙事方式能够不断推陈出新的一个主要原因。

---

① 《古事记》中，「イザナキ」（亦可读作「イザナギ」）标记为“伊邪那岐”，「イザナミ」标记为“伊邪那美”。在《日本书纪》中又分别标记为“伊弉诺神”“伊弉冉神”。由于小说中提到了《日本书纪》，本书的汉字标注采用了《日本书纪》的汉字标记形式。

第三节 陌生化诗学——大江小说的语言追求

作为一个对现代思想和时代的发展极其关注的作家，大江以敏锐的直觉不断摄取文学、文化研究领域的研究精髓，并灵活地将其用于自己的文学创作。“我不凭经验写作，也不模仿他人的样式。……好的作家就像蜜蜂，广采百花而酿出甜蜜，但不能像蜘蛛那样抽尽肚里的丝便告终结。”①他对小说创作理论的重视，体现在他的许多演讲稿、文学、文化批评、文学随笔中，这些都是他读书和创作经验的总结。可以说，大江文学文本的丰富性、复杂性，与他对这些理论的消化、吸收有着密切的关系。

在诸多文学理论中，大江对俄国形式主义的“陌生化”理论似乎情有独钟，在《小说的方法》《为了新的文学》等著作中多次提及这一理论。“文学的功能是让受自动化支配的人的知觉在所有的‘物’面前苏醒，把‘物’作为‘物’，重新给予清晰的感知。这一基本的思想，我们可以在宣长的歌论，子规的俳论中看到。不过，将其作为文学理论明确提出来的是使用‘陌生化’一词并将之作为文学创作手法的俄国形式主义者。”②大江提到的“自动化”，指的是俄国形式主义代表人物什克洛夫斯基所说的感觉的“自动化”。要打破感觉的“自动化”，作家必须运用“陌生化”手法打破读者的思维定势，使作品给读者一种新鲜感。“陌生化”意味着对旧规范、旧标准的超越，是对读者阅读心理定势和惯性反应的挑战。可以说，“陌生化”的主要目的是让人从感觉自动化的束缚中解放出来，重新唤起对事物的新的审美感受，充分发挥文学的想象力。

---

① 张虎生：《现实与理念冲撞的回声——大江健三郎访谈录》，见中国新闻事业促进会：《回眸东京》，中国青年出版社 1998 年版，第 136 页。

② 大江健三郎：『方法を読む＝大江健三郎文芸時評』、講談社、1980 年、87 頁。

在《小说的方法》中，大江写道：“关于‘陌生化’，我至今主要从词语、语言的层面来考虑。但‘陌生化’作用的广度，毋宁说从语言的层面到文学题材的层面，甚至超越这些层面发挥着作用。”①作为语言层面“陌生化”手法的一环，小说叙事的“陌生化”效果很大程度上得力于作者对叙事的组织。“陌生化”理论在大江小说叙事技巧上的运用，主要体现在人物有限视角、多视点的使用以及对传统叙事模式的扬弃上。

张冰认为，“陌生化”的实质是针对读者的逆反心理而发出的一种挑逗，它的基本方法是通过变换表现方式来更新读者的接受意识，借以打破读者的接受定式。②从读者接受的角度来看，要打破读者文学接受的固有模式，在小说中采用人物有限视角可以说是一种切实有效的策略。它可以使读者以视点人物的眼光去感受事物，更容易使描写对象“陌生化”。同样，“包含差异的重复”策略也是大江常用的叙事手法。二者的结合让读者在反复叙事中体会到认识事物真相的困难，使作品充满了悬念。

比如，在《万延元年的足球队》中，关于万延元年的暴动事件，大江就采用了这一叙事手法。我们看到，以万延元年暴动事件为中心的小说故事的叙述是通过视点人物“我”（蜜三郎）的观察、回忆和推测进行的。例如，蜜三郎回忆孩提时代祖母、母亲讲述的农民起义领袖——曾祖父弟弟被曾祖父最后杀害的结局。蜜三郎推测她们以守卫自己家族的曾祖父为善，以败家的曾祖父弟弟为恶的价值判断背后深层的心理动机，即战争中丈夫、长子不在身边，失去家庭支柱而陷入“被害妄想症”的母亲对家族命运的担忧。鹰四把暴动看成是被别人瞧不起的不良少年成为大众英雄的行为，在蜜三郎看来，鹰四对暴

① 大江健三郎：『小説の方法』、岩波書店、1978 年、6 頁。

② 张冰：《陌生化诗学》，北京师范大学出版社 2000 年版，第 206 页。

动的解释是想把暴动的结局、性质往自己的目的上引。围绕着“暴动”这一历史事件，大江通过叙述者的所见所感，不但显示了官方的记录，还描写了民间不同阶层、不同职业的人从不同角度对“暴动”的看法。各种观点各种解释互相纠葛，错综复杂，从而使小说具有了一种多声性，具有了对话性。通过重复叙事所造成的整条叙事线索由确定变为游移不定，使故事形成一个更大的谜团，从而使小说最后谜团的揭开更富有冲击性。

可以说，小说中的这些复数的解释意义，不仅仅在于言说的细节，更在于言说的多样性本身。同一件事情，分别以蜜三郎的观察、回忆展现了不同人物对暴动的态度，而且叙述者蜜三郎认为他们的叙述往往都带有一定的目的性。那么，作者的用意是什么呢？我想大江除了力图增加故事的复杂性之外，他还通过不稳定的叙述告诉读者现实的多义性。

在为山口昌男的《文化人类学讲义》而写的后记《山口君，我是这样听的。》中，作为一名普通的听众，大江发表了自己听了山口讲座后的感受。

> 我认为，山口君一直探索的现实的多义性以及骗子、小丑、替罪羊等几乎所有的课题都是我在文学中一直思考至今的尤为重要的问题。现实的多义性，就是指在小说中要表现一个事件以及体现它的人时，如果把这些看作是对现实的反映的话，无论如何必须赋予它们超越一种意义的多重意义。①

的确，对多义性的挖掘一直是大江中期以来的文学追求之一。大江在故事情节的安排中，往往设置了许多“谜团”一样的内容。

① 大江健三郎：「はい、山口さん、私はこのように聞きました。……」、山口昌男『文化人類学への招待』、岩波書店、1982年、209-210頁。

例如，《万延元年的足球队》中曾祖父弟弟的实际生存状态、《游泳的男子——水中的“雨树”》中猪之口君被杀事件等。大江通过复数的解释来立体地把握事件，以展现现实本身的复杂性和认识真相的困难性。我们可以看到，大江的叙事策略拉大了读者和事件真相之间的审美距离，造成了强烈的“陌生化”效果。

后现代文化背景下的写作使作家个人创作风格的拥有越来越难。大江不断地与这种文化语境对作家的异化进行抗争，他借用什克洛夫斯基的“陌生化”理论，通过对私小说叙事模式的戏仿，使私小说的叙事观念和话语形态遭到了全面颠覆，使小说、散文、书信等文体之间的话语差异得以消解。从 20 世纪 80 年代开始，大江以一种跨文本写作的姿态，将叙事和议论、纪实和虚构、个人经验和宏大历史融合在一起，从而使小说具有了可以从各种角度解读的内容的丰富性。

在《从边缘出发、到边缘去》中，大江在评价墨西哥现代版画家波萨达的一幅描述异常诞生的作品时这样写道：

> 版画中背景人物的眼睛到底在注视着什么呢？表面上他们在注视着肩上长出脚的男人和与婴儿一起出生的怪物。但是，他们的眼睛不仅仅停留在畸形、异常的肉体上。在日常生活中，眼睛往往盯在对象的实体上，而没有看到其本质。甚至由于自动化作用，连对象的存在本身也被忽视了。这些被忽视的对象，却可以因畸形、异常的触发而被清晰地显现出来。也就是说，画家对婴儿出生这一情景进行了陌生化处理，并通过陌生化的出生，进而展现陌生化的人，陌生化的人类社会。①

大江把波萨达的“陌生化”创作手法与代表墨西哥民众的边缘文化联系起来，认为只有用“陌生化”的边缘文化，才能真正担当起反

---

① 大江健三郎：『小説の方法』、岩波書店、1998 年、179 頁。

映整个社会的责任。由此，不难理解大江作品中的畸形儿的诞生以及暴力、通奸、乱伦和自杀等异常的意象，大江正是通过这些生活中的异常，来展现个人、时代及整个社会不安的现状。在这个意义上，大江的“陌生化”手法是他文学边缘化主张的亲身实践，大江小说中由于叙述而造成的暧昧性正是他通过对边缘话语的挖掘来消解占据主流、中心地位的话语形态的语言实验的结果。由此可见，大江的“陌生化”手法是和其文学的批判性紧密联系在一起的。

语言一直是小说文体和叙事的基本组成因素，也是作家创作个性的有力体现。大江小说创作中的焦虑和不安，并非来自文学创作题材本身，而是对表现在语言定势和言说方式中的知识危机与意识形态驯化的焦虑。在此，我们不难理解大江在《小说的方法》（1978 年）、《为了新的文学》（1988 年）中对俄罗斯形式主义所提倡的“陌生化”手法情有独钟的深层原因。大江从俄罗斯形式主义那里学到的“陌生化”手法，就是“加大感知的难度，拉长感知过程的晦涩难懂的形式的技法”[①]。正是不遵循“地道的日语”，故意将其改造为“拙劣的日语”“晦涩难懂的日语”这一语言策略上，我们可以看到大江小说语言创造的契机。大江以“陌生化”为武器，通过不断的形式探索，试图突破自动化的语言、言说的定势对文学家和读者的独裁。不难看出，大江小说多样化的叙事实验，体现了他对文本多义性和现实不确定性的深入思考。从整体来看，“陌生化”可以说是大江形式实验的出发点和内在动力。大江用“陌生化”，对抗语言的“自动化”，不断打破读者的期待视野，将人的感性从日常语言对感觉的日益异化和疏远中解放出来。大江在叙事上进行的“陌生化”探索，强化了叙事话语的生命力，从而使其大多数作品具有很强的隐喻性、象征性。叙事实质上体现了一种话语权力，大江在

① 大江健三郎：『新しい文学のために』、岩波書店、1988 年、33 頁。

文体和叙事的创新可以说是对文坛上占统治地位的话语权力秩序的挑战。大江以“陌生化”为武器，以一个文化批评者的身份从边缘的角度对占据中心地位的意识形态特别是天皇制给予了强烈的批判。大江对小说语言、小说形式的“陌生化”孜孜不倦的探索，体现了他主张文学多元化、个性化的艺术追求。

结论

通过以上分别从叙事人称、人物视角、叙事特征、语言意识四个方面对大江小说创作的叙事学分析我们可以看到，在大江看来，叙事绝不是单纯的形式技巧问题，而是一个涉及小说观念、小说审美、小说哲学思想和小说形式建构的一个重要问题。大江对日语和法语两种语言本质的深刻认识，使他利用第一人称叙事和翻译式文体实现了对母语的突围。大江利用第一人称叙事抒情性强的特点，通过叙述者“我”隐秘地表达了自己对时代的看法，体现了一种战后文化启蒙精神。大江巧妙利用叙述的“我”与被述的“我”之间的距离，在现实与虚构的融合中完成了对自己人生经验的书写，体现了对传统私小说的超越。大江利用不稳定的第一人称叙事，使读者认识到现实本身的多样性，调动了读者的文本参与意识和审美再创造力。正是依靠多样化的第一人称叙事，大江走出了一条独特的小说创作之路。

在人物视角方面，我们可以看到，大江小说的儿童视角、女性视角、双性人视角、知识分子视角都具有深厚的文化底蕴，凸显了大江小说人物视角的诗学、美学意义和社会文化内涵。借助《饲育》的儿童视角，大江表达了自己对暴力、战争的控诉。作为建构艺术的一种方式，儿童视角包含着大江山谷村庄经验的诗性回归和精神乌托邦的审美建构等深层创作动向。《静静的生活》的女性视角是作为男性创作主体的大江用女性话语风格进行创作的尝试，女性叙述的诗意、感性与男性叙述的知性化纠结在一起，形成了一种叙述的张力，体现了大江对性别问题的思考。《燃烧的绿树》的双性人视角体现了大江的二元共存思想。双性人视角由于性别的不确定性，从而摆脱了传统两性角色的单调，给小说带来丰富的变化，体现了大江对“双性同体”创作意识的探索。《万延元年的足球队》的知识分子视角体现了大江将目光投向边缘，通过对暴力史的追问，对可能带来更大暴力的以天皇制文化为中心的新国家主义的尖锐批判。知识分子视角冷静的历史眼光和居高临下的当下视野，使大江小说具有了深刻的历史反思和现实批判意味。大江多样化人物视角与作家的社会认识以及日本战后个人主体意识的提高这一社会文化背景有很大关系，体现了大江对现代个体的尊重，从一个侧面反映了大江小说形式探索的先锋色彩和文化意蕴。

大江的复调叙事、狂欢叙事、重复叙事、反讽叙事、隐喻叙事体现了大江小说的形式诗学特征。复调叙事体现了大江小说的时空美学以及大江要求读者以对话形式参与小说主题意义建构的创作意图。复调叙事为作者、叙述者和读者提供了交流、对话的场域，通过对话，三者的思想在文本内外不断地交汇、碰撞，从而使小说的主题意义具有了多重性。复调叙事体现了大江小说的内部结构原则。大江的狂欢叙事，具有颠覆、反抗、批判的创新精神。狂欢叙事带来了大江小说结构的对话性、人物塑造的戏剧性和小说体裁的狂欢性，使大江文学富有张力，拓展了小说的叙事空间和话语表现方式。狂欢叙事体现了大江小说的风格原型。大江的重复叙事，是变化中的重复，是包含差异的重复，是创新式的重复。重复叙事使大江星座小说的构想成为可能，反映了大江对文本互文性的认识，贯穿了他对现代思想、文艺思潮的理解以及对小说形式的执著追求。重复叙事体现了大江文学创作的整体特征和他对小说文体风格的认识。大江的反讽叙事不仅体现在小说结构、情节、叙事视角、叙事文体等层面悖论要素的设置上，还反映在他对事实与虚构这一小说本体内容的反思上。反讽成为大江折射社会弊端以及对占据中心地位的天皇制文化进行批判的有力工具。反讽叙事凸显了大江小说的话语特征。隐喻叙事使大江小说呈现出意义的不确定性和多义性，增强了文本反映生活的广度，加大了文本的哲学深度，是他把文学看作是一个系统，把一部作品看成是文学系统的一部分这一结构主义思想的体现，同时又是他在文学创作方面注重小说形式，重视文本之间的关联性，进而挖掘语言符号多义性的尝试。隐喻叙事体现了大江小说的整体建构原则，成为大江文学语言表达和主题寓意的一个内在特性。五个方面既互相独立、又彼此互补，共同体现着大江对小说形式的深刻思考，形成了他小说形式创新的主要手段，进而成为大江小说叙事显著的审美特征。这些叙事特征体现了大江对西方文艺理论的吸收和借鉴，体现了他在小说形式探索中勇于突破陈规的先锋精神。

大江的叙事策略，体现了他对语言的深刻认识，其叙事实验的最终目的指向了文学表现的陌生化效果。在叙事上，大江对文本的多义性和现实的不确定性进行深入挖掘，用“陌生化”对抗语言的“自动化”，不断打破读者的期待视野，将人从日常语言对感觉的日益异化和疏远化中解放出来。大江在叙事上进行的“陌生化”探索，强化了叙事话语的生命力，展现了他从边缘出发，以一个文化批评者的身份对占据中心地位的意识形态特别是天皇制给予强烈批判的书写姿态。

可以说，大江以见微知著的敏锐感觉、天马行空的想象力、孜孜不倦的创新精神、纷繁多姿的语言技巧以及他对小说叙事的不懈探索，使他的小说成了日本当代文学变革的醒目旗帜。他从四国故乡的边缘体验出发，抵达的是日本人精神世界救赎之地。他小说中的墙壁意识、与残疾儿共生、精神拯救主题、反天皇制的言说，表现了他对日本社会的批判、对历史的反思和对现代人精神危机的人文关怀。他的小说具有压抑不住的民间情怀和反讽精神，也体现了他从边缘出发，到边缘去的文学追求。从初期的短篇小说到 2009 年出版的《水死》，大江不断地在“包含差异的重复”中寻求变化，不断超越自我，他的努力，极大地丰富了日本当代叙事文学的整体面貌。

参考文献

一、日文部分

（一）大江健三郎著作

1 小説

大江健三郎. 1964—1965. 大江健三郎全作品.（全六巻）. 東京：新潮社.

大江健三郎. 1977—1978. 大江健三郎全作品第Ⅱ期.（全六巻）. 東京：新潮社.

大江健三郎. 1984. 同時代ゲーム. 東京：新潮社.

大江健三郎. 1992. 懐かしい年への手紙. 東京：講談社.

大江健三郎. 1995. 静かな生活. 東京：講談社.

大江健三郎. 1996—1997. 大江健三郎小説.（全十巻）. 東京：新潮社.

大江健三郎. 1998. 燃えあがる緑の木. 東京：新潮社.

大江健三郎. 1999. 宙返り.（上下巻）. 東京：講談社.

大江健三郎. 2000. 取り替え子. 東京：講談社.

大江健三郎. 2002. 憂い顔の童子. 東京：講談社.

大江健三郎. 2003. 二百年の子供. 東京：中央公論新社.

大江健三郎. 2005. さようなら. 私の本よ!. 東京：講談社.

大江健三郎. 2007. 臈たしアナベル・リイ総毛立ちつ身まかりつ. 東京：新潮社.

大江健三郎. 2009. 水死. 東京：講談社.

2 エッセイ・評論・講演・対談

大江健三郎. 1965. ヒロシマ・ノート. 東京：岩波書店.

大江健三郎. 1968. 持続する志. 東京：新潮社.

大江健三郎. 1970a. 壊れものとしての人間——活字のむこうの暗闇. 東京：新潮社.

大江健三郎. 1970b. 核時代の想像力. 東京：新潮社.
大江健三郎. 1972. 鯨の死滅する日. 東京：文藝春秋社.
大江健三郎. 1973. 同時代としての戦後. 東京：講談社.
大江健三郎. 1974. 文学ノート附=15 篇. 東京：講談社.
大江健三郎. 1975. 厳粛な綱渡り. 東京：文藝春秋社.
大江健三郎. 1976. 言葉によって 状況・文学☆. 東京：新潮社.
大江健三郎. 1978a. 小説の方法. 東京：岩波書店.
大江健三郎. 1978b. 表現する者 状況・文学. 東京：新潮社.
大江健三郎. 1980. 方法を読む=大江健三郎文芸時評. 東京：講談社.
大江健三郎. 1980—1981. 大江健三郎同時代論集（全十巻）. 東京：岩波書店.
大江健三郎ほか. 1981. 言葉と世界. 東京：岩波書店.
大江健三郎. 1982. 核の大火と「人間」の声. 東京：岩波書店.
大江健三郎. 1984. 日本現代のヒューマニスト 渡辺一夫を読む. 東京：岩波書店.
大江健三郎. 1985a. 生き方の定義——再び状況へ. 東京：岩波書店.
大江健三郎. 1985b. 小説のたくらみ. 知の楽しみ. 東京：新潮社.
大江健三郎. 1988a. 新しい文学のために. 東京：岩波書店.
大江健三郎. 1988b. 最後の小説. 東京：講談社.
大江健三郎. 1991. ヒロシマの「生命の木」. 東京：日本放送局出版協会.
大江健三郎. 1992. 人生の習慣. 東京：岩波書店.
大江健三郎. 1993. 新年の挨拶. 東京：岩波書店.
大江健三郎. 1994. 小説の経験. 東京：朝日新聞社.
大江健三郎. 1995. あいまいな日本の私. 東京：岩波書店.
大江健三郎. 1996a. ゆるやかな絆. 東京：講談社.
大江健三郎. 1996b. 日本の「私」からの手紙. 東京：岩波書店.
大江健三郎. 1998. 私という小説家の作り方. 東京：新潮社
大江健三郎. 2001a. 言い難き嘆きもて. 東京：講談社.
大江健三郎. 2001b. 鎖国してはならない. 東京：講談社.

大江健三郎. 2004. 「話して考える」（シンク・トーク）と「書いて考える」（シンク・ライト）. 東京：集英社.

大江健三郎. 2006. 「伝える言葉」プラス. 東京：朝日新聞社.

大江健三郎. 2007. 読む人間. 東京：集英社.

大江健三郎，尾崎真理子. 2007. 作家自身を語る. 東京：新潮社.

大江健三郎，サイード. 1995. 特別対談　生の終わりを見つめるスタイル. 世界，（8）：1-41.

大江健三郎，谷川俊太郎. 1996. 日本語と日本人の心. 東京：岩波書店.

大江健三郎，中野孝次. 1982. 対談 小説作法. 文学界，（7）：206-228.

大江健三郎，沼野充義. 2010. 対談 短篇から広がる小説の力. すばる，(12)：176-192.

大江健三郎，安岡章太郎. 1977. 対談　作家と文体. 文体，（創刊号）：60-86.

（二）研究著作

1 大江健三郎研究単行本

安藤始. 2006. 大江健三郎の文学. 東京：おうふう.

井口時男. 2004. 危機と闘争——大江健三郎と中上健次. 東京：作品社.

一条孝夫. 1997. 大江健三郎——その文学世界と背景. 大阪：和泉書院.

榎本正樹. 1989. 大江健三郎八〇年代のテーマとモチーフ. 東京：審美社.

榎本正樹. 1995. 大江健三郎の八〇年代. 東京：彩流社.

大江健三郎，すばる編集部. 2001. 大江健三郎再発見. 東京：集英社.

霍士富. 2005. 九十年代以降の大江健三郎. 東京：菁柿堂.

片岡啓治. 1973. 大江健三郎論——精神の地獄をゆく者. 東京：立風書房.

川西政明. 1979. 大江健三郎論——未成の夢. 東京：講談社.

クラウプロトック・ウォララック. 2007. 大江健三郎論——「狂気」と「救済」を軸にして. 東京：専修大学出版局.

黒古一夫. 1989. 大江健三郎論——森の思想と生き方の原理. 東京：彩流社.

黒古一夫. 2003. 作家はこのようにして生まれ. 大きくなった 大江健三郎伝説. 東京：河出書房.

桑原丈和. 1997. 大江健三郎論. 東京：三一書房.

小森陽一. 2002. 歴史認識と小説——大江健三郎論. 東京：講談社.

篠原茂. 1973. 大江健三郎論. 東京：東邦出版社.

篠原茂. 1998. 大江健三郎文学事典. 東京：株式会社森田出版.

柴田勝二. 1992. 大江健三郎論——地上と彼岸. 東京：有精堂.

島村輝編. 1998. 日本文学研究論文集成 45 大江健三郎. 東京：若草書房.

鈴木健司編. 2004. 大江健三郎研究——四国の森と文学的想像力. 高知:リーブル出版.

蘇明仙. 2006. 大江健三郎論——《神話形成》の文学世界と歴史認識. 福岡：花書院.

武田勝彦，ヨシオ•イワモト，サミュル・横地淑子. 1987. 大江健三郎文学 海外の評価. 東京：創林社.

谷沢永一. 1995. こんな日本に誰がした——戦後民主主義者の代表者大江健三郎への告発状. 東京：クレスト社.

中村泰行. 1995. 大江健三郎——文学の軌跡. 東京：新日本出版.

野口武彦. 1971. 吠え声・叫び声・沈黙——大江健三郎の世界. 東京：新潮社.

蓮実重彦. 1980. 大江健三郎論. 東京：青土社.

平野栄久. 1995. 大江健三郎——わたしの同時代ゲーム. 東京: オリジン出版センター.

マサオミヨシ他. 1992. 群像日本の作家 23 大江健三郎. 東京：小学館.

松崎晴夫. 1981. デモクラットの文学——広津和郎と大江健三郎. 東京: 新日本出版社.

松原新一. 1967. 大江健三郎の世界. 東京：講談社.

渡辺広士. 1994. 大江健三郎（増補新版）. 東京：審美社.

2 一般研究書

井口時男. 2006. 暴力的現在. 東京：作品社.

石原千秋等. 1991. 読むための理論一文学・思想・批評. 東京：世織書房.

奥野健男. 1977. 奥野健男作品集 5. 東京：泰流社.

川西政明. 2001. 昭和文学史. 東京：講談社.

北沢方邦. 1979. 日本人の神話的思想. 東京：講談社.

小森陽一. 1999. 小説と批評. 東京：世織書房.

島村輝. 1999. 臨界の近代日本文学. 東京：世織書房.

竹内芳郎. 1981. 文化の理論のために——文化記号学への道. 東京：岩波書店.

東郷克美，小森陽一，石原千秋. 1989. 講座昭和文学史 第五巻 解体と変容. 東京：有精堂.

Tトドロフ. 1974. 小説の記号学. 菅野昭正など訳注. 東京：大修館書店.

中村明. 1977. 比喩表現の理論と分類. 東京：株式会社秀英出版.

新田博衞. 1980. 詩学序説. 東京：けいそう書房.

仁田義雄. 1991. 日本語のモダリティと人称. 東京：ひつじ書房.

野間宏. 1982. 新しい時代の文学. 東京：岩波書店.

フェルディナン•ド•ソシュール. 1972. 一般言語学講義. 小林英夫訳. 東京：岩波書店.

ポール•リクール. 1998. 生きた隠喩. 久米博訳. 東京：岩波書店.

丸山圭三郎. 1981. ソシュールの思想. 東京：岩波書店.

山岡實. 2001. 語りの記号論 日英比較物語文分析. 東京：松柏社.

安川定男. 1992. 昭和の小説. 東京：至文堂.

山口昌男. 1982 文化人類学への招待. 東京：岩波書店.

山口昌男. 1986. 文化人類学の視角. 東京：岩波書店.

山口昌男. 1998. 文化の詩学.（Ⅰ. Ⅱ）. 東京：岩波書店.

山口昌男. 2000. 文化と両義性. 東京：岩波書店.

山梨正明. 1988. 比喩と理解. 岩田純一補稿. 東京：東京大学出版会.

吉本隆明. 1965. 言語にとって美とはなにか（第Ⅰ巻）. 東京：勁草書房.

ロマーン•ヤーコブソン. 1973. 一般言語学. 川本茂雄など訳. 東京：みみず書房.

Uエーコ. 1980. 意味論.（Ⅰ•Ⅱ）. 池上嘉彦訳. 東京：岩波書店.

（三）雑誌特集

群像. 1995 年 4 月号.

群像. 2005 年 11 月号.

国文学. 1971 年 1 月号.

国文学. 1979 年 2 月号.

国文学. 1983 年 6 月号.

国文学. 1990 年 7 月号.

国文学. 1997 年 2 月臨時増刊号.

国文学——解釈と鑑賞. 1971 年 7 月号.

新潮. 1994 年 12 月号.

新潮. 1995 年 4 月号.

文学. 1995 年 4 月号.

文学界. 1994 年 12 月号.

文芸. 1978 年 5 月号.

ユリイカ. 1974 年 3 月号.

（四）雑誌論文

阿部公彦. 2011. 大江健三郎の魔法. 文学界，(1)：230-240.

一條孝夫. 2002. 大江健三郎における谷崎潤一郎. 帝塚山学院大学人間文化学部研究年報，(4)：50-64.

伊藤久美子. 2007. 大江健三郎「人生の親戚」の語り手. 文学研究，(95)：27-37.

岩谷征捷. 1985. 大江健三郎初期作品における＜女＞の役割. 昭和文学研究，(11)：50-55.

上村文人. 2008. 大江健三郎「万延元年のフットボール」論——絶えざる運動体としてのテクスト. 論樹，(21)：33-46.

上村文人. 2010. 大江健三郎「燃えあがる緑の木」論——<物語内容> の多義性について. 都大論究，(6)：73-84.

榎本正樹. 2009. 大江健三郎--御霊と念仏踊り. 国文学——解釈と鑑賞，(2)：129-135.

太田哲男. 2009. 大江健三郎初期作品における「自然」. 櫻美林世界文学，(5)：50-55.

神谷光信. 2009. 大江健三郎——信仰なき者という立場. 国文学——解釈と鑑賞,(4):49-56.

北山敏秀. 2010. 大江健三郎初期の「思い出」をめぐる言説——＜玉音＞表象と戦後民主主義アイデンティティーの形成. 文学・語学,(197):1-12.

河内重雄. 2006. 大江健三郎「静かな生活」論——「知的障害者」表象のためのモデル考察. 九大日文,(8):84-104.

小森陽一. 1994. せめぎあう言葉の求心化と遠心化　大江健三郎著「揺れ動く<ヴァシレーション>」. 文学界,(11):264-268.

小森陽一. 2006. 言葉の記憶の分岐点——大江健三郎「さようなら、私の本よ!」に寄せて. 世界,(1):255-266.

史姫淑. 2009. 大江健三郎「万延元年のフットボール」論. 言語・地域文化研究,(15):41-62.

島村輝. 1998. 「人と作品」という枠——大江健三郎をめぐる近年の研究書から. 日本近代文学,(5):172-178.

沈修卿. 2005. 大江健三郎「芽むしり仔撃ち」——＜支配＞と＜被支配＞の関係を超えて. 都大論究,(42):62-73.

鈴村和成. 1991. 読む人の発見——大江健三郎とモデルたち. すばる,(10):210-225.

高橋由貴. 2010. 火葬される「書記」の死——大江健三郎「飼育」における戦争. 国文学——解釈と鑑賞,(9):131-138.

服部訓和. 2006. ＜天皇陛下＞が＜鬼＞に変わる——大江健三郎「遅れてきた青年」における絶対者の系譜. 稿本近代文学,(31):55-70.

服部訓和. 2007. 「若い日本の会」と青年の(不)自由——江藤淳と大江健三郎. 稿本近代文学,(32):134-149.

服部訓和. 2009. 自転車の詩学——大江健三郎「不満足」「個人的な体験」を読む. 稿本近代文学,(34):44-63.

富岡幸一郎. 1994. 「しるし」としてのプロローグ(大江健三郎「『救い主』が殴られるまで」(デュアル・クリティック)). 早稲田文学,(4):45-49.

三浦健治. 1991. 大江健三郎の日常と近未来——「静かな生活」と「治療塔」の交錯. 民主文学，(8)：134-143.

ミヨシ•マサオ. 1994. 歴史と思考の文脈と作家——大江健三郎の話相手. 世界，(12)：257-262.

室井光広. 1995. めんどしい救済——大江健三郎著「大いなる日に燃えあがる緑の木 第3部」文学界，(7)：252-255.

望月奈良江，熊倉千之. 1987. 日本の近代小説に於ける語り手の視点. 日本語学，(11)：70-83.

山内久明. 1994. 「揺れ動く（ヴァシレ-ション）——燃えあがる緑の木 第2部」大江健三郎——イェ-ツに導かれて. 新潮，(10)：182-185.

山崎正純. 2006. <悪意>が転移する従順な<僕>の身体——大江健三郎「奇妙な仕事」論. 言葉と文化，(1)：25-37.

横田信恵. 1996. 「弱き者」としての自己認識——大江健三郎「燃えあがる緑の木」論. フェリス女学院大学日文大学院紀要，(4)：43-51.

四方朱子. 2005. 循環するテクスト——「懐かしい年への手紙」. 北海道大学大学院文学研究科研究論集，(5)：21-37.

鷲谷みどり. 2009. 大江健三郎「同時代ゲーム」研究——神話のトポスとその再生. 日本文学，(3)：91-106.

二、中文部分

（一）著作

巴赫金. 1998a. 诗学与访谈. 白春仁，顾亚铃译. 石家庄：河北教育出版社.

巴赫金. 1998b. 小说理论. 白春仁，晓河译. 石家庄：河北教育出版社.

波利亚科夫. 1994. 结构——符号文艺学. 佟景寒译. 北京：文化艺术出版社.

D・C・米克. 1992. 论反讽. 北京：昆仑出版社.

大江健三郎. 1995a. 死者的奢华. 王中忱，李庆国等译. 北京：光明日报出版社.

大江健三郎. 1995b. 万延元年的足球队. 于长敏，王新新译. 北京：光明日报出版社.

大江健三郎. 1996a. 摆脱危机者的调查书. 包容译. 北京：作家出版社.

大江健三郎. 1996b. 人的性世界. 郑民钦译. 北京：作家出版社.

大江健三郎. 2000a. 燃烧的绿树（上）. 郑民钦译. 石家庄：河北教育出版社.

大江健三郎. 2000b. 燃烧的绿树（下）. 郑民钦译. 石家庄：河北教育出版社.

大江健三郎. 2001. 小说的方法. 王成，王志庚译. 河北教育出版社.

大江健三郎. 2005. 愁容童子. 许金龙译. 海口：南海出版公司.

戴卫・赫尔曼. 2002. 新叙事学. 马海良译. 北京：北京大学出版社.

董小英. 1994. 再登巴比伦塔——巴赫金与对话理论. 北京：生活・读书・新知三联书店.

董小英. 2001. 叙述学. 北京：社会科学文献出版社.

方珊. 1994. 形式主义文论. 济南：山东教育出版社.

费尔迪南・德・索绪尔. 1980. 普通语言学教程. 高名凯译. 北京：商务印书馆.

弗・詹姆逊. 1999. 政治无意识. 北京：中国社会科学出版社.

弗吉尼亚・伍尔夫. 1992. 一间自己的房间. 王还译. 北京：生活・读书・新知三联书店.

傅修延. 2004. 文本学——文本主义文论系统研究. 北京：北京大学出版社.

耿占春. 2002. 叙事美学. 探索一种百科全书式的小说. 郑州：郑州大学出版社.

耿占春. 2007. 隐喻. 开封：河南大学出版社.

海登・怀特. 2003. 后现代历史叙事学. 陈永国，张万娟译. 北京：中国社会科学出版社.

鹤见俊辅. 2005. 战争时期日本人精神史. 高海宽，张义素译. 长春：吉林人民出版社.

洪堡特. 1997. 论人类语言结构的差异及其对人类精神发展的影响. 姚小平译. 北京：商务印书馆.

胡经之. 1994. 王岳川. 文艺学美学方法论. 北京：北京大学出版社.

胡亚敏. 1994. 叙事学. 武汉：华中师范大学出版社.

华莱士・马丁. 2005. 当代叙事学. 伍晓明译. 北京：北京大学出版社.

J. 希利斯・米勒. 2008. 小说与重复——七部英国小说. 王宏图译. 天津：天津人民出版社.

勒内・韦勒克，奥斯汀・沃伦. 2005. 文学理论. 刘象愚等译. 南京：江苏教育出版社.
雷蒙·凯南. 1991. 叙事虚构作品. 厦门：厦门大学出版社.
刘世剑. 1999. 小说叙事艺术. 长春：吉林大学出版社.
罗钢. 1994. 叙事学导论. 昆明：云南人民出版社.
米克·巴尔. 2003. 叙述学：叙事理论导论. 2 版. 谭君强译. 北京：中国社会科学出版社.
让-伊夫·塔迪埃. 1998. 20 世纪的文学批评. 史忠义译. 天津：百花文艺出版社.
热拉尔·热奈特. 叙事话语　新叙事话语. 王文融译. 北京：中国社会科学出版社. 1990.
申丹. 2001. 叙述学与小说文体学研究. 北京：北京大学出版社.
申丹，韩加明，王丽亚. 2005. 英美小说叙事理论研究. 北京：北京大学出版社.
苏珊·S. 兰瑟. 2002. 虚构的权威——女性作家与叙事声音. 黄必康译. 北京：北京大学出版社.
孙先科. 1997. 颂祷与自诉——新时期小说的叙述特征及文化意识. 上海：上海文艺出版社.
谭晶华. 2010a. 日本近代文学史. 3 版. 上海：上海外语教育出版社.
谭晶华. 2010b. 日本文学研究. 历史足迹与学术现状. 上海：译文出版社.
谭晶华. 2003. 日本近代文学名作鉴赏. 上海：上海外语教育出版社.
谭君强. 2002. 叙事理论与审美文化. 北京：中国社会科学出版社.
谭君强. 2008. 叙事学导论——从经典叙事学到后经典叙事学. 北京：高等教育出版社.
陶东风. 1994. 文体的演变及其文化意味. 云南人民出版社.
托多罗夫. 2001. 巴赫金，对话理论及其他. 蒋子华，张萍译. 天津：百花文艺出版社.
W·C·布斯. 1987. 小说修辞学. 华明，胡晓苏，周宪译. 北京：北京大学出版社.
王建刚. 2001. 狂欢诗学——巴赫金文学思想研究. 上海：学林出版社.
王新新. 2004. 大江健三郎的文学世界：1957—1967. 北京：人民文学出版社.
王一川. 1994. 语言乌托邦. 昆明：云南人民出版社.
王琢. 2004. 想象力论——大江健三郎的小说方法. 上海：上海文艺出版社.

伍茂国. 2008. 现代小说叙事伦理. 新华出版社.

徐岱. 1992. 小说叙事学. 北京：中国社会科学出版社.

叶渭渠. 1997. 日本文学思潮史. 北京：经济日报出版社.

叶渭渠. 2000. 日本文学史. 现代卷. 北京：经济日报出版社.

约瑟夫·弗兰克. 1995. 现代小说中的空间形式. 秦林芳编译. 北京：北京大学出版社.

詹姆斯·费伦. 2003. 作为修辞的叙事：技巧、读者、伦理、意识形态. 陈永国译. 北京：北京大学出版社.

詹姆斯·费伦，彼得·拉比洛维茨等. 2007. 当代叙事理论指南. 申丹，马海良等译. 北京：北京大学出版社.

张冰. 2000. 陌生化诗学. 北京：北京师范大学出版社.

张沛. 2004. 隐喻的生命. 北京：北京大学出版社.

张文颖. 2007. 来自边缘的声音——莫言与大江健三郎的文学. 北京：中国传媒大学出版社.

张寅德. 1989. 叙述学研究. 北京：中国社会科学出版社.

赵毅衡. 1998. 当说者被说的时候——比较叙述学导论. 北京：中国人民大学出版社.

中国新闻事业促进会. 1998. 回眸东京. 北京：中国青年出版社.

朱宾忠. 2006. 跨越时空的对话——福克纳与莫言比较研究. 武汉：武汉大学出版社.

祖国颂. 2006. 叙事学的中国之路. 全国首届叙事学学术研讨会论文集. 北京：中国社会科学出版社.

（二）杂志论文

蔡志云. 2007. 神话与现实的交融——大江健三郎小说的森林世界. 福建论坛（社科教育版），(12)：32-36.

成然. 2009. 鲁迅与大江健三郎：两个不屈的灵魂守望者. 黔南民族师范学院学报，(2)：1-5.

戴瑶琴. 2005. 试论文艺作品中主体建构的“雌雄同体”意识. 江西社会科学，(11)：73-78.

邓国琴. 2004. 感觉与存在——川端康成与大江健三郎艺术世界之比较. 河池师专学报（社会科学版），（1）：62-65.

杜隽. 2001. 存在主义的不同阐释者：海明威与大江健三郎. 浙江师范大学学报（社会科学版），（1）：24-28.

郭秀梅. 2006. 解构与重写：大江健三郎晚期创作的新动向. 学习与探索，（1）：177-179.

何卫. 2006. 在历史、现实与想象之间——大江健三郎前期小说话语形态探析. 重庆师范大学学报（哲学社会科学版），（6）：59-62.

胡志明. 2005. 无神时代的自我拯救——论大江健三郎后期作品的文化救赎思想. 国外文学，（2）：117-124.

胡志明. 2006.“挂笔”宣言：大江健三郎后期小说创作的新策略——兼论大江健三郎“后期作品的风格形式”. 湛江师范学院学报，（2）：60-65.

霍士富. 2001. 大江文字的宗教理想及其在作品中的表现——试析《燃烧的绿树》. 外国文学研究，（3）：72-78.

霍士富. 2003. 大江健三郎小说《新人啊觉醒吧》的复调性. 国外文学，（2）：92-97.

霍士富. 2005. 时空交叉的叙事结构——论大江健三郎新作《二百年的孩子》. 当代外国文学，（4）：123-129.

霍士富. 2007. 破坏性的民族反省——评大江健三郎新作《别了，我的书!》. 外国文学，（6）：108-113，126.

霍士富. 2009a. 从《优美的安娜贝尔·李寒彻颤栗早逝去》看大江健三郎的叙事艺术. 当代外国文学，（4）：41-49.

霍士富. 2009b. 大江健三郎文学的时空美学——论《同时代的游戏》. 外国文学评论，（1）：120-132.

姜丽清. 2007. “翻”越“存在”——大江健三郎《空翻》解读. 长春师范学院学报，（1）：70-73.

康洁. 2008. 边缘化生存的呈现和疗救——川端康成与大江健三郎的艳情文学创作. 日本学论坛，（4）：61-66.

李德纯. 2002. 现代灵魂的自我拯救——大江健三郎作品剖析. 出版广角，（4）：65-67.

李建军. 2001. 论小说中的反讽修辞. 中国人民大学学报，（5）：106-111.
李金杰. 2007. 为了灵魂的救赎——大江健三郎《人的性世界》解读. 理论界，（11）：210-211.
李淑芝. 2004. 大江健三郎作品中性与政治的冲突. 学术交流，（5）：153-157.
刘军凯. 2007. 性、政治与救赎——劳伦斯与大江健三郎创作之比较. 福建论坛（社科教育版），（12）：129-133.
刘晓艺. 2010. 析鲁迅和大江健三郎的故乡情结. 和田师范专科学校学报，（2）：108-109.
龙迪勇. 2008. 图像叙事与文字叙事——故事画中的图像与文本. 江西社会科学，（3）：28-43.
陆建德. 2007. 互文性、信仰及其他——读大江健三郎《别了!我的书》. 外国文学研究，（6）：36-46.
罗冰. 2004. 大江健三郎《性的人》：二重性中的迷惘探索. 外国文学研究，（1）：129-134，175.
罗帆. 2001a. 从叙事学看大江健三郎的文学创作. 徐州师范大学学报（哲学社会科学版），（1）：113-116.
罗帆. 2001b. 关于大江健三郎文学意识的思考. 湖南商学院学报，（4）：98-100.
罗帆. 2002. 边缘人生存境遇及形态表现——大江文学边缘化姿态扫描. 外国文学研究，（1）：107-112，174.
牛伶俐. 2001. 灵魂再生的妄想——评大江健三郎的长篇小说《个人的体验》. 安徽大学学报（哲学社会科学版），（3）：113-116.
钱理群. 1997. 文体与风格的多种实验——四十年代小说研读札记. 文学评论，（3）：49-60.
申洁玲. 2005. 论现代小说“不具备叙述能力”的第一人称叙述者. 广东社会科学，（5）：162-167.
沈杏培. 2009. 童眸里的世界：别有洞天的文学空间——论新时期儿童视角小说的独特价值. 江苏社会科学，（1）：167-172.
唐迎欣. 2002. 大江健三郎：“边缘”的反击. 广西师范大学硕士学位论文.
王洪岳. 2009a. 文学如何表现完整的人?——以大江健三郎为例. 浙江学刊，（3）：

76-81.

王洪岳. 2009b. 现代主义文学想象力刍论——以卡夫卡和大江健三郎等为例. 东岳论丛，(6)：57-61.

王玲. 2009. 大江健三郎及其作品与日本森林文化. 西南民族大学学报（人文社科版），(10)：199-202.

王向兰. 2004. 浅析大江健三郎与莫言的边缘化写作. 日本研究，(4)：64-67.

王宜青. 2004. 儿童视角的叙事策略及心理文化内涵. 浙江师大学报（社会科学版），(4)：19-22.

王奕红. 2010. 《饲育》中的“歧视”与大江健三郎初期创作的边缘意识. 解放军外国语学院学报，(2)：108-111.

吴岚. 2009. 世界背景下的“疯癫”——论大江健三郎小说中的“疯狂”. 复旦外国语言文学论丛，(1)：41-46.

徐斌. 2009. 大江健三郎与村上春树创作比较——以《个人的体验》和《海边的卡夫卡》为例. 江苏教育学院学报（社会科学版），(3)：94-96，105.

许金龙. 2009. “始自于绝望的希望”——大江健三郎文学中的鲁迅影响之初探. 鲁迅研究月刊，(11)：30-40，52.

闫青会. 2006. 主体性思想的形成与发展. 中共山西省委党校学报，(4)：70-72.

杨晓林. 2001. “美丽的日本”与“暧昧的日本”——川端康成与大江健三郎创作比较. 玉林师范学院学报，(1)：80-83.

杨玉珍. 2006a. 立足边缘的建构——沈从文与大江健三郎文学立场之比较. 湖南科技学院学报，(3)：69-72.

杨玉珍. 2006b. 论沈从文与大江健三郎原乡追寻的美学建构——以河流/森林为表征. 云南师范大学学报（哲学社会科学版），(5)：136-140.

杨月枝. 2007. 大江健三郎的森林情结. 社会科学论坛（学术研究卷），(9)：155-158.

姚继中，周琳琳. 2006. 大江健三郎与莫言文学之比较研究——全球地域化语境下的心灵对话. 四川外语学院学报，(4)：15-19，24.

叶渭渠. 2007. 大江健三郎文学的传统与现代. 日本学刊，(1)：92-99.

张文颖. 2007. 无垢的孩童世界——莫言、大江健三郎文学中的儿童视角. 日语学习与研究，（4）：70-74.

张晓宁. 2002. 在东西方文学的探索中把握自我——探寻川端康成与大江健三郎的文学之路. 日本研究，（1）：57-64.

祝科. 2005. 身体诉说与灵魂拯救——论大江健三郎的叙事美学. 延边大学学报（社会科学版），（1）：104-108.

（三）学位论文

刘东明. 2007. 残缺世界里的思想行者——大江健三郎与史铁生超越困境的比较研究. 湖南师范大学硕士学位论文.

彭振. 2006. 面向拯救的灵魂探索——从《燃烧的绿树》、《空翻》看大江健三郎的“宗教意识”. 华东师范大学硕士学位论文.

徐旻. 2005. 重复中包含差异——论获得诺贝尔文学奖后的大江健三郎. 上海外国语大学博士学位论文.

附录一

大江健三郎年谱

1935 年

1 月 31 日[①]，出生于日本爱媛县喜多郡大濑村（今内子町大濑），父亲大江好太郎，母亲小石。有两个哥哥、两个姐姐、一个弟弟和一个妹妹。大濑是一个位于被森林包围的峡谷村庄，具有与都市不同的自然环境和独特的民间文化，在大江文学中呈现出多样的空间构成，既是大江许多小说故事发生的舞台，也是他主张边缘文学的出发点。

1941 年

4 月，入大濑国民学校读书。时年 12 月 7 日，太平洋战争爆发。

1944 年

祖母和父亲去世，长兄为甲种飞行预科练习生，二哥参与勤劳动员，家里只有大江健三郎一个帮手。这一时期的大江曾因为口吃和幻视而烦恼，这种身体缺陷造成了他精神的不安和对外界的极端敏感。

1945 年

国民学校小学五年级。8 月 15 日，日本宣布无条件投降，第二次世界大战结束。

1947 年

3 月，从大濑小学毕业。4 月，进入大濑中学学习。5 月，战后

---

① 由于日本杂志出版日期比实际标示的期号要早，本年表所标注作品发表时间均按照日本学术习惯采用期号标示形式。

日本新宪法开始实施。新制中学把原来的修身课改为新宪法学习，这对大江健三郎的思想形成产生了重要影响。

1950 年

3 月，初中毕业。4 月，入爱媛县县立内子高中学习。

1951 年

4 月，转学到爱媛县立松山东高中学习。在学期间参加东高中文艺部，编集学生文艺杂志《掌上》，与同年级学生伊丹十三结识。

1953 年

2 月，在《掌上》发表诗歌《离别》，表现了要脱离束缚自己的故乡去文化中心地东京的决心。3 月，高中毕业，赴东京正修预备校准备大学考试。

1954 年

4 月，考入东京大学文科二类（现在的文科三类）。9 月，创作东京大学学生戏剧剧本《天空的叹息》。

1955 年

9 月，在东京大学教养学部（基础教育部）学生杂志《学园》第 9 期上发表小说《火山》，后获银杏并木奖。另外，创作东京大学学生演剧剧本《夏天的休假》。短篇小说《温柔的人们》获得第 3 届全国学生小说比赛佳作奖。

1956 年

4 月，入东京大学法语专业学习，师从主任教授渡边一夫，在学期间开始阅读萨特作品法文原作。9 月，开始执笔创作东京大学学生演剧剧本《死人无口》《野兽之声》。其中，《野兽之声》入选原创戏剧大赛。短篇小说《火葬之后》获得第 5 届全国学生小说比赛候选外佳作奖。10 月，参加了抗议立川基地扩建的民主游行。

1957 年

5 月，由戏剧剧本《野兽之声》改编的小说《奇妙的工作》发表在《东京大学新闻》上，获得了由文艺评论家荒正人担任评委的“五月祭”奖，文艺评论家平野谦在《每日新闻》的“文艺时评”栏目中对这部作品也给予了很高的评价。8 月，小说《死者的奢华》在《文学界》杂志发表；《他人的脚》在《新潮》杂志发表。其中，《死者的奢华》成为第 38 届“芥川奖”候选作品。9 月，《石膏面具》在《近代文学》发表。10 月，《伪证之时》在《文学界》发表。12 月，戏剧剧本《动物仓库》在《文学界》发表。受到各大文艺杂志关注的大江作为学生作家由此正式登上文坛。

1958 年

1 月，《饲育》发表于《文学界》，并于当年获第 39 届“芥川文学奖”。2 月，《人羊》和《搬运》分别在《新潮》和《别册 文艺春秋》发表。3 月，《鸽子》在《文学界》发表；《死者的奢华》在《文艺春秋》发表；第 1 部短篇小说集《死者的奢华》由文艺春秋新社出版。6 月，《掐掉嫩芽，杀死坏种》（中译本译名《感化院的少年》）在《群像》发表；《看之前先跳！》在《文学界》发表；《文体的标准》在《文学》发表。7 月，《黑暗的河流 沉重的桨》在《新潮》发表。9 月，《突然变成哑巴》在《新潮》发表；《喝彩》在《文学界》发表；《战斗的今天》在《中央公论》发表。10 月，短篇小说集《看之前先跳》由新潮社出版。11 月，《叫喊的全学联与颤抖的学生》在《文艺春秋》发表。这一年学生和作家的双重身份使大江精神压力很大，甚至由于写作过度紧张不得不服用安眠药才能入眠。是年与石原慎太郎、江藤淳、谷川俊太郎、寺山修司等青年知识分子人成立了“青年日本之会”。

1959 年

1 月，为写广播剧《北方之岛》去北海道礼文岛取材；《黑夜啊，你慢慢地走》开始在《妇人公论》连载。3 月，东京大学法语专业毕业，毕业论文为《论萨特小说中的意象》。7 月，长篇小说《我们的时代》由中央公论社出版；《年轻作家的联合》在《新潮》发表。8月，《共同生活》在《群像》发表；《青年的污名》开始在《文学界》连载。9月，长篇《黑夜啊，你慢慢的走》由中央公论社出版。10月，《现实的停滞与文学》在《三田文学》刊载。12月，《我们的性世界》在《群像》发表。与江藤淳、石原慎太郎、武满彻一起参加座谈会“发言”。

1960年

2月，与著名电影导演伊丹万作的长女、伊丹十三的妹妹伊丹由加里结婚；创作广播歌剧《昏暗的镜子》；参加“安保批判之会”以及“青年日本之会”活动，明确反对《日美安全保障条约》。3月，在《世界》发表《“愤怒的年轻人”笔记》；《政治的沉默及死亡》在《文学界》专辑“阿尔贝·加缪的人与作品”发表。5月，短篇小说集《孤独青年的休假》由新潮社出版；作为以野间宏为团长的第三次日本作家代表团的一员首次访问中国。6月，《川端康成文章的多样性》在《新潮》发表。7月，《结婚以及死亡》在《新潮》发表。9月，长篇小说《迟到的青年》开始在《新潮》杂志连载；《战后青年的日本回归》在《中央公论》发表。11月，《下降生活者》在《群像》发表。当年加入了新日本文学会。

1961年

1月，以1960年10月日本社会党委员长浅沼稻次郎遭右翼青年刺杀事件为题材的《十七岁》在《文学界》发表。2月，《十七岁》的第二部《政治少年之死》发表，受到右翼势力的威胁，《文艺春秋》杂志被迫刊登了致歉声明。这一事件和深泽七郎《风流梦谭》事件一起成为关系到战后言论自由的重要事件。3月，《铁道宏济会的姑娘们》在《世界》发表。6月，《果真是政治性的吗？》在《新日本文学》发表；《亚非人的会议》在《世界》发表。7月，《对强权质疑的志向》在《世界》发表。9月，《关于私小说——自我探险的文章》在《群像》发表。是年的夏末到冬天在东欧、西欧、苏联旅行，在巴黎采访了萨特。12 月回国后，脱离了新日本文学会。

1962 年

1 月，《我的旅行•文学的侧面》在《新潮》发表。2 月，《尼古拉•巴塔耶这一天才》在《艺术新潮》发表。3 月，《迟到的青年》由新潮社出版；《我的旅行 • 文学的侧面》在《新潮》发表；《萨特的肖像》在《世界》发表；《如果我是苏联青年的话》在《文艺春秋》发表。4 月，《今日的克拉纳赫》在《艺术新潮》发表。5 月，《不满足》在《文学界》发表；《对性犯罪者的关注》在《新潮》发表。7 月，《文学中的民族性表现——一个创作者的笔记》在《文学》发表。8 月，《成年》在《小说　中央公论》发表；游记、对谈集《世界的年轻人》由新潮社出版。10 月，《善良的人》在《新潮》发表；《今日的军港——基地横须贺》在《世界》发表。11 月，《呼喊声》在《群像》发表；《二十世纪小说的性》在《文学界》发表。

1963 年

1 月，《呼喊声》由新潮社出版。2 月，《斯巴达教育》在《新潮》发表；《如何理解战后文学》在《群像》发表；《日常生活的冒险》开始在《文学界》连载。3 月，《我自己的战争》在《中央公论》发表。5 月，《性的人》在《新潮》发表。6 月，《敬老周》在《文艺春秋》发表；中篇小说集《性的人》由新潮社发行；《超现实主义者的房间》在《艺术新潮》发表。6 月 13 日，长子大江光诞生，先天头盖骨异常。与残疾儿的共生成为之后大江小说的主题之一。是年夏天访问广岛，实地调查遭受原子弹爆炸后的状况。10 月，《广岛 1963 年夏——报告文学》在《世界》发表。11 月，《关于困难的感觉——我的创作体验》在《文学》发表。

1964 年

1 月，《空中怪物阿归》在《新潮》发表；《核时代的守护神》在《群像》发表。2 月，《巴西味的葡萄牙语》在《世界》发表。4 月，长篇小说《日常生活的冒险》由文艺春秋社发行。8月，《狗的世界》在《文学界》发表；《在即将饿死的孩子面前文学何为——围绕萨特的文学论争》在《朝日期刊》发表；长篇小说《个人的体验》由新潮社出版。10 月，长篇随笔《广岛札记》开始在《世界》杂志连载，至翌年三月载完。11 月，《个人的体验》获第 11 届新潮文学奖。

1965 年

2 月，《裸体的荣光与伤悲——〈美术手册〉的心象裸体》在《艺术新潮》发表。3 月，与江藤淳对谈《现代文学与社会》在《群像》刊载；随笔集《严肃的走钢丝》由文艺春秋社出版。6 月，《冲绳的战后一代》在《世界》发表；《广岛札记》由岩波书店出版。7 月，《战后一代的中国・冲绳感觉——战后 20 年的现实和课题 1》在《经济人》发表。8 月，与武满彻的对谈《在星形的庭园——艺术・政治・人》在《日本》刊载；与安部公房、花田清辉的座谈《何谓前卫文学》在《群像》刊载。9 月，与埴谷雄高、井上光晴的座谈《文学家的政治参与》在《群像》刊载；与美国作家约翰・厄普代克的对谈《通过文学追寻什么？》在《新潮》刊载。

1966 年

1 月，《持续之志》在《世界》发表；《自我检阅的诱惑》在《文艺》发表。3 月，《疯狂与自我救赎——文学有什么用？》在《群像》发表。4 月，新潮社开始出版《大江健三郎全作品》，翌年二月全六卷出齐。7 月，《谷崎润一郎〈钥匙〉・色情主义的实验小说》在《朝日期刊》发表。9 月，《美国旅行者的梦》开始在《世界》连载。10 月，参加当年 8 月 15 日集会的演讲《记忆与想象力》在《展望》发表；《各种民众的虚像——支持佐藤・尼克森的东西》在《经济人》发表；《垂直的人的声音》在《新潮》发表。

1967 年

4 月，对谈《文学中的明治和战后》在《展望》刊载；5 月，《原子弹受害者的自我救赎行动》在《世界》发表。7月，长女菜摘子出生。9月，长篇小说《万延元年的足球队》由讲谈社出版单行本，获该年颁发的第三届“谷崎润一郎奖”。10 月，《朝向死去的学生的想象力》在《朝日期刊》发表；对谈《政治与文学》在《文学界》刊载。11 月，《跑下去，持续跑下去》在《新潮》发表；《同时代的足球》在《中央公论》发表。12 月，《对所有日本人来说的冲绳》《为了共同拥有冲绳的哀叹和愤怒》在《周刊朝日》发表；《为什么写小说》在《新潮》刊载。

1968 年

1月，《有必要用活的男性祭祀吗？》在《文学界》发表；《生活在核基地里的日本人》在《世界》发表；《安部公房剧场——在其虚构的大厅中的对话》在《文艺》发表。2 月，《靠狩猎生活的我们的祖先》在《文艺》刊载；与秋山骏的对谈《讲述我的文学》在《三田文学》发表。3月，与柏原兵三的对谈《我们的文学》在《文学界》发表。4月，《政治的想象力与杀人者的想象力——对我们来说金嬉老是什么？》在《群像》发表。5月，《野间宏著<萨特论>》在《世界》发表；《个人的体验》英译本出版，应译者与出版社邀请赴美旅行。6 月，《仅仅根据无知》在《文学界》发表。7月，《当投票意味着放弃权利的时候——一票是武器还是精神安定剂？》在《朝日期刊》“参议院选举反映民意了吗？”特辑刊载。8月，《原子弹爆炸后日本人的自我确认》在《世界》发表，《核时代的森林隐遁者》在《中央公论》发表。9月，与野间宏的对谈《现代文学与想象力》在《群像》刊载。10月，《父亲啊，你要去哪里》在文学界发表，第 2 部全随笔集《持续之志》由文艺春秋社出版。11月，《诗与传统世界语——恩岑斯贝格尔著、小寺昭次郎译〈现代诗歌与政治〉》在《群像》发表。《知识人的死 追悼广津和郎》在《文艺》发表。

1969 年

1 月，《核基地的直接民主主义》在《世界》发表。2 月，《告诉我们在疯狂中活下去的路》在《新潮》发表，3 月，《通过共有死者的愤怒来悼念》在《世界》发表。4 月，中短篇小说集《告诉我们在疯狂中活下去的路》由新潮社发行。5 月，《指向想象力的线索——野间宏〈创造与批评〉》在《群像》发表；《因为并不是能够一直处于这种状态的情况——堀田善卫〈观察美好事物的人〉》在《文艺》发表；与鹤见俊辅的对谈《必须放弃战后民主主义吗？》在《思想的科学》刊出。7 月，次男樱麻出生；《活字背后的黑暗》在《群像》连载（11 月载完）。8 月，《冲绳札记》开始在《世界》杂志连载，翌年 6 月刊完。10 月，《作家内部的社会 社会内部的作家》在《思想》发表；《语言 1970——在原理意义上的再探讨》在《经济人》发表。11 月，《对作家来说社会是什么》在《思想》发表。

1970 年

1 月，《地狱旅行，再一次——中野重治〈甲乙丙丁〉》在《文艺》发表。2 月，《强制收容所的想象力——索尔仁尼琴著、木村浩、松永绿弥译〈第一圈〉》在《群像》发表；长篇随笔集《作为破坏者的人——活字背后的黑暗》由讲谈社发行。7 月，讲演集《核时代的想象力》由新潮社出版。9 月，与约翰·厄普代克的对谈《通过文学寻求什么》在《新潮》刊出；《文学家的冲绳责任——广津和郎〈彷徨的琉球人〉》在《群像》发表；岩波新书《冲绳札记》刊行。10 月，与小岛信夫、吉行淳之介的座谈《现代文学与性》在《群像》发表；与金石范、李恢成的座谈《关于用日语书写》在《文学》刊出。12 月，《作家要创作小说……——文学笔记》在《新潮》发表。是年，发生了三岛由纪夫剖腹自杀事件。

1971 年

1 月，《续持续之志》在《世界》发表；与野间宏、小田实的座谈《现代文学的公与私》在《群像》刊出。2月，《作为职业的作家》在《别册 经济评论》发表。3月，与野间宏的对谈《〈青年之环〉与整体小说》在《文艺》发表；《语言与文体、眼睛与观察》在《新潮》发表。5月，《朝向亚洲封闭的冲绳》在《朝日期刊》刊出。6月，《请想象一下拒绝回归者》在《世界》发表；《想象力的枷锁——高桥和巳的想象力及其一个方面》在《作为人》发表；《模糊的镜中丑陋青年》在《文学界》发表。7月，与广岛原爆病医院院长重藤文夫的对谈录《遭受原爆炸后的人》由新潮社出版；与琉球大学教授大田昌秀共同编辑的季刊《冲绳经验》创刊，开始在该杂志连载《冲绳日记》；《高桥和巳 文学与思想》在《文艺》发表。8月，与円地文子、清冈卓行的座谈《日语的传统与创造》在《群像》刊出；《表现的物质化与被表现的人的自立》在《新潮》发表。10月，《亲自为我拭去泪水之日》在《群像》发表；《败战经验与状况1971》在《世界》发表。11月，《即将灭绝的鲸鱼的代理人》在《新潮》发表。12月，《山羊的臭味》在《新潮》发表。

1972年

1月，《日本再次属于冲绳》在《世界》发表。作家论《作为同时代的战后》开始在《群像》连载（翌年1月载完）；与柴田翔的对谈《语言与想象力——关于小说的文体》在《文学界》发表。2月，第3部随笔集《鲸鱼死灭之日》由文艺春秋社刊行；《悲剧的表现者——关于玛利亚·卡拉斯》在《文艺》发表。3月，《作家接受异议申请》在《新潮》发表；与色川大吉的对谈《相对化的视点——日本“漂泊”的原点》在《朝日期刊》刊载。4月，《柏原兵三·镇魂——追悼柏原兵三》在《新潮》发表；永积安明、外间守善的座谈《冲绳学的今日课题》在《文学》发表。6月，《关于自杀》在《新潮》发表；与埴谷雄高的对谈《革命、死亡与文学——陀思妥耶夫斯基经验与现代》在《世界》刊载。7月，《索尔·贝娄的大冒险》在《波》发表。8月，

《将发狂之处看作精华——〈风姿花传〉》在《新潮》发表。10 月，包括新创作的作品《月男》和《连接两个作品的作家的笔记》的中篇小说集《亲自为我拭去泪水之日》由讲谈社出版。11 月，《被动不好——朝向所谓的“战后的终结”》在《世界》发表；《读书家的唐·吉诃德》在《朝日期刊》刊载。

1973 年

1 月，《被书写语言的创世纪》在《新潮》发表。《死者们·死前幻影和我们继续活下去的人》在《群像》的发表。2 月，《朝向状况》开始在《世界》连载（1974 年 1 月刊载完）。3 月，作家论集《作为同时代的战后》由讲谈社出版，6 月，与吉行淳之介、丸谷才一的座谈《关于新人》在《群像》刊载；《关于愤怒》在《新潮》发表。7 月。《通过语言》在《图书》发表。8 月，《通过擦去来书写》在《新潮》发表。9 月，《写之后的想象力》在《读卖新闻》连载；长篇小说《洪水涌上我的灵魂》（上、下）由新潮社出版，同年 12 月获第 26 届野间文艺奖。11 月，参与编辑的《冲绳经验》发行五期后停刊。12 月，参加亚非作家会议。

1974 年

2 月，在日本作家要求释放索尔仁尼琴的声明上署名。4 月，《关于流放——思考索尔仁尼琴》在《新潮》发表；《来自<洪水涌上我的灵魂>笔记》在《波》发表。9 月，《这一年，接下来的明天》在《世界》特辑“金大中绑架事件 1 年后的现实”发表；评论集《朝向状况》由岩波书店发行。11 月，详细记录了《洪水涌上我的灵魂》的推敲过程的《文学笔记 外 15 篇》由新潮社出版。

1975 年

1 月，《未来的文学家》在《新潮》发表。2 月，与武满徹的对谈《现代世界的表现者》在《世界》刊出。3 月，《〈古拉格群岛〉的文学结构》在《昴》发表。5 月，大学时代的恩师渡边一夫去世。为抗议韩国当时的政府镇压诗人金芝河与小田实等在数寄屋桥公园参加48小时静坐抗议活动。9月，出演NHK电视市民大学讲座《意象的恢复》。11月，《拒绝虚伪的语言》在《世界》“寻求朝鲜政策的转换”特辑发表。12月，《观察整体的眼》在《图书》发表；《为什么人要创作出文学》在《岩波讲座 文学1 什么是表现行为》发表。是年，山口昌男所著的《文化的两义性》由岩波书店出版，对大江的文学创作产生了很大的影响。

1976年

1月，《讽刺、哄笑的想象力》在《新潮》发表；《作为创造原理的想象力》在《岩波讲座 文学2 创造与想象力》发表；在NHK广播中与松田道雄的对谈《想传达给年轻人的事情》播出。2月，与谷川俊太郎、山口昌男的座谈《现代世界与文学表现》在《世界》发表。3月，《朝向道化与重生的想象力》在《新潮》发表。3～7月，作为客座教授在墨西哥学院用英语讲授“战后日本思想史”。5月，评论集《通过语言 状况·文学》由新潮社发行。8月，《跑垒员手记》（中译本《摆脱危机者的调查书》）开始在《新潮》连载，10月由新潮社出版。11月，《放开视野吧——写在毛泽东去世之际》在《世界》发表。12月，与大冈升平的对谈《文学如何把握现代》在《新潮》发表；与谷川俊太郎的对谈《表达行为与儿童》在《文学》刊载。

1977年

2月，《对现代文学研究者期待什么？》在《海》发表。3月，《大冈升平氏与现代》在《国文学 解释与教材的研究》刊载。6月，《文学·其方法的整体》在《新潮》发表。7月，《理性的协作与文学》在《世界》“文化的现在——为了其活性化”发表。8月，《意象的分节化的方法——从〈死于威尼斯〉谈起》在《海》发表。9月，六卷本的《大江健三郎全作品》（第2期）由新潮社出版，第二年出齐，各卷后面附有《我的成长过渡期》。10月，参加在夏威夷大学东西文化研究所举办的《文化中东西文化的相遇》专题讨论会，并做了有关边缘性文化的报告。

1978 年

1 月，《阅读小林秀雄的〈本居宣长〉》在《新潮》发表；《重生的多义性》在《世界》刊载。5 月，与君特·格拉斯的对谈《文学与战争体验——地域性的力量》在《海》发表；文学理论著作《小说的方法》由岩波书店出版。这部小说论著里，大江论述了结构主义、俄国形式主义、荒诞现实主义等理论，体现了他对小说方法的强烈关注。6 月，追悼平野谦的文章《关于散文精神》在《海》发表；《被发现的人》在《新潮》刊载。12 月，《文学超越了战后的批判了吗？》在《世界》发表。

1979 年

1 月，《想象的柳田国男》在《新潮》发表。2 月，评论加西亚·马尔克斯文学的《独裁者这面镜子》在《海》发表。4 月，《贯穿战后世界的批判性》在《国文学 解释与鉴赏》“大冈升平特辑”刊载。5 月，与马里奥·巴尔加斯·略萨的对谈《小说的祝祭空间》在《海》发表。6 月，《写给青年——中年的罗宾森的信》在《世界》“写给 230 万学生特辑”发表。8 月，《朝向海外文学的共时性》在《海》发表；《青年和世界模型——戏弄熊的星期五》在《世界》发表。11 月，追悼中野重治的《其“战后”的一个方面》在《新潮》发表；《悲观主义的问题——中野重治与渡边一夫》在《文学界》刊载。长篇小说《同时代的游戏》由新潮社出版。与井上厦、武满徹一起参加的座谈会《诸神的巴厘岛——探访印度尼西亚的文化与艺术》在《世界》发表。12 月，《人生的老师们》在《别册 文艺春秋》发表。

1980 年

1 月，短篇小说《聪明的雨树》在《文学界》发表；《子规与我们的同时代人——变革期的生活者、表现者》在《世界》发表。与中上健次的对谈《多样化的现代文学——朝向20世纪80年代》在《新潮》发表；2月，《替身山羊的反击》在《文学界》连载（3月载完）；《〈拔苗击仔〉批判》在《新潮》连载（4月载完）；与清水徹的对谈《关于〈同时代的游戏〉》在《文学界》刊载。3月，《同时代论的尝试——作家自身的模式解说》在《世界》发表。4月，评论集《阅读方法——大江健三郎文艺时评》由讲谈社发行。6月，中短篇小说集《现代传奇集》由岩波书店发行。8月，与建筑学家矶崎新、原广司的座谈《语言与空间的建构》在《建筑文化》发表。9月，《反逻辑的领航员——光州与原子弹受害者援护法》在《世界》发表。11月，《大江健三郎同时代论集》（全10卷）由岩波书店出版（翌年8月出齐）。全卷后附有作者的解说《朝向未来回想——自我解释》。12月，《愉悦这一事物——中野重治的一个侧面》在《新日本文学》“中野重治论特辑”刊载。

1981年

1月，《核时代的日本人与身份认同》在《世界》发表；悼念友人埇嘉彦的《宇宙边缘的秃鹰》在《新潮》发表；《白鸟的宇宙模型》在《文学界》“正宗白鸟百年诞辰特辑”刊载。2月，《明天的原子弹受害者》在《世界》发表；在《俄国记事》主办的《陀思妥耶夫斯基逝世百年祭》上发表演讲。3月，《作为媒介的小说传播的小说》在《波》上发表。4月，《写给青年的陀思妥耶夫斯基文学——仪式的表现与结构》在《世界》发表。6月，《核避难所的残疾儿》在《世界》发表。7月，在日本英语文学第53届会议上的演讲《作为作家阅读福克纳》在《文学界》发表。10月，在正冈子规纪念博物馆开馆时的演讲《子规·阅读其文学和生涯》在《文学界》发表；出席全北海道肢体残疾儿童福利大会，发表《为了与让“温柔”不可能的东西战斗》的纪念演讲。11月，《倾听“雨树”的女人们》在《新潮》发表；《核状况的金丝雀理论》在《世界》发表。12月，在京都大学法学政治学研讨会上做了题为“核大火与“人”的声音”的演讲；在北海道图书刊行会以及生活协会主办的演讲会上发表《请告诉我在核时代生存下去的路》的演讲。

1982 年

1 月，《吊在“雨树”上的男子》在《新潮》发表。2 月，与安冈章太郎的对谈《历史小说的新手法——关于〈流离谈〉》在《文学界》发表。3 月，由朝日电视台策划采访欧洲的反核运动；《倒立的“雨树”》在《文学界》发表。4 月，《反核——我们解读控诉》在《岩波文库书目》发表。5 月《游泳的男子——水中的“雨树”》在《新潮》发表；演讲集《核大火与“人”的声音》由岩波书店发行。7 月，《天真之歌 经验之歌》在《群像》发表；小说集《听“雨树”的女人们》由新潮社出版，翌年获第 34 届读卖文学奖。9 月，《冰凉的婴儿站在愤怒的大气中》在《新潮》发表；与中野孝次的对谈《小说创作方法》在《文学界》刊出。10 月，《反核与明天相连》在《世界》发表；《水田九八二郎〈阅读核爆炸〉——核的战后史》在《文艺春秋》刊出。12 月，与山口昌男的对谈《作为原理的儿童》在《海》刊出；与谷川俊太郎、三浦雅士的座谈《语言共有的领域——公开讲座 来自诗的冒险・小说的冒险》在《现代诗手册》刊出。

1983 年

1 月，《落下来，落下来，一边呼喊着……》在《文艺春秋》发表；《跳蚤的幽灵》在《新潮》发表。2 月，《想象力新论》在《图书》连载。3 月，《灵魂像星星那样落下，一直到腿骨》在《群像》发表。4 月，《拥有被锁链连着的灵魂》在《文学界》发表；《“运动”的范畴》在《新潮》“追悼小林秀雄专辑”发表；《小说的企图 知性的愉悦》在《波》连载（1984 年 12 月载完）；与鹤见俊辅的对谈《阅读大说<南>》在《海》“金芝河特辑”刊出。从 4 月开始至翌年 5 月，连续进行 6 次题为“解读日本现代人文主义者渡边一夫”的市民讲座。5 月，与大冈升平的对谈《能够传达的内容》（追悼 小林秀雄）在《文学界》刊载。6 月，《新人啊，醒来吧》在《新潮》发表；系列短篇小说集《新人啊，醒来吧》由讲谈社出版，翌年 10 月，该作获第 10 届大佛次郎奖。11 月《被河马咬了》在《文学界》发表；在美国斯坦福大学、伊利诺伊大学、芝加哥大学进行演讲，获得加利福尼亚大学伯克利分校特别贡献奖。

1984 年

1 月，《炸香肠的吃法》在《世界》发表；《格鲁特岛的透视画法》在《新潮》发表；与堀田善卫的通信以“核时代的乌托邦”为题在《朝日新闻》发表。3 月，《只做给人看的拷问》在《群像》发表；评论集《生的定义——再次朝向状况》在《世界》连载（1985 年 2 月载完）。4 月，演讲集《解读日本现代人文主义者渡边一夫》由岩波书店发行。5 月，《墨西哥的大洞穴》在《文学界》发表；《又一个和泉式部诞生的日子》在《海》发表。参加日法文化峰会及国际研讨会（5 月 7 日～9 日）；出席第 47 届国际笔会东京大会（5 月 14 日～18 日），做了《核状况下的文学——为什么我们要书写》的演讲；与阿兰 •罗伯-格里耶、威廉 •史泰龙、艾伦·西利托、库尔特 •冯内古特等在 NHK 电视台进行对话。6 月，《伟大的〈女性的力量〉——野上弥生子的一个世纪》在《新潮》发表；与外间守善、山口昌男的座谈《关于南岛歌谣》在《文学》“冲绳的文学 • 艺能”刊载；短篇《被河马咬了》获得第 11 届川端康成奖。7 月，与库尔特 • 冯内古特的对谈《技术文明与“纯洁”的精神》在《新潮》刊载。8 月，《将那只山羊放回山野》在《新潮》发表；《被河马咬了 Part2》（1985 年在收入小说集时改为《“河马的勇士”与可爱的鱼》）在《文学界》发表；《朝向明日展开的林达夫》在《图书》发表。9 月，《“赎罪”的艾蒿》在《群像》发表。11 月，《如何杀死树木》在《新潮》发表；与井上靖、吉永小百合等到中国旅行。12 月，参与编辑岩波书店季刊《赫尔墨斯》，在该杂志的创刊号上发表《“浅间山庄”的小丑》；在该杂志的特别纪念专刊刊载了与井上厦、筒井康隆的三人对谈《探寻乌托邦 找寻故事——如何思考战后文学》；短篇小说集《如何杀死树木》由文艺春秋社发行。

1985 年

1 月，《作为旅行器的树木》在《新潮》发表。2 月，与川本三郎的对谈《森林孩子的宇宙感觉》在《文学界》刊载。3 月，《生的定义——再次朝向状况》由岩波书店发行。3 月，《河马的升天》在季刊《赫尔墨斯》发表。4 月，谈话集《不能被破坏的东西》在《波》发表；评论集《小说的企图 知性的愉悦》由新潮社出版。5 月，在加利福尼亚大学圣克鲁兹分校演讲。6 月，追悼野上弥生子《被确信的性爱》在《世界》发表。8 月，与富冈多惠子的对谈《朝向语言以及文学》在《群像》刊出；与津岛佑子的对谈《想象力与女性的东西》在《世界》刊载。9 月，《关于死之前的痛苦》在《文学界》发表；《圣克鲁兹的“广岛周”》在季刊《赫尔墨斯》发表。10 月，《在生物链中发挥作用的河马》在《新潮》发表。12 月，长篇小说《M/T 与森林的奇异故事》的序章在季刊《赫尔墨斯》发表；系列长篇小说集《被河马咬了》由文艺春秋社发行。

1986 年

1 月，《卡布湖领地的“甜草”》在《新潮》发表；在季刊《赫尔墨斯》创刊一周年纪念专刊上发表了和井上厦、筒井康隆的三人对谈《小说的趣味——想象与语言的力量》。3 月，基于前一年立教大学—芝加哥大学研讨会发言的《从战后文学到今天的窘境》在《世界》发表。9 月，在康奈尔大学的演讲《从战后文学经由新文化理念》在《世界》发表。10 月，与大冈升平的对谈《超越纯文学的危机》在《群像》刊载；长篇小说《M/T 与森林的奇异故事》由岩波书店出版。12 月，《革命女性》（戏剧 • 脚本草稿）在《赫尔墨斯》第 9 期开始连载（1987 年 6 月载完）。

1987 年

1 月，评论《后战后时代与正义》在《世界》发表；《游戏与故事》在《文学》发表。2 月，《“阅读”与“书写”的转换装置》在《新潮》发表。5 月，参加了与日本文学法语翻译相关的活动，在巴黎参加研讨会和发表演讲。6 月，《为了新的小说——沿着〈村落的经验〉说开去》在《群像》发表。8 月，《文学与建筑的世界风景——关于〈村落的教诲〉》在《建筑文化》刊载。9 月，在巴黎的演讲《〈明暗〉的结构》《渡边一夫的现实性》在季刊《赫尔墨斯》发表。10 月，《给令人怀念的岁月的信》由讲谈社发行。与岛田雅彦的对谈《为了新的文学》在《群像》“文学的现在特辑”刊载。

1988 年

1 月，理论著作《为了新的文学》由岩波书店出版；《最后的小说》在《新潮》发表。2 月，与井上厦、筒井康隆的三人对谈《朝向文学的未来——从我们生活过的时代开始》在季刊《赫尔墨斯》创刊三周年纪念专刊上发表；《始于短篇……》在《文学界》发表。5 月，与江藤淳、开高健、石原慎太郎的座谈《文学的不易流行》在《新潮》刊载；评论集《最后的小说》由讲谈社发行；在季刊《赫尔墨斯》增刊刊载的与井上厦、筒井康隆的三人对谈收录在《探寻乌托邦 找寻故事》一书由岩波书店出版。7 月，新潮录音演讲《时代与小说 无信仰者的祈祷》由新潮社出版。9 月，长篇《奎尔普的军团》由岩波书店出版。10 月，《梦之师》在《群像》发表。12 月，与三善晃的对谈《〈最后的小说〉• 朝向期待视野》在《音乐艺术》刊载；《从文学思考康复》在《综合康复》杂志刊载。

1989 年

1 月，《人生的亲戚》在《新潮》发表。2 月，与富冈幸一郎的对谈《奎尔普的军团》在《昴》刊载。3 月，悼念大冈升平的《稀有的文学现象》在《新潮》发表；与埴谷雄高、安冈章太郎进行的座谈《大冈升平 •人与文学》在《群像》刊载；《魁梧的日侨》在《文学界》发表。4月，第一部以女性为主人公的长篇《人生的亲戚》由新潮社出版，在翌年获得了“伊藤整奖”。7月，与上田敏的对谈《通过文学思考对残疾的接受》在《作业疗法杂志》刊载；小说《再会、或者最后一章》在季刊《赫尔墨斯》连载。8月，与河合隼雄的对谈《生与死的界限以及文学》在《文学界》刊载。10月，在布鲁塞尔接受获欧洲共同体设立的“犹罗帕利文学奖”并做了演讲。11月，与井上靖的对谈《关于〈孔子〉》在《新潮》刊载。12月，《到美国去，从这里的边缘出发》在《群像》发表。

1990年

1月，《治疗塔》在《新潮》发表。2月，与石原慎太郎的对谈《生活在现代的作家》在《新潮》“追悼开高健”特辑刊载。3月，《引路人》在 *Literary Switch* 发表。4月，《静静的生活》在《文艺春秋》发表。5月《这个行星的弃儿》在《群像》发表；在季刊《赫尔墨斯》连载的小说《再会、或者最后一章》改名为“治疗塔”由岩波书店发行。6月，《自动木偶人的噩梦》在《群像》发表。7月，《小说的悲哀》在《文学界》发表。8月，和苏联、美国、韩国知识分子的对话《世界还记着广岛吗？》由NHK电视台播出；《家庭日记》在《群像》发表。9月，接受新井敏记的采访，采访录第一篇《最初的小说 为了新的小说家》在《文学界》刊载；与高桥源一郎的对谈《通向现代文学的通路》在《新潮》“现代科幻小说的冒险”专辑刊载。10月，收录《引路人》等6个短篇的小说集《静静的生活》由讲谈社出版。11月，和武满徹的对谈《创作歌剧》由岩波书店出版。

1991年

1月，《古典的经验》在《新潮》发表；《宇宙大的“雨树”》在 *Literary Switch* 发表；与君特·格拉斯的对谈《德国和日本的同时代——多样性·经验·文学》在《群像》刊载；与坂本义和的对谈《连接过去和未来——建构全球的身份认同》在《世界》刊载。3月，与河合隼雄、鹤见俊辅的座谈《如何对应<奎尔普的军团>》在《潮》刊载。追悼野间宏的《两个电话之间》在《新潮》发表。4 月，与河合隼雄、鹤见俊辅的座谈《与<人生的亲戚>的接触方式》在《潮》刊载。7 月，《环火鸟》在 *Literary Switch* 发表。8 月，《在井筒宇宙的边缘——〈超越的语言〉阅读井筒俊彦》在《新潮》发表。11 月，《“流泪人”的榆树》在 *Literary Switch* 发表。《治疗塔行星》由岩波书店发行。12 月，包括上一年 8 月 NHK 电视台放映的《世界还记着广岛吗？》的采访录以及对话笔记在内《广岛的“生命之树”》由日本广播协会出版发行。

1992 年

1 月，《我真正年轻的时候》在《新潮》发表；与米歇尔•图尼埃的对谈《扣问文学的创造》在《群像》刊载；《新年的寒暄》在《图书》开始连载，第二年 8 月载完；为岩波文库渡边一夫著《法国文艺复兴时期的人们》撰写该书的“解说”；与立花隆的对谈《对 20 世纪的思考》在 NHK 电视台播放。2 月，《玛戈王后带口袋的裙子》在《文学界》发表；新潮录音演讲《真正的知性生活——野上弥生子与那个时代》由新潮社发行。4 月，《茱萸树的智慧・序》在《群像》发表。5 月，短篇集《我真正年轻的时候》由讲谈社出版。8 月，《菊池宽与人文趣味的小说》在《文学界》发表。9 月，收入从 1987 年 10 月到 1991 年 3 月的 12 篇演讲稿的《人生的习惯》由岩波书店发行。10 月，开始在 NHK 电视台教育电视节目《人间大学》讲座《文学再入门》（共 12 次），为这一讲座撰写的教材《文学再入门》由日本广播出版协会出版。

1993 年

1 月，与古井的由吉对谈《小说・死与再生》在《群像》发表；《与戈迪默这样相遇》在《新潮》发表。4 月，在《新潮》“安部公房追悼专辑”上发表与辻井乔的对谈《在黑暗宇宙飞翔的一本书》；9 月，《在新潮》“井伏鳟二追悼专辑”上发表《无法动摇的〈黑雨〉》。9 月，《“救世主”被殴打之前——燃烧的绿树第一部》在《新潮》刊载，11

月由新潮社出版，12 月，随笔集《新年的寒暄》由岩波书店出版。

1994 年

1 月，与池泽夏树的对谈《作为“救赎”的文学》在《新潮》刊载。8 月，长篇《摇摆——燃烧的绿树　第二部》在《新潮》刊载，并由新潮社出版；与大冈信的对谈《诗的语言　诗的思想》在《国文学　解释与教材的研究》发表。9 月，与柄谷行人的对谈《中野重治的伦理学》在《群像》刊载。10 月，因“通过诗意的语言创造出一个现实与神话交错的世界，将处于困境中的现代人的姿态描绘成一幅让观看者困惑的图画”而获得该年度诺贝尔文学奖，在获奖后拒绝了文化勋章。11 月，赴斯德哥尔摩参加授奖仪式，发表纪念讲演《我在暧昧的日本》；收录《文学再入门》和《文艺时评》的《小说的经验》由朝日新闻社出版。12 月，新潮录音演讲《我最后的小说〈燃烧的绿树〉》由该社出版。

1995 年

1 月，在《群像》发表《世界文学能成为日本文学吗？》；与谷川俊太郎的对谈《诗与散文产生的地方》在《新潮》发表；包括诺贝尔文学奖获奖演说在内的演讲集《我在暧昧的日本》由岩波书店发行。同月，因其出色的文学成就获得朝日奖。2 月，随笔集《恢复的家族》由讲谈社发行。与金芝河的对谈《亚洲文学的可能性》在《朝日新闻》刊载。3 月，《伟大的日子——燃烧的绿树　第三部》在《新潮》刊载，并由新潮社出版单行本；演讲集《我在暧昧的日本》英文版发行。4 月，与堀田善卫的对谈《蒙田的人生》在《新潮》发表；与柄谷行人的对谈《世界与日本、日本人》在《群像》发表。5 月，在《朝日新闻》上发表与君特•格拉斯的往来书简《对战后的扣问》。8 月，与萨义德的对谈《凝视生之终结的形式——文学•社会•时代》在《世界》发表；与里夏德•冯•魏茨泽克的对谈《语言的力量》在《东京新闻》刊载。9月，抗议法国核试验的《大地腾起烟雾，鸟儿不再歌唱》在《朝日新闻》发表。

1996 年

1 月，与中村雄二郎的对谈《文学・哲学・宗教》在《新潮》发表。2 月，在作曲家武满徹的遗体告别仪式上宣布作家复归。4 月，随笔集《宽松的纽带》由讲谈社出版。7 月，与古井有吉的对谈《阅读百年的短篇小说》在《群像》增刊发表；与加贺乙彦的对谈《长篇小说，形成时代之镜和层面的叙述——〈炎都〉中历史变动期的群像》。8 月，赴普林斯顿大学大学担任讲师；岩波新书《来自日本的“我”的信》出版；在《朝日新闻》上不定期连载《榆树的树荫下》；与河合隼雄、谷川俊太郎的对谈《日语与日本人的心灵》由岩波书店发行。9 月，随想《空翻》在《新潮》发表。10 月，与柄谷行人的对谈《战后的文学认识与方法》在《群像》发表。

1997 年

1 月，大江在《朝日新闻》上发表自己的建言《追求和平的反军事的努力才是唯一的道路》。2 月，在美国普利斯顿日语学校做了题为“我还是孩子的时候”的演讲。5 月，从美国回国，回国前被聘为美国艺术学院外国人名誉会员。11 月在《朝日新闻》晨报上发表《荣耀、幽默、想象力》。12 月，友人兼义兄伊丹十三跳楼自杀。

1998 年

1 月，《请记着，我是这样书写过来了》在《波》发表；《来自日本人——以“象征”为契机》在《新潮》发表。3 月，与坂本义和、徐京植的对谈《编集者・安江良介的成就》在《世界》发表。4 月，与原广司的对谈《作为生存下来的羊倌》在《波》发表；4 月，《我这个小说家的创作方法》由岩波书店发行。11 月，《新的媒介的“文体”》在《论座》发表。

1999 年

1 月，在《周刊朝日》发表与井上厦的对谈《世纪末震惊的事》。4 月，《〈死灵〉的结尾方式》在《群像》发表。6 月，《空翻》（上下卷）由讲谈社发行；《面向“新人”》在《群像》发表。7月，与山本健吉、司马辽太郎的演讲《现在子规带给我们的》在《周刊朝日》发表；《关于〈空翻〉的7个即兴》在《本》发表；演讲《丸山真男的语言作用》在《世界》发表；与鹤见俊辅的对谈《“摇摆阅读”的力量——讲述〈空翻〉》在《群像》发表。9月，《陈述书与两个附记》在《世界》发表；《“始造”真正的开国》在《群像》发表。11月，作为客座教授在柏林自由大学作题为“日本的现实”的讲义。

2000年

1月，《新的日本人的普遍》在《群像》发表。2月，《从怀德堂到东海村》在《中央公论》发表；与中国作家郑义的往来书简在《朝日新闻》刊载。5月，在《朝日新闻》（晚报）上连载随笔《从冲绳之“魂”》；在有乐町朝日大厅发表朝日奖纪念演讲《围绕“知”的我的意见》。7月，与目取真俊的对谈《冲绳敌视宪法的时候——对寻求“疗愈”的本土的异议——〈冲绳札记〉发表30年、与当地的芥川奖作家讲述》在《论座》发表。8月，《大江健三郎写的“童话” 为什么孩子要上学》在《周刊朝日》发表。10月，《在“自己的树”下》开始在《周刊朝日》连载。11月，参加了在涩谷幕张中学召开的“围绕诺贝尔奖获得者的论坛‘21世纪的创造’教育论坛‘想传达给你们的语言’——诺贝尔获奖者与中学生的对话”。12月，《被偷换的孩子》由讲谈社发行；《森达克的礼物——我是“被偷换的孩子”》在《本》发表。

2001年

3月，与井上厦、小森阳一的对谈《大江健三郎的文学——从作家前夜到〈被偷换的孩子〉》在《昴》发表。6月，《由此出发培育不了新人》在《世界》“什么是历史教科书问题——思考‘教育改革’”专辑刊载；《武满徹的匠心》在《昴》发表；与山田洋次的对谈《现在想传达给孩子们的》在《周刊朝日》刊出；《在“自己的树”下》由朝日新闻社发行。7月，以杂志《昴》的特辑为基础由集英社出版了《大江健三郎 再认识》。9月，与小泽征尔的对谈集《我们同年生》由中央公论新社发行。10月，《在“自己的树”下》出版纪念演讲《为了“深刻地生活”的读书——人生能够重写吗？》在《周刊朝日》发表。11月，评论集《不能锁国》、随笔集《难以言说的哀叹》由讲谈社发行。

2002年

3月，在《朝日新闻晚报》上刊载与爱德华·萨义德的往复书简《朝向未来》。5月，接受了法国荣誉军团勋章“高等骑士勋位”。9月，在明石市市民会馆发表《为了“新人”》的演讲；《愁容童子》由讲谈社发行。10月，《中野重治之美》在《昴》发表；在《朝日新闻晚报》发表写给美国反核作家乔纳森·席尔的书简。11月，《讲述人 看护人》在《周刊朝日》上发表。

2003年

1月，在《周刊朝日》上连载《写给“新人”》；在《读卖新闻》上开始连载《二百年的孩子》。5月，1995年开始在《朝日新闻》连载的往复书简《顶着暴力书写 大江健三郎往复书简》由朝日新闻社发行。9月，在《周刊朝日》连载的《写给“新人”》由朝日新闻社出版；与菅野昭正的对谈《大冈升平 人与文学——在全集完成之际》在《筑摩》发表；《将黑暗呈现出来——精神医学表现者的思考》在《精神神经学杂志》发表。9月25日，好友爱德华·沃第尔·萨义德去世。11月，在庆祝久留米大学医学部护理学科10周年演讲会上做了演讲《护理产生的力量》；《二百年的孩子》由中央公论社发行。12月，在NHK电视台特别节目中，对向伊拉克派兵、改宪等问题和前副首相后藤田正晴、前首相中曾根康弘等进行讨论；与雕刻家舟越桂的对谈《小说家的过往 雕刻家的将来——“艺术”产生于“破裂”》在《妇人公论》发表。

2004 年

1 月，在《昴》发表《再说一遍对孩子们讲过的——在爱德华·萨义德死后》。2 月，与藤井省三、郑义的对谈《为了自由书写》在《世界》发表。5 月，《“做梦人”的时间机器》在《昴》发表；与舟越桂的对谈《雕刻灵魂》在《美术之窗》发表。6 月随笔《突破难关》在《新潮》发表。在《昴》8 月号发表《佐多在创作〈想法〉的时候》。8 月，在《世界》发表《在“九条会”成立之际》；《佐多在书写“记忆”的时候——由〈夏日书签——送别中野重治〉说开去》在《昴》8 月号发表。10 月，随笔集《“说后想”与“想后说”》由集英社出版。

2005 年

1 月，《别了，我的书！》的第一部“毋宁愿听老人的愚行”在《群像》发表；《“晚期工作”有希望（吗？）》在《新潮》发表。《别了，我的书！》由讲谈社出版，10 月，设立“大江健三郎奖”。11 月，与清水徹的对谈《诗歌与小说之间》；与町田康的对谈《两个灾难与两个“奇怪的二人配”》在《群像》发表。

2006 年

1 月，出演东京电视台《武的谁都是毕加索》。4 月，在《爱德华·萨义德 OUT OF PLACE》完成纪念上映会上发表演讲。5 月，在《宪法问题》第 17 集发表《宪法：花费小说家的一生来阅读》。7 月，在《世界》上发表《教育的力量中应该等待——改定案中欠缺的一句话》；《“晚期风格”这一思想——整体阅读萨义德》在《昴》发表。9 月，与利比英雄的对谈《新文学的模式 对谈 置身于异语言中》在《世界》发表；在《昴》开始连载读书讲义《生活·阅读》；受中国社会科学院外国文学研究所访问中国，专程前往南京大屠杀纪念馆，与幸存者见面，与历史研究者座谈；在北京大学附属中学演讲，批判小泉纯一郎参拜靖国神社。10 月，与平野启一郎的对谈《想象今后四十年的文学》在《群像》发表。11 月，《“要传达的语言”》由朝日新闻社出版。

2007 年

1 月，演讲《But Rather of Their Folly-——“大江健三郎奖”设立纪念》在《群像》发表。4 月，与沼野充义的对谈《陀思妥耶夫斯基“新读解”的可能性——关于俄罗斯、东欧文学》在《昴》发表。6 月，《优美的安娜贝尔•李 寒彻战栗早逝去》开始在《新潮》连载。7 月，与第一届大江健三郎奖获得者长嶋有的对谈《将年轻作家语言的力量推向世界》在《群像》发表。8 月，《为了成为知识人》在《昴》发表。《大江健三郎 作家讲述自身》发行。7 月，《读书人》由集英社出版发行。11 月，《优美的安娜贝尔 • 李 寒彻战栗早逝去》由新潮社发行。

2008 年

1 月，《星星与海底的潮流》在《新潮》发表。2 月，《何谓“玷污人类”——冲绳“集团自杀”诉讼的证言》在《昴》发表；演讲《作为原理的“人性”》在《自由和正义》发表。3 月，《我们生活在融入现在的未来之中》在《龙谷法学》刊载；在“九条会”演讲会上发表《继承小田实的志向》；“冲绳战诉讼”胜诉。4 月，在《昴》上发表《朝向“作为意志行为”的乐观主义》。5 月，《朝向“作为意志的乐观主义”》在《昴》发表。6 月，《误读、反侦察、“美丽的为国殉难”》在《世界》发表。7 月，与第二届“大江健三郎奖”获奖作家冈田利规的对谈《犹如在任何地方都可凝视那样书写》在《群像》发表。

2009 年

1 月，访问中国，领取中国 2008 年度 21 世纪最优秀小说“微山湖奖”；《始于阅读 终于阅读》在《昴》发表。5 月，与井上厦的对谈《关于语言的定义 我的晚期工作与核问题》《关于语言的定义 想象与记忆重合》在《周刊朝日》发表。第三届大江健三郎奖颁给《曼陀罗》的作者安藤礼二。5 月，在《世界》发表《再读加藤周一》。6 月，在九条会《继承加藤周一的遗志》上做了《给生活在可以和石川啄木时代相比的困难时代的年轻人》的演讲。7 月，与第三届大江健三郎奖获得者安藤礼二的对谈《将自己培养成批评家的手法》在《群像》发表。10 月，出席在台湾举行的研讨会《国际视野中的大江文学》。11 月，与野田秀树的对谈《灵媒与修验者的对话》在《新潮》发表。12 月，《水死》由讲谈社发行。

2010 年

1 月，《来自“晚期工作”的现场》在《群像》发表；与古井由吉的对谈《阅读诗歌、眺望时间》在《新潮》发表。2 月，与 2008 年诺贝尔文学奖获得者勒•克莱齐奥的对谈《讲述我们生活过的同时代、其文学与世界》在《中央公论》发表；与成田龙一、小森阳一的三人谈《加藤周一不断思考的东西》在《筑摩》发表。7 月，与第四届“大江健三郎奖”获奖作家中村文则的对谈《小偷的“故事”中的现代》在《群像》发表；《小说家井上厦最后的杰作》在《波》发表。9 月，DVD《继承井上厦的遗志——九条会演讲会〈日美安保条约的 50 年和宪法九条〉》发行。11 月，《美丽的安娜贝尔 • 李》由新潮文库发行。12 月，《想向井上厦的灵魂传达的》收录于岩波小册子《为了继承井上厦的话》；与 2000 年诺贝尔文学奖获奖作家高行健的对谈《朝着 21 世纪的文艺复兴书写超越政治的“人的历史”》在《中央公论》发表；在《昴》契诃夫专辑上发表与沼野充义的对谈《从短篇扩展开来的小说的力量》。

2011 年

1 月，《死者的传达用火进行》在《新潮》发表；《给井上厦——将久君的笔记放在书桌前准备“晚期工作”》在《文艺春秋》发表。3 月，《大知识人的微笑和眼光——加藤周一的事情》在《西南学院大学国际文化论集》发表。5 月，《我们被牺牲者注视着》在《世界》“东日本大地震 • 原子能发电站灾害”专辑刊出。7 月，《向不远的将来寻求“证言”——结束冲绳战诉讼之后》在《世界》发表；与第五届大江健三郎奖获奖作家星野智幸的对谈《在危险之际——异质的个人共同发出声音》在《群像》发表；与内桥克人、小森阳一等共著的《为了弥补无法挽救的东西——大震灾与井上厦》在岩波小册子出版。10月，《读书学习以及经验——然而“我的灵魂”记忆着》在《昴》发表。11月，与鹤见俊辅、泽地久枝、奥平康弘合著的《对核电站的不屈服 我们的决心》出版。

2012年

1月，《晚年样式集》开始在《群像》连载；《从比基尼岛到福岛》在《大众传播研究》刊载。2月，发表演说，要求废止核电站；在代代木公园举行的“再见了，核电站集会1000万人行动”上致辞；与成田龙一、小森阳一的座谈《井上厦的文学（2）——从“梦三部曲”解读战后日本》在《昴》刊载。3月，在“不需要核电站 311福岛县民大集会”上致辞。9月，与长崎市原市长本岛等、《世界》杂志原主编冈本厚等左派和进步知识分子、文化人士1300人共同发表《停止“领土问题”的恶性循环》，对钓鱼岛“不存在领土问题”的日本政府立场进行强烈批判。7月，与第六届大江健三郎奖获得者绵矢丽莎公开对谈《传达本质的道德的一句话》在《群像》刊载；《定义集》由朝日新闻社发行；《恐怖的巨浪：贯穿定义集的内容》在《一册书》发表；和内桥克人、小森阳一等共著的《挽回无法挽回的东西——大震灾与井上厦》由岩波书店出版。10月，在爱媛医疗生协创立60周年纪念演讲《现在、为什么要讲述希望》；在《保卫宪法第九条　宫城集会2012》上做了题为“所谓的‘本质的道德’”的演讲。11月，和鹤见俊辅、泽地久枝、奥平康弘等合著的《对核电站的非服从 我们决定的事》由岩波书店出版。

2013年

2月，与南美洲法属马提尼克岛法语作家夏莫瓦佐的对谈《文学的力量：为了混杂的未来》在《群像》发表。3月11日、6月2日、9月1日、9月14日、11月26日在“告别核电站”集会和演讲会上发言。4月，奥平康弘、泽地久枝、三木睦子、小森阳一共著的《现在，择取宪法的灵魂》出版。7 月，与第七届大江健三郎奖获得者本谷有希子的对谈《即兴、反复与破绽：小说的趣味》在《群像》发表。10 月，《晚年样式集》由讲谈社发行。11 月，在“九条会”第 5 次全国交流讨论集会上发言。12 月，采访录《最新作品<晚年样式集>与 3・11 之后的事》在《新潮》发表；在世界人权宣言 65 周年纪念大阪集会上发表演说。

2014 年

6 月，与古井由吉的对谈《迷失于语言之中，越过混沌》在《新潮》发表。7 月，与第 8 届大江健三郎奖获奖小说《再见，桔子》的作者岩城惠的对谈《这部小说的新颖性和独特性》在《群像》发表。8 月，《关于冲绳不断思考的内容》在《世界》刊载；《英诗翻译的声调》在《群像》发表。10 月，在第 50 届县消费者大会上发表演讲《贯穿我人生的东西》。

附录二

中日两国大江健三郎研究现状概观

一、大江健三郎研究在日本

从《奇妙的工作》（1957 年）引起荒正人、平野谦等著名评论家的关注，到 1994 年后因获诺贝尔文学奖而得到世界性赞誉，日本的大江文学研究已经历了半个多世纪的发展历程。至 2010 年年底，日本出版的大江文学研究专著、论文集有 20 余部之多，研究论文有 400 余篇。[①]50 多年来，大江文学研究获得了长足的进展，研究方法也呈现出多样化趋势。从整体来看，日本学者的研究涵盖了传记研究、社会学批评、形式批评、文化研究等多个领域，立足于实证性、资料分析的“人与作品”这一传记式研究方法和注重作品社会、历史背景的社会历史研究法仍然占据着研究方法的主流。20 世纪 80 年代以来，传统的实证研究、社会历史研究方法不断得到继承、发展的同时，也出现了一些用符号学理论、叙事学理论、文化研究理论等新的批评方法研究大江文学的成果。传统实证研究与新的批评理论相互交织，共同促进了大江研究的深化。

---

① 统计的数据来自国立国会图书馆文献检索系统和日本国立情报学研究所（National Institute of Informatics，NII）开发的日本学术论文索引数据库。

（一）评传式研究

传记研究者认为，作品在一定程度上是作家经历的外在显现，因此，可以从作家的人生经历中找到理解作品的线索。我们可以根据作家认识世界的态度特别是人生态度、政治观点、伦理观点、哲学观点来探索作品的意义，早期的大江文学研究在某种程度上都带有评传的色彩。

篠原茂的《大江健三郎》（1973 年）从作家的苦恼、原初体验、文学的出发点、政治与性、个体与时代状况的接点、历史与民众的发现、现代疯狂与末世观等七个方面探讨了大江的小说创作。篠原认为，大江在初期作品中就开始描写闭塞现状下现代人存在的孤独感，他在通过性反映社会现状，向禁忌挑战的同时，追求人精神层面表现出来的政治。这一方法强行赋予了他朝向存在的深层探索现代人精神世界的工作，他发现了笼罩现代社会、腐蚀人的精神的“疯狂”。大江通过扎根于民众历史来恢复行将崩溃的自我，通过将自身投入精神层面的“疯狂”来探索未来人类精神救赎的可能性。在这个意义上，篠原认为“大江从破灭这一危机中寻找世界的救赎这一主题是指向未来的”①。篠原根据大江年谱的事实客观分析了他的小说，宏观描绘出作家试图在与原初体验、时代状况的关联中把握现代的创作姿态。

川西政明的《大江健三郎论——未实现的梦》（1979 年）从作家自身的人生体验出发探讨了从《个人的体验》到《洪水涌上我的灵魂》这一阶段的“人类救赎”主题。川西认为，残疾儿的诞生使大江文学发生了风格的转变，当作家面对现实由绝望转化为祈祷时，文体风格也获得了一种犹如去除枷锁后的爽快的开放感。川西考察了大江对想象力的认识，认为大江的想象力以在意象和逻辑之间架桥的形式发挥着作用，进而将他定位于靠意象来创造自身表现的作家。川西指出，

① 篠原茂：『大江健三郎論』、東邦出版社、1973 年、306-307 頁。

大江想象力的基础在《万延元年的足球队》之后发生了变化。《万延元年的足球队》之后，“思索”成为大江想象的基础。大江的转型是“他从靠创造意象自身来表现的作家，开始转向志于意象和思考的真正同一化”[①]。可以说，川西对大江创作风格转变原因的分析，更多地依赖作家的人生经历、社会体验，虽然观点带有一定的主观色彩，但不乏真知灼见。

柴田胜二的《大江健三郎论——地上与彼岸》（1992年）展现了大江小说的创作脉络。柴田从“状况与自己”“朝向彼岸的立场”“共同体与他者”三个方面追溯了大江小说主题变化的轨迹，探索形成大江文学特征的恒定要素。柴田指出，位于大江文学根底的，是“作为现代社会的他者”这一意识。大江出生在四国的山谷，长子脑有残疾，这些人生经历虽然只是偶然，但这些极其个人性的事件形成了他观察外部世界的立场。同时，这也必然赋予了他对抗现代文明社会的意识。[②]柴田分析了《个人的体验》，认为与作者自身的意图相反，作品呈现的“鸟”的形象自身几乎没有变化，很难说“鸟”最终获得了精神的成长。关于《性的人》，柴田认为大江将性设定为政治的对立面，进而通过性的缺席和停滞，塑造了被性和政治双重排斥的人物形象。大江在一系列探讨性问题的作品中，描绘了被异化的人的生存状态。在这些作品中我们可以看到，与其说大江描写了性的真实，倒不如说“描绘了政治和性双重缺席状态下不安定的人的孤独”[③]。柴田认为，大江小说的独特性，在于他从事创作活动时，采用了站在生活的“当下、这里”，同时将视野投向另一侧的复眼式观察方式。进入其视野中的“彼岸”，以各种各样的形态被虚化，或是位于文明社会外部的自然，

---

① 川西政明：『大江健三郎論 — 未成の夢』、講談社、1979年、14頁。

② 柴田勝二：『大江健三郎論 — 地上と彼岸』、有精堂、1992年、272頁。

③ 柴田勝二：『大江健三郎論 — 地上と彼岸』、有精堂、1992年、61-62頁。

或是死者存在的“彼岸”。这一对“彼岸”的关注，形成了他对现实世界批判的立场。可以说，柴田从大江自身出发，将立论建立在对作品精读的基础上，观点具有独创性。

平野荣久的《大江健三郎——我的同时代游戏》（1995 年）按照大江创作的时间顺序追溯了大江的创作与时代的关系。作为大江的同时代人，平野将大江的小说重新置于当时的时代语境中进行考察，表达了自己对时代的看法和阅读大江小说的体验。平野指出，大江并不是受到山口昌男的触发才注意到边缘的，离开森林山谷，在东京成长为知识分子的大江从未离开过这一问题，山口昌男的理论和墨西哥体验只不过使大江的边缘立场进一步明确化。平野认为，大江的创作是从“自闭”向“往返”的持续不断的运动，往返意象能够概括整个大江文学。“往返是一个空间概念，将其扩大到时间上如何呢？《万延元年的足球队》甚至追溯到了祖先们的神话、传承世界。所谓‘书写’，就是以‘现在’为契机，将过去与未来统一起来的行为。”①因为以自己的经历和阅读感受为出发点，平野的研究明显带有很强的主观性，然而，其作为同时代人从个人感受出发得出的结论在许多方面仍然给研究者许多启发。

一条孝夫的《大江健三郎——其文学世界和背景》（1997 年）是在作者的旧作《大江健三郎的世界》（1973 年）的基础上增补而成的。在“大江健三郎的人与作品”一章，一条对大江不同时期文学活动的要点进行了梳理。正如各章小标题中出现的“想象力”“方法”“性”“边缘”等关键词一样，这些概念赋予了大江各个时期文学创作的主要特征。和传统的年谱式作家介绍不同，一条将评传的内容与对大江随笔的引用、时代状况的描绘、作家之间的影响关系、作品分析等结

① 平野栄久：『大江健三郎 —— わたしの同時代ゲーム』、オリジン出版センター、1995 年、130－131 頁。

合起来，在一些方面具有原创性。一条指出，在大江作品中，经常存在能够用“中心和边缘”这一原理来解释的个体与整体的对立模式。初期“个人与社会（集团、共同体）”的对立、第二期“个人与绝对存在（历史、天皇）”的对立、20 世纪 80 年代前后“当下的个体和宇宙”的对立。可以说，一条对“中心和边缘”这一模式在大江小说中的具体表现的分析是非常到位的，对我们全面、宏观地把握大江的创作提供了很好的借鉴。一条关于大江想象力论的探讨也具有一定的深度。一般认为，大江对想象力的认识，受到了萨特和巴什拉的影响。一条通过对《新人啊，醒来吧》的解读，认为大江的想象力论一方面受到了萨特和巴什拉的影响，另一方面因受到布莱克神话想象力论的影响而更加深入。[①]大江的想象力论究竟在多大程度上受到了布莱克的影响？一条虽然没有明确给予回答，但却为研究者提供了一条很重要的线索。通过对大江各个时期作品的研究，一条认为，“小说最终都是皈依的故事”这一观点是大江登上文坛以来最基本的小说观。这一看法可以说较为准确地概括大江文学的基本特征。然而，大江小说的丰富内涵，远远不是一两句话能够概括的，这一结论也伴随着将其小说创作简单化的危险。从涉及的小说数量和研究的深度来看，一条的研究比较全面地概括了大江小说主题的变迁，具有重要参考价值。

黑古一夫的《作家是这样出生、这样成长的 大江健三郎传说》（2003 年）是一部较为完整地描述大江人生经历和小说创作的专著。黑古考察了大江发表在内子高中学生会会刊《梅树》上的《初夏夜》《赭色的春天》和发表在松山东高中（旧制松山中学）文学社团机关杂志《掌上》的诗作，同时结合高中时代大江对陀思妥耶夫斯基和太宰治的接受和认识，以这一时期的诗歌、之后的随笔为基础，对大江少年、青年时代的“体验”“心理”等进行重新建构，从而尝试对其

① 一條孝夫：『大江健三郎 —— その文学世界と背景』、和泉書院、1997 年、41 頁。

“文学思想的原点”进行新的解读。黑古将作品分析与大江对同时代的政治、社会动向的批评联系起来，分析了从初期的短篇到《愁容童子》为止的小说作品及《广岛札记》《冲绳札记》为中心的随笔。在此，作者将焦点放在有关“在闭塞状况下自由的可能性”“性与政治=天皇制”“与残疾儿的共生”“核状况下的世界”等小说主题系列，认为大江在小说中试图建构与中心对立的乌托邦，并由此探索“反国家的可能性”。黑古从大江对“根据地=共同体·公社”建设的可能性的探求这一视点出发进行分析，指出在当今存在核威胁的状况下，大江只能在“语言艺术”即文学世界中寻找乌托邦理想。“从与‘我的乌托邦’之间的关系来说，这些作品（指《万延元年的足球队》之后的小说——笔者注）只有一个共同特征，即它们在追求一种可能性，一种不同于天皇制所象征的‘纵向关系’，而是靠‘横向关系’形成的社会（共同体）。”[①] 可以说，黑古通过一个个明确的小标题，清晰、全方位地描绘了大江近半个世纪的创作道路。黑古的研究虽然在研究方法上没有什么大的突破，但他将自己的论证建立在作家的自传材料、他人整理的作家早期作品以及时代状况分析的基础上，将作家的创作与时代背景和作家的人生体验紧密结合起来，内容翔实，论证缜密，在很多方面提出了富有独创的见解。

大隈满、铃木健司编著的《大江健三郎研究——四国的森林与文学的想象力》（2004 年）、《大江健三郎研究Ⅱ——大江健三郎与“山谷村庄”的诸相》（2009 年）是两部对大江小说中的文学舞台的原型——故乡大濑进行实地考察的论文集。在这两部论文集中，作者整理了大江高中时代的文学创作，对他小说中出现的事物、场所进行实地考察，探讨作家青少年时期的生活环境对作品的影响。通过调查，从

① 黑古一夫：『作家はこのようにして生まれ、大きくなった 大江健三郎伝説』、河出書房、2003 年、206 頁。

中发现小说描写内容与现实原型的差异。

在《大江健三郎研究——四国的森林与文学的想象力》中，铃木健司《被符号化的场所》一文考察了大江小说中的“鲸岩”和“朝鲜人村落”。天羽美代子的《新见明应寺<地狱极乐挂轴四幅>》考察了《万延元年的足球队》中的地狱图与明应寺所藏地狱图的差异。藤本哲平的《大濑的长曾我部的传承》在对历史资料分析的基础上考察了作家把“山谷村庄”作为反中心根据地的原因。在《大江健三郎研究Ⅱ——大江健三郎与“山谷村庄”的诸相》中，铃木健司《作为根据地的“天洼”的成立》考察了大江小说中作为根据地的“天洼”的地形学因素和地理空间的双重性。大隈满《大江文学的写实——“强盗龟”钩沉》追溯了《愁容童子》中提到的“强盗龟”“动童子”在历史和民间传承中的形象。两部著作通过对小说地理空间的实地考察，发现大江小说中的故乡并不是一成不变的空间，每部作品都有一个不同于其他的故乡意象。在这个意义上，很难将大江文学作为表现乡愁的乡土文学来接受。四国森林即使确实以实际存在的出生地作为构思的起点，但绝不是大濑本身。也就是说，“关于故乡（大濑）的历史、文化、民俗、人物的所有内容，都在不断地变形、重构，详细追寻、分析其改变、建构的过程，可以认为是关于大江文学的一种有效的研究方法”[1]。两部著作都把四国森林看做是解读大江文学本质的关键，很好地论述了大江小说对故乡要素的文学呈现，探讨了大江对这些要素的灵活运用。

评传式研究方法对大江身世、成长环境、生活经历和时代背景的考察有助于我们更好地了解大江文学，但也使我们容易陷入这样的危险，即把作家个人因素看做是作品意义的唯一来源，从而按照作家经

---

① 鈴木健司：「大江健三郎事始」、大隈満、鈴木健司編『大江健三郎研究 —— 四国の森と文学的想像力』、リーブル出版、2004 年、9 頁。

历按图索骥地寻找作品的意义。这一方法，对大江初期作品具有一定的效果。然而，文学毕竟是一种虚构而不是对作家经历的实录，采用这种方法很容易导致对作品的过度阐释。我们应该清楚地看到，影响作家创作的因素是多方面的，大江的人生经历等个人因素只是一种感性材料，我们在阅读和研究大江小说时要尽可能地摆脱以作家为出发点的单一模式，力图全方位地接近作品本身。

（二）社会学、文化学视角

社会学、文化学研究法的特点就是通过作品来挖掘它所反映的社会历史背景，并依靠这种背景来解读作品。由于大江文学从一开始就具有广阔的社会视野和深厚的文化底蕴，加上作品具有强烈的社会批判色彩，这一方法被广泛运用在大江文学研究中。

松原新一的《大江健三郎的世界》（1967 年）是日本第一部大江文学研究专著。松原整体论述了从《奇妙的工作》至《万延元年的足球队》为止的作品，将其初期作品看做是“青春文学”，认为大江在《个人的体验》之后脱离了这种特征。《万延元年的足球队》的完成，又标志着大江开辟了现代文学新的可能性。松原从整体上将大江的文学世界概括为“监禁状态”“对顺应主义的拒绝”“性的人——破坏的冲动”“地狱与救赎的冲动”“可能性的世界”，高度概述了 20 世纪 50、60 年代大江小说的整体特征。松原指出，在大江小说的结构中，否定性要素和肯定性要素同时存在且相互渗透，其表现内容不断在正极（肯定性）向负极（否定性）、负极向正极这一紧张的时间中流动，这种时间的流动使小说世界并非完全封闭在绝望这一“全部否定性”的阴霾中。大江早期小说强调的“日本学生消极、否定的一面”，仅仅是他小说世界的一个方面。实际上，大江在阴暗的时代闭塞状况中，与围绕他周围的墙壁进行着积极的内部抗争。在乍一看被阴霾笼罩的内讧的苦斗中，他并没有向徒劳、屈辱、失败、无意义、生活单调这一否定性世界全面屈服，内心存在着对肯定性世界的强烈渴望，这“体现了大江拒绝堕落成为没有自由要求的植物似的人这一创作激情”[①]。松原将大江小说放在作品产生的时代背景中加以考察，高度评价了大江早期的小说创作，较好地阐释了大江小说的社会意义。

野口武彦的《吠声·呼喊声·沉默——大江健三郎的世界》（1971年）高度概括了大江小说中出现的各种意象。作者指出，地下洞穴意象是大江小说世界特别是《个人的体验》之后的作品中不断反复出现的一种意象，是与作家的深层创作动机紧密相关的一个隐喻。地下洞穴这一世界和朝向天空打开的宗教式空间即上升指向型空间体验不同，它是一种“下降型空间体验”。在大江看来，所谓的地下洞穴，“只能是抵达疯狂的孤独的通路”[②]。野口指出，《万延元年的足球队》中鹰四的暴力指向是对战后民主主义的叩问，鹰四的自杀是一个为读者阐明暴力意义的具有启示性的事件，鲜明地向我们提示了“暴力的未来指向性，或至少是根源性”。在这个意义上，野口认为，暴力是现代社会“疯狂”的原动力，是盘踞在人类灵魂深处的可怕的东西。野口将大江小说置于它所产生的现代文化状况中进行探讨，在与社会历史的联系中探索了大江对暴力、疯狂等现代社会问题的思考，通过大江小说中多样的意象阐明了大江文学的想象力结构。

片冈启治的《大江健三郎——精神地狱的行走者》（1973年）探讨了时代状况与大江小说结构复杂性的关联。片冈指出，《饲育》和《感化院少年》描写的战争故事，带有幻想的、寓言的性格，即必然带着所谓的英雄传奇式的虚构。根据虚构，战时的一种可能的位相作为一种事实体现在作品中。片冈认为，《万延元年的足球队》描写了

① 松原新一：『大江健三郎の世界』、講談社、1967年、60頁。

② 野口武彦：『吠え声・叫び声・沈黙 —— 大江健三郎の世界』、新潮社、1971年、75頁。

小说人物寻找身份认同，但由于以天皇制为背景的“秩序感”的崩溃而不得不在“虚伪的生”里寻求同一性，鹰四属于追求“虚伪的生”的行动者，蜜三郎属于冷眼旁观的批判者。片冈认为，这部小说的多重隐喻、错综复杂的主题使小说的多义性成为可能。读者可以按照各自的心理事实来感知它，我们可以将之解读为政治小说，也可以将之解读为反政治小说；可以将之解读为历史小说，也可以将之解读为反历史小说；可以将之解读为寻根并重建的故事，也可以将之解读为失去故乡、没有根基的描写生存状况的小说。[①]片冈通过具体作品的分析，把视野投向作为想象力起点的大江的自我存在状态，将与现代息息相关，作为先锋不断凝视同时代的作家复杂的心理刻画出来。

黑古一夫的《大江健三郎论——森林思想与生的原理》(1989年)是一部具有明确整体意识的大江文学研究专著。黑古的研究基本由两大视点统领全篇。一个是“森林思想”，另一个是“乌托邦思想”。黑古认为，“森林思想”是贯穿大江文学的根本思想。大江的“森林思想”，就是认同四国村庄的森林所代表的人类原始存在状态这一思考方式。我们不能称之为自然，也不能将其规定为“反近代文明”，它就像大地或母亲的怀抱一样，是超越人工、自然存在的孕育人类的环境。大江的森林思想，可以说是“对抗象征终极都市文明的‘核问题’的感性的、基本的根据”[②]。可以说，黑古是第一个将大江小说中“山谷村庄的森林”这一场所的意义提升到社会文化层面的研究者。黑古指出，大江的森林是抽象化的形而上的存在，换句话说就是在小说空间中具现神话世界的内容，这是大江在接触山口昌男“中心与边缘”这一文化人类学思想之前无意识地引入小说空间的内容。黑古通过对

① 片岡啓治：『大江健三郎論——精神の地獄をゆく者』、立風書房、1973年、244頁。

② 黒古一夫：『大江健三郎論——森の思想と生き方の原理』、彩流社、1989年、11頁。

大江三个小说文本的分析，指出“森林”拥有治疗人的疾病、使人重生的力量，是灵魂救赎的场所。在第6章“天皇制——民主主义者大江健三郎的决心”中，黑古对大江与天皇制的关系进行了梳理，深入剖析了大江小说所表现的社会结构。黑古指出，在《我们的时代》中，大江通过描写日本青年放荡不羁、脱离常规的感性和行动，表现了对战后社会尚未涉及的“以空白的实体”存在的天皇制的讽刺。在《十七岁》《政治少年之死》中，当绝对主义天皇制向象征天皇制转变时，大江消除天皇制崇拜思想的思考，体现在将主人公对性的执著和对“纯粹天皇制”狂热态度联系起来，揭露了日本人心灵深处的天皇制问题并对其进行批判这一点上。到《同时代的游戏》《给令人怀念的岁月的信》，大江的天皇制批判逐渐发展到“国家批判”上来。大江作为一个作家在文学表现领域与天皇制坚持不懈的斗争，“应该是作为民主主义者必然的抉择”[①]。可以说，黑古的研究具有较为强烈的方法意识，他以“森林思想”“乌托邦思想”为出发点，并将这一观点贯彻到评论中去。虽然，在大江代表作品的选择上还不够全面，但从总体来看，仍可以说是一部具有浓厚社会文化批判色彩的大江论。

渡边广士的《大江健三郎》(1994年）指出，大江的小说一贯呈现出外部世界与内部世界的强烈冲突，他的创作就是在作品中将这种冲突作为严肃的内容表现出来。渡边认为，大江早期小说中的监禁状态就是与外部隔离的内部世界，它在大江小说中呈现出不同的表现形式。一种就是没有出路、没有希望的监禁状态，它如实地表达战争及战后一段时期人的存在状态，《奇妙的工作》《死者的奢华》等作品以徒劳结束的设定就明确反映了这一点。监禁状态另外一个特性就是《他人的脚》《鸽子》等作品体现的“与之相反的被保护的内部世界的

① 黑古一夫：『大江健三郎論 —— 森の思想と生き方の原理』、彩流社、1989年、187頁。

意象”。即如果外部没有自由，内心没有痛苦意识的话，牢笼就像母胎一样具有安全感。[①]可以说，渡边对大江小说监禁状态两种特性的认识打破了其初期小说主题只是对萨特存在主义文学的简单模仿这样一种传统看法。渡边认为，大江的中期小说朝向探索现代人精神的深层。大江对恐怖、存在缺失感的关注本身就是“对现在各种各样政治的、技术的、未来学的机会主义和各种色情的、神秘主义的、风俗的虚无主义的批判”[②]。渡边在关注大江精神层面的同时，更关注其作品的社会批判性，对大江的创作进行了高度的评价。

中村泰行的《大江健三郎——文学的轨迹》（1995年）认为，大江从登上文坛开始一直将战后民主主义作为自己的人生信条，他的民主主义信念，前期通过存在主义，后期通过结构主义表现出来。大江初期的小说集《死者的奢华》可分为两个主题系列：一个是基于存在主义人生观的作品系列，如《奇妙的工作》《他人的脚》；另一个是以战后民主主义作为基本道德规范的作品系列，如《死者的奢华》《饲育》。中村认为，“这种主题的二律背反成为此后大江探索文学方法的动因”[③]。中村将《感化院少年》至《个人的体验》这一时期大江文学创作低迷的原因归结为存在主义人生观和战后民主主义人生观原理上无法相容的矛盾。中村认为，在描写美国占领下的日本政治这一非常具有战后民主主义主题的作品系列中，存在主义人生观和战后民主主义价值观并没有很好地结合起来，其原因在于大江在描写作为美国附属国的日本的政治现实时，自始至终苦守存在主义人生观这一观念的反现实姿态。可以说，中村从民主主义思想出发，指出其小说呈现的思想和主题的自我分裂，较为全面地论述了从作为战后派文学继

① 渡辺広士：『大江健三郎』、審美社、1994年、36頁。
② 渡辺広士：『大江健三郎』、審美社、1994年、90頁。
③ 中村泰行：『大江健三郎 —— 文学の軌跡』、新日本出版社、1995年、18頁。

承者的文学起点到《燃烧的绿树》为止的大江文学主题变迁的轨迹。

大江主张文学介入社会，探索其作品背后的社会历史文化背景，可以说是一种有效的研究途径。大江文学是日本历史文化语境、战后社会状况等一般文化状况下的产物，离开这些具体的社会文化语境就无法充分理解大江文学。由于这种研究方法重视文学的外因——文学产生的背景，从而造成对作品本身的忽视。而大江文学的魅力，恰恰是其作品本身的丰富性，这就要求我们有必要将视野转向作品本身。

（三）文化研究视角

进入 21 世纪以来，文化研究方法也被引入大江文学研究领域，小森阳一、井口时男就是这一领域研究的杰出代表。二人的研究把大江小说置于其赖以生存的社会文化语境中，从文化的视角进行观照，试图全方位地把握大江文学的本质。

作为当今日本知识界广受关注的学者和新生代左翼批判知识分子，小森阳一敏锐地感受到大江小说中的历史认识问题、象征天皇制等问题，他将这些问题和大江小说的结构、主题等联系起来，尝试对其进行深入挖掘。小森对大江小说的分析，涉及了很多他长期以来思考的政治、意识形态问题。小森以大江《被偷换的孩子》《万延元年的足球队》《同时代的游戏》《给令人怀念的岁月的信》四部重要作品为中心探讨大江小说中的历史认识问题。他以瓦尔特·本雅明的星座化认识论作为自己的批评立场。本雅明认为，把星座化的认识论方法运用到人类历史中，通过把历史事实星座化，也就是将历史事件共时化，在理念的光照下重新排列，这样，蕴含在过去、现在、未来中的人类生存的本质就能得以显现。小森用这种把历史的现实性和可能性、本质和存在统一起来的方法，从大江小说文本细节的具体性入手，探寻大江的历史认识问题。小森考察了《被偷换的孩子》中出现的人物实名、书名、事件与现实的错位，从而将读者引入到现实世界。但是，小森并不是寻求通过将这些内容与现实世界人物、事物的对应来进行解读，而是将它作为大江文学整体中展开的一个个痕迹来阅读的。小森通过读者现在时的阅读行为，将各个小说世界中没有封闭的小说间的空洞重新组合的同时，寻找出新的星座，从而将大江文学整体与历史联系在一起。通过解读《万延元年的足球队》①，他指出了日本近代历史中的裂痕，在动摇现存历史这一行为中试图阐明历史的多样性。小森以知识考古学的方法梳理了足球的起源，指出既是安政七年也是万延元年的 1860 年这一时间点上，足球既是可以只能用脚踢的足球，也是可以用手抱持的橄榄球，从而揭示了足球这一体育运动本身所具有的被遮蔽的意识形态性，即这是和以英国为首的列强共有的、试图统治世界的殖民主义不可分的，是以人类的暴力作为背景的。这样，和 1860 年前后日本既打算消极开国又准备积极闭关这一矛盾的社会状况联系起来，不难看出《万延元年的足球队》是一部关于暴力的小说。在研究过程中，批评家和作家的思想在“历史认识”这一点上达到了一种契合。小森认为，人们企图对天皇制进行重构的话语，阻断了人们对历史事实的思考和判断，从而在歪曲现实的方向上，被有意识地组织起来。“20 世纪最后一年，我自身很想做一些在世界帝国主义和殖民主义的力量关系中重新验证明治以后日本历史的工作。……从这一工作结束开始，我就以‘历史认识和小说’为题，重读大江的小说和随笔，这样，我批判地重新检验日本近代以来迄今为止的历史认识问题就成了必然。”②可以说，对历史的反思和对现实的批判，正是小森大江文学研究的当下意义。

井口时男的《危机与斗争——大江健三郎与中上健次》(2004 年)

---

① 小说原题：『万延元年のフットボール』，「フットボール」来自英语 football，本书采纳了于长敏、王新新的译法（《万延元年的足球队》）。

② 小森陽一：『歴史認識と小説 — 大江健三郎論』、講談社、2002 年、308-309 頁。

将大江健三郎和中上健次放在一起进行论述。井口认为，这两位作家在精神层面上都经历了从边缘到中心的人生起伏。这种人生的巨大落差导致两人内心存在着强烈的自我分裂和矛盾，也使他们利用这种落差创造了自己独特的文学世界。井口指出，面对“现代文学的终结”这一文学状况，直面这一“危机”的两位作家，从语言的层面进行了艰苦的抗争。大江将讽喻这一技法贯彻到底的同时，吸取最前沿的思想成果，通过不断的重读、重写自己的作品世界，试图重新建构围绕主人公的公社（共同体）的空间“根据地”；而中上则是将积淀的故事、记忆的“小巷”解体并废弃它。大江和中上都是一贯将精神的落差作为自己的人生难题来接受。“事实上，他们都将这种困难转化为创作优秀作品的可能性。在这点上，浓缩了现代日本的困境和可能性。”[①]井口认为，两人20世纪80年代文学展现的“抗争”过程，表现在沿着重构和解体两个相反方向推进，无论是小说的形式还是思想，两人的方向几乎是相反的，这是两位文学巨匠对同一时代问题的不同回答。在这一状况下，大江《同时代的游戏》(1979年）之后，将陈旧而又难懂的讽喻引入作品，表现了与“现代小说蕴含的丰富性”有意识地诀别；中上则在作为“事实”的“小巷”世界在现实中消失的过程中，接受了“风景的均质化”，通过创作来加速其“贫乏”(指被剥夺了地缘和历史的语言空间的意义废墟——笔者注）的步伐。

井口所谓的“贫乏”，就是指本雅明在《德国悲剧的起源》中用“废墟”“碎片”“死尸”等词所表达的内容，即无意义、无价值、无希望的世俗生活图景，它反映了堕落语言支配下的真实世界。在20世纪80年代，消费主义的侵袭，后现代主义的渗透、次文化的突飞猛进，日本共同体遭到动摇，文学也在不停地摇摆。在这一危机的漩涡中，现代文学走向何处？井口将着眼点放在20世纪80年代以后的

① 井口時男：『危機と闘争 —— 大江健三郎と中上健次』、作品社、2004年、212-213頁。

大江和中上的文学轨迹上，在展开精密而富有逻辑性的作品解读，考证了两位作家创作的共性和特性的同时，也表达了自己对这一问题的思考。可以说，井口在小说这个场所中对 1980 年以后的文学空间和现代日本自身的变迁集中进行解读，并将之较为完整、清晰地展现出来。在某种意义上，井口的大江研究可以看做是一部日本 20 世纪 80 年代的文化论。

（四）符号学视角

莲实重彦的《大江健三郎论》（1980 年）将着眼点放在大江作品中频繁出现的数字上，立体地探讨了作品超越修辞效果而设置的“数字的装置”。莲实指出，在《我们的时代》中，作者对时代闭塞现状的绝望，在这一小说中并未直接叙述。主人公南靖男与其说讨厌自己对所处状况的无能为力，毋宁说是被自己与赖子 6705 次的性交和每次 5 毫升精液的厌恶感所折磨。也就是说，他因为毫无道理的数字严密性和得出这一结果的过程中统计的过分明晰性而精神沮丧。这种沮丧与《奇妙的工作》中剩下的 80 只狗这一数字面前“我”的沮丧是等质的，从这些数字中能够看到某种悲惨和滑稽共存的荒诞性，这种抽象的严密性不断地变换着形式，给大江的作品增添了某种荒诞感。以《个人的体验》为契机，大江的作品开始成功地朝数字狂欢的方向组织自身。莲实认为，所谓具有大江风格的作品，就是一边不断地更新优势与劣势荒诞无稽的均衡，一边维持着优势与劣势的危险的杂技。“大江的‘存在’，就是谁都可以通过这一冒险的杂技，超越数字考验的数字的狂欢。所谓数字狂欢，只是这种杂技不断上演的数字游戏的磁场，如果看不到这种数与数之间荒唐无稽的均衡，所有的语言都会失去根基，只能被悬置在缥缈的空中。”[①]莲实认为，在《万延元

① 蓮実重彦：『大江健三郎論』、青土社、1980 年、99-100 頁。

年的足球队》《洪水涌上我的灵魂》等长篇中可以切实地感受到这种数字游戏，《个人的体验》之后的中篇和短篇中也可以看到这种数字的狂欢。可以说，莲实以大江小说中的数字和公式为切入口，从符号学的角度尝试对小说中的数字和公式进行解码，是一种独创性的文本解读。虽然，莲实的符号学分析方法专注于文本内部，忽视了作家自身因素和社会语境等外部因素的作用，但他将视野投向文本自身上来，开辟了探索大江小说形式审美特征的新途径。

（五）文艺诗学视角

榎本正树的《大江健三郎的八十年代》（1995 年）是通过文本分析探讨大江小说方法的专著。榎本将大江 20 世纪 80 年代的作品放在其创作的整体脉络中进行考察之后认为，大江 80 年代的创作，是对 50 年代、60 年代、70 年代作品的更新和整合，同时也是他面向 90 年代和 21 世纪新的文学飞跃的推动力。在“《听‘雨树’的女人们》论”中，榎本认为，叙述者“我”是一个虚构的存在，“我”周围的作品人物在现实和虚构的维度上摇摆、交错、相连、背离中被虚构化，在文本中形成一种张力。同样，作为核心象征的宇宙树“雨树”，也在不同程度的文本之网的交错中作为具有现实感的存在浮现出来。用虚构化的、与现实人物一致的作品人物相互指涉的运动来编织文本这一表现形式，在大江 80 年代之后的作品中是共通的。在这个意义上，“‘雨树’系列可以定义为连接大江‘现在’的直接的出发点。”[①]在《新人啊，醒来吧》中，榎本认识到《新人啊，醒来吧》和传统私小说的不同。榎本认为，义幺这一小孩子的形象，和固守于日常性的私小说不同，他的存在将读者引入非日常性的异度空间。所谓非日常性的异度空间，是使我们的意识活性化的根本动力，是发生陌生化作用的空

① 榎本正樹：『大江健三郎の八〇年代』、彩流社、1995 年、86 頁。

间。“将读者的意识引入异度空间的义幺的存在本身，是以超出私小说框架的神话的领域作为依据的。”[①]在这点上，榎本认为，大江借用了私小说的形式和故事的展开模式，展现了应称之为“家族小说”这一新的“根据地”故事的可能性。在“《M/T与森林的奇异故事》论”中，榎本通过和《同时代的游戏》对比，寻找《M/T与森林的奇异故事》的独特价值，认为大江通过与新的叙述方式的接触，在小说这一表现体裁中，唤起故事共时的感觉，其作品世界在朝向古典的构思逆行，叙述的手法朝向共时的神话・故事的体系化不断重构。榎本的研究以文本细读为依托，很好地说明了大江80年代的创作在大江整个创作中的意义。可以说，榎本比较充分地消化了大江1978年《小说的方法》出版以来积极对文学方法论的探索，认真对其作为文学方法论实践具体运用的80年代作品进行了深入分析，在研究方法的展开上具有非常积极的意义。

安藤始的《大江健三郎的文学》（2006年）全面探讨了大江的小说方法，涉及的作品从《奇妙的工作》一直到《再见了，我的书》。安藤指出，大江文学的基点是反私小说的，然而，位于他文学根底的，是作家自己的私人领域，是“我”周围发生的事件，大江的小说就是在个人及自己周围发生的事件的基础上发挥想象力进行书写的结果。也就是说，在大江的小说观中，“我”的存在成为重要的内容。安藤认为，《日常生活的冒险》多重结构代表了大江小说的一种模式。即作者大江向读者展示的《日常生活的冒险》这部小说，是作家“我”写的齐木犀星的同名“传记”，而且，作家“我”是按照大江自身量体定做的“迟到的一代”的一员，出生在四国的山谷村庄，是延续了家族“英雄·反英雄”血统的人物。传记作者“我”带有之前大江塑造的许多人物的特征。作家虽然采用为亲近的人作传的形式，但其中

① 榎本正樹:『大江健三郎の八〇年代』、彩流社、1995年、114頁。

也提到了作家自身与传记整体的关联。而且，小说整体是事实还是虚构这一问题也被提了出来。“大江以自己的经历为基础，创造出作家‘我’，并将其作为写故事的代言者。这一结构，构成了大江基本的小说创作方法。”①安藤认为，文学的本质在于以现实为基础描绘虚构的世界。在这个意义上，我们能够将其置换为多种情况，可以认为大江跨越此岸、彼岸才有了纯文学，才有了文学与写实的差异。安藤较为全面地归纳、梳理大江的小说方法，对全面认识大江小说创作方法具有重要的参考价值。

榎本、安藤二人的大江文学方法研究都大量引用了大江文艺随笔、文艺理论著作中的观点，虽然，二人很好地将之与作品分析结合起来，做到了理论和文本的互证，然而，大江对小说方法的认识是一个不断变化的过程，这就要求我们在引用大江自己的创作理论来分析他的小说文本时，必须对其文学理论、文艺随笔等材料有一个动态的把握，否则很容易造成观点的偏颇。

（六）小说叙事学、文体学视角

大江在小说方法上标新立异，其小说实验最突出的表现形式就是小说叙事和文体上的创新。日本学者将西方叙事理论导入大江文学研究，在小说叙事人称、叙事结构、叙事话语等多个方面做出了积极的尝试。

曾根博义、渡边广士、松崎晴夫探讨了大江小说的叙事人称问题。曾根从叙事人称的角度探讨了《死者的奢华》的叙事文体，论述了明喻在大江文体形成中的作用，指出大江的文体实验是他认识到法语等欧洲语言与日语的根本差异，努力从内部即在日语尽可能不失去现实感的范围内对语言壁垒进行突围的尝试。②渡边广士分析

① 安藤始：『大江健三郎の文学』、株式会社おうふう、2006年、93頁。

② 曾根博義：「『死者の奢り』——「僕」のナラティヴ」、『国文学』1997年2月臨時増刊号、26-27頁。

了《父亲啊，你要去哪里？》两部分采用不同人称造成的叙事效果的差异。渡边认为，第三人称是小说的基本人称，即读者信任隐藏在故事讲述行为背后的作者，阅读看似客观性的“他”的故事。与此相对，第一人称试图引导读者进入从外部无法讲述的“我”的精神领域。在这个意义上，渡边指出，这种第一人称和第三人称叙事并置的结构体现了作者试图将属于自身精神深层中的父亲（指象征专制主义的家长制、天皇制——笔者注）的问题再一次明确表现出来的叙事的匠心。“第一人称叙事中途出现的第三人称是‘说明性’的。也就是说，在虚构中保持写实的安定性。这一安定性是‘我’对自身主观的不确定性的自我批判。”[①]可以说，渡边对小说叙事的解读具有一定的说服力，明确指出了大江小说叙事形式与叙事内容的结合问题。松崎晴夫认为，通常的小说作者为诱使读者进入原本是虚构的作品，一般会将一些客观性的内容作为前提提示出来，但是，《自己擦干眼泪的日子》并没有提示这样的内容。这部小说采用了将第三人称“他”的口述，陪伴在床边的“遗嘱代执行人”逐句记录的形式，作者无法保证内容的真实性、客观性，而且，口述笔录这一形式上的设定无法将作者和读者联系起来。松崎指出作品第7部分“他”叫喊着“剥夺你遗嘱执行人的资格！”而应该中断的记述，在第8部分仍然持续。根据这一点，之前的内容能不能看作口述笔录就值得怀疑了。而且，随着作品的进展，遗嘱代执行人是“他”的妻子这点被暗示出来。由此出发，松崎指出“冷静地作为旁观者的客观性，至少不能无条件地作为前提”[②]。可以说，松崎发现了这部小说叙事的不可靠性，指出了深入解读这部小说的关键。

---

① 渡辺広士：『大江健三郎』、審美社、1994年、27頁。

② 松崎晴夫：『デモクラットの文学——広津和郎と大江健三郎』、新日本出版社、1981年、11頁。

山田有策、四方朱子、赤塚正幸探讨了大江小说叙事结构以及小说文本的复杂性。山田考察了《给令人怀念的岁月的信》中“我的故事”与“义兄故事”的关系，认为为了凸显“义兄”现实的存在感，就有必要使“我”=大江健三郎这一等式在读者的脑海中成立。也就是说，“‘义兄’的故事同‘我’的故事的现实感交叉，更强烈地发挥了它具体的现实感”①。四方朱子指出，《给令人怀念的岁月的信》既具有了虚构性，又具有原型小说性质，可以从两个方面进行解读。然而，这部作品采用了使叙述与作为作者的大江健三郎这一署名尽可能接近的特殊的第一人称（也可称为疑似第一人称），因此，仅将其作为原型小说或仅看作虚构来把握的话，就忽略了这一文本重要的意义。②赤塚正幸认为，《摆脱危机者的调查书》具有两个叙述层次，这一双重结构蕴含着森父与森的冒险何时进行、森父何时向“我”讲述、“我”何时记述这一问题，指出了这部小说的叙事特征，即《摆脱危机者的调查书》采用了汇报自己行动的人和处在事件之外认识（思考）这一行动的人共同记述这一形式，是朝向认识与行动一体化的目标开始讲述的。赤塚指出，这部小说包含了和残疾儿共生、原子弹、天皇制、革命党、暴力、死亡、性、想象力这些在大江文学中经常出现的内容，小说在回荡着冒险之后的寂寞感中结束这一点是森父与森的冒险这一“故事”本身脱离了主题的结果。③

伊藤久美子、桑原丈和、岛村辉等学者注意到叙事者的身份、性格等人物具体特征对小说意义建构的影响。伊藤久美子指出，《人生

① 山田有策：「『懐かしい年への手紙』——「僕」と「ギー」の物語」『国文学』1997年2月臨時増刊号、84-85頁。

② 四方朱子：「循環するテクスト——『懐かしい年への手紙』」北海道大学大学院文学研究科『研究論集』2005年第5号、21頁。

③ 赤塚正幸：「『ピンチランナー調書』——消えてしまった「僕」の物語」、『国文学』1997年2月臨時増刊号、84-85頁。

的亲戚》的叙述者，是一直关注着主人公仓木玛丽惠波澜壮阔一生的友人，叙述者情绪容易激动，可以将他作为骗子（小丑）形象来对其性格进行立体、多义的把握。伊藤认为，“冷静地以他这种特有的叙述语气作为立场才应该是小说解读的前提”①，从而将目光投向叙述者自身的性格，在对其进行深入分析的基础上准确地把握了大江的创作意图。桑原丈和分析了《万延元年的足球队》的话语方式，认为视觉的局限性造成蜜三郎叙述语言的独特性。右眼失明导致的远近感和时间感的丧失，使其观察事物以及对事物的呈现方式受到了影响。这样，蜜三郎对鹰四及对其行动的评价也由于不可靠的语言成为带有偏见的评价。在这个意义上，桑原对小说的结尾——蜜三郎要在非洲进行的“翻译”工作的意义提出了自己的理解。②岛村辉探讨了大江小说叙事中的性别问题。岛村指出，大江从《另一个和泉式部诞生的日子》（1984 年）开始，叙事手法发生了转变。在《给令人怀念的岁月的信》《人生的亲戚》这些 20 世纪 80 年代中后期的作品中，大江逐渐解放了创作主体本身包含的女性特质，创造了生动的女性形象。③岛村认为，在《静静的生活》中，要描写在时间的流逝中逐渐变化、解体的家庭模式，大江一贯的父亲与残疾儿的共生关系为轴心的叙述手法就行不通了。要描写改变形态，向下一个形态变化的“家人的关系”，就要把它放在脱离“父-子”这一权力关系的新的关系中来把握。④

就日本学者对大江小说叙事的研究来看，目前还仅限于个别作品

---

① 伊藤久美子：「大江健三郎『人生の親戚』の語り手」、日本文学研究会『文学研究』第 95 号、2007 年、21 頁。

② 桑原丈和：『大江健三郎論』、三一書房、1997 年、153-154 頁。

③ 島村輝：「森の谷間の『歌のカケハシ』——大江健三郎『もうひとり和泉式部が生まれた日』をめぐって」、島村輝編『日本文学研究論文集成 45 大江健三郎』、若草書房、1998 年、56 頁。

④ 島村輝：「『静かな生活』——〈ファミリーロマンス〉を超えて」、『国文学』1997 年 2 月臨時増刊号、151 頁。

的文本分析，尚未具备以上各种研究方法形成的规模，缺乏一种整体性。不过，日本学者的大江小说叙事研究还是从不同侧面反映了大江文学叙事上的创新，展现了大江小说叙事研究的广阔前景。

大江是一位视野广阔、创作方法多样的作家，以其所有作品为对象来展开评论并不是一件容易的事。大江文学研究的方法论从 20 世纪 50 年代单一的作家作品论至今已经过了一个多样化的转型，这为大江小说研究提供了广阔的平台。日本学者近 50 年来的大江文学研究从各种角度切入，展示了大江小说丰富的意蕴和独特的艺术风格。但从总体上看，传记式研究法、社会历史批评方法一直是大江文学研究的主线。这种方法取得了一定的成绩，但也出现了不少相似或重复的研究。其中，日本传统的“人与作品”这一研究传统，几乎在所有研究中都有所体现，这也是许多研究专著无法在研究方法上保持统一性的重要原因。全面、综合地对大江文学进行研究，需要批评者具有广阔的理论视野和对现实、历史的深入思考，只有这样才能突破“人与作品”这一传统研究框架，真正把大江文学研究推向深入。

二、大江健三郎研究在中国

从国内研究来看，截至 2014 年年底，已有 6 部影响较大的研究专著问世。中国学术期刊网络出版总库收录了大江小说评论论文近 220 余篇，中国优秀硕士学位论文全文数据库收录大江研究硕士论文 18 篇，中国博士学位论文全文数据库收录大江研究论文 3 篇。本小节通过对国内近 30 年的大江文学研究的整理，探讨大江文学进一步研究的空间。

综观国内的大江文学研究，我们大致可以以 2000 年为界分为两个阶段，即 2000 年之前和 2000 年之后两个阶段。之所以这样划分，主要着眼于各阶段在大江文学研究方法和内容上所反映的特点以及研究的深入程度。我们可以看到，国内的大江文学研究在两个阶段呈现出显著的特征。

（一）国内大江健三郎研究：1988～2000 年

在获得 1994 年诺贝尔文学奖之前，大江的主要作品在中国并未得到普遍的关注，只有《突然变成哑巴》《空中怪物阿归》《饲育》三个短篇被分别收录在不同的三本日本小说集中。[①]在这一状况下，何培忠的《1982 年日本小说创作一瞥》一文提到了大江的《听“雨树”的女人们》，结合当时苏美之间核竞赛的社会背景，认为该作写作手法比较晦涩，是大江小说创作的一个转折点，是一部旨在动员人民反对核战争，“深刻反映核武器时代日本文学家思想动态的重要作品”。[②]李德纯指出，大江的早期作品如《饲育》（1958 年）、《人羊》（1958 年）以及《出其不意变成哑巴）（1958 年）等作品“从不同角度揭露了美国在占领日本期间的劣迹丑行，具有一定的民族意识和爱国思想”[③]。可以说，二人均指出了大江小说与时代的紧密关系，虽然是概述，但还是涉及大江小说的一些重要主题。在这一状况下，王琢的《人·存在·历史·文学——大江健三郎小说论纲》可以说是国内较为全面地论述大江小说创作的开山之作。在这篇论文中，王琢将大江的小说创作分为惶惑与生存危机意识（1957～1964 年）、恐慌与历史文化意识（1965～1979 年）、超越与文学审美意识（1980 年～？）三个阶段。

---

① 《突然变成哑巴》收录在文洁若编选《日本当代小说选》（下），外国文学出版社 1981 年版。《空中怪物阿归》收录在张嘉林等译《维荣的妻子——当代日本小说集》，上海译文出版社 1986 年版。《饲育》收录在荀春生、李志勇编《闯入者——当代日本中篇小说集》，北京出版社 1989 年版。另外，据天津外国语大学田泉博士《评 1963 年智障儿的出生和广岛之行对大江文学的影响》一文的考证，在 1994 年之前，《外国文艺》杂志分别在 1980 年和 1986 年刊载了吴树文译的《空中的怪物阿归》和贾春明译的《死者的奢华》。

② 何培忠：《1982 年日本小说创作一瞥》，《外国文学研究》1983 年第 2 期，第 114 页。

③ 李德纯：《内部精神的深层开掘——简评日本现代派文学》，《日语学习与研究》1987 年第 2 期，第 58 页。

作者指出，《奇妙的工作》《死者的奢华》等大江早期作品的主题，就是描写现代人的孤独感以及在现实中失落的自我。作者认为，大江小说的叙述者“我”，体现了理智恢复期的迷茫，比以颓废主义美学为主体，描写人失去理智后疯狂状态的石原慎太郎的“太阳族”文学具有更深的社会文化内涵和更高的文学价值。作者还将大江文学和日本私小说传统联系起来，指出大江对私小说关于故事结局性或目的性即“写什么”这一叙事观念的反思，表现了对过程性叙事观念——“如何写”的执著。[①]该文对大江的小说创作进行了较为全面的论述，对作品个案的研究虽没有全面展开，但分析鞭辟入里，具有真知灼见，对其后的研究者具有重要的指导意义和参考价值。

另一位较早关注大江小说创作的研究者孙树林在《大江健三郎及其早期作品》中，敏锐地认识到大江小说的文学价值，号召日语界同仁阅读原著，将大江文学研究推向深入。作者认为，大江所处的时代充满了矛盾，年轻一代与老一代价值观念的不同、民主主义与封建主义乃至军国主义残余的矛盾、四国的山村和现代文明的大城市东京的差异、东西方文化的冲突等要素造成大江的失落感与自卑心态，这些构成了大江早期小说创作的思想根基。[②]可以说作者在对大江人生经历和创作生涯进行全面描述的同时，指出了大江早期作品的创作特色和思想根源。由于篇幅所限，这篇论文主要探讨了大江早期具有存在主义倾向的作品，并未涉及他中期之后更为复杂多样的创作。实际上，即使是早期作品，也存在着大江对存在主义的超越问题。战后民主主义、萨特存在主义到底在多大程度上影响了大江也是需要我们进一步探讨的问题。

---

① 王琢：《人·存在·历史·文学——大江健三郎小说论纲》，《社会科学战线》1998年第2期，第307页。

② 孙树林：《大江健三郎及其早期作品》，《日语学习与研究》1993年第2期，第56页。

从 1995 年到 2000 年，大江文学研究在国内掀起了一股热潮。仅 1995 年就出现 30 余篇论文。不过这些论文大多停留在对大江生平和创作经历的介绍上，甚至一些研究论文几乎成了大江作品的梗概介绍。这些零散的印象式批评以及套用存在主义理论的片断式论说体现了国内日本文学研究界对大江的“意外”获奖是多么手忙脚乱。从研究对象来看，这一时期的研究也多集中在早期短篇小说和长篇《个人的体验》上，研究方法也多采用社会学批评方法。在如此繁多的研究中，世龙的《大江健三郎的文学观及文学特征》揭示了大江文学的主要特征。作者认为，贴近西方式的理性是大江文学与日本文学传统的最大差别，这种创作特征贯串大江文学始终，从而使大江文学不像川端康成那样最终回归到日本文学传统。①世龙的观点间接告诉我们，研究大江文学，需要具有较为深厚的西方学术背景，否则很难真正触及大江文学的本质。遗憾的是，在中国的日本文学研究界，以作家为中心的评传式研究和把文学看做是社会反映的社会历史批评范式仍然占据主流地位，这两种方法对丰富多彩的大江文学来说显然是不够的，也在很大程度上影响了这一时期大江研究的整体水平。

1995 年以后，大江小说的中译本陆续在国内出版，大江文学开始引起一些世界文学和比较文学专业研究者的兴趣。从总体来看，作家研究、作品介绍等宏观论述大江小说主题的研究仍然占据主要地位。在这些研究中，于进江的《在西洋和东洋之间架桥的作家——大江健三郎获诺贝尔文学奖及文学特色浅析》对大江文学在中国的接受状况进行了详细的剖析，指出了大江文学的九大特征：从个人具体性走向社会、国家和世界；荒诞现实主义和大众笑文化意象系统；与残

① 世龙：《大江健三郎的文学观及文学特征》，《外国文学评论》1995 年第 1 期，第 135 页。

疾人共生；文学介入政治；天皇制批判；来自四国森林和峡谷村庄的想象力；性描写具有浓厚政治色彩；创造了独树一帜的“幻想式的自传”；文体晦涩难懂。[①]叶继宗的《再现人类困境中的不安——大江健三郎初探》认为，大江文学表现了他对理性的追求。他的创作不同于以再现生活为目的的日本传统现实主义，而是“以近似荒诞的情节，采用寓意、象征、隐喻的手法，哲理性的议论，给人理性的思考”[②]。何乃英指出了大江不同创作阶段的文学特色，宏观上将大江文学不同创作时期的主导意识分别为“徒劳——墙壁”意识、“性——政治”意识、“残疾儿——核武器”意识和“乌托邦——森林”意识。[③]朱红素探讨了大江文学的森林意识问题，认为大江的森林意识产生于其人生经历和日本社会现实的相互作用。森林意识以及对政治和现实的关注，使大江文学表现出对关注人类命运的文学主题的深入思考，使他的作品风格既严肃、厚重，又具有现代气息以及滑稽、幽默和反讽色彩。[④]王琢关注大江小说中一系列“反英雄”人物形象，指出了大江“性的人”和“政治的人”这一设定的创新意义，认为大江第一阶段中期“脱离现实”“从书本中来到书本中去”的创作倾向导致了这一时期的文学走向了公式化、概念化和主题先行的“死胡同”。[⑤]涂险峰在个人生存危机、种族群体危机、人类总体危机三个层面上探讨了大江对现代危机的思考，认为其小说贯穿着超越、回归和战斗的人道

① 于进江：《在西洋和东洋之间架桥的作家——大江健三郎获诺贝尔文学奖及文学特色浅析》，《日语学习与研究》1997年第2期，第49-50页。

② 叶继宗：《再现人类困境中的不安——大江健三郎初探》，《孝感师专学报》（社会科学版）1995年第3期，第54页。

③ 何乃英：《大江健三郎创作意识论》，《外国文学评论》1997年第2期，第88页。

④ 朱红素：《大江健三郎的森林意识》，《中山大学学报》（社会科学版）1997 年第 5 期，第11页。

⑤ 王琢：《“反英雄”人物与“性”冒险的意义——大江文学的创新意识或探索者的误区》，《海南大学学报》（社会科学版）1996年第2期，第59页。

主义三种基本精神。[1]庞希云、胡志明探讨了大江对萨特存在主义的接受问题。庞希云认为，大江以文学创作形式表现了对人类生存终极意义的探索，走出了一条富有特色的“东方存在主义”的路子。[2]胡志明认为，大江《个人的体验》标志着他完成了对萨特存在主义文学的接受和消化，形成了自己独特的创作风格即“东方化和日本式的存在主义”[3]。

总体来看，这一阶段的研究对大江小说主题的认识逐渐趋向深入。实际上，关于大江的小说创作主题和创作方法，我们只能具体作品具体分析，很难将其局限在一个框架里。大江的创作方法也是不断变化的，所谓的创作特色也只是相对的，否则很容易犯先入为主、以偏概全的错误，这也是大江研究必须以具体文本为出发点的一个主要原因。

在这一时期，有关大江小说文本分析的论文并不多见。在这些研究中，周海林从“真善美的破灭”“转瞬即逝的乌托邦”“孤独绝望的反抗者”“暧昧的日本与我”四个方面分析了《感化院少年》的社会文化内涵，认为这部作品表现了对战争期间日本国民性的批判、对战争的反思以及对狭隘民族主义的批判，体现出深厚的人道主义精神。[4]尚侠、郭志伟指出了大江小说主题的普遍性，即对现代人精神危机、核问题、残疾人和暴力倾向等具有世界意义的创作主题的关注，认为《洪水涌上我的灵魂》深刻反映了人类命运的重大主题，“有理由成为

---

① 涂险峰：《大江健三郎小说与现代文明的危机》，《武汉大学学报》（哲学社会科学版）1997 年第 4 期，第 92 页。

② 庞希云：《“东方存在主义”：大江健三郎向世界说话的方式》，《广西大学学报》（哲学社会科学版） 1998 年第 3 期，第 44 页。

③ 胡志明：《暧昧的选择——大江健三郎早期创作中对萨特存在主义影响的消化》，《外国文学评论》2000 年第 1 期，第 92 页。

④ 周海林：《评大江健三郎的战争反思录——〈拔苗斩仔〉》，《上海大学学报》（社会科学版） 1995 年第 3 期，第 33 页。

现代日本小说精神的杰出代表”①。霍士富《超越心灵地狱——大江健三郎的〈个人的体验〉和〈空中怪物〉解读》从“自主选择”“承担责任”和“心灵之地狱”三个方面对两部小说进行比较后指出，大江通过小说书写，在“自我救赎”的同时完成了真正意义上的“个人体验的普遍化”②。王琢的《现代森林神话与救济的可能性——论大江健三郎〈万延元年的足球队〉》从“现实与历史或重层时空的构造”“‘蜜’与‘鹰’或人物的对比构造”“森林里的‘根’或现代森林神话”三个层面出发，认为《万延元年的足球队》是大江文学“现代森林神话”这一主题的开山之作。③在《试论大江健三郎<同时代的游戏>的意义》中，王琢分析了大江健三郎《同时代的游戏》的文化人类学要素，认为《同时代的游戏》的意义就在于其“实验性”和“先锋性”，小说体现了大江思想认识的先锋性和创作方法的实验性，大江对文学与文化关系的密切关注是“有志于超越传统文学的文学者的必然选择”④。王琢在《大江文学的客观关联物或凝视自我的机遇——〈个人的体验〉的体验及两极特色》中指出，《个人的体验》所揭示的主题（指从特殊的个人体验中寻求人类救赎的普遍意义——笔者注），使大江第一阶段的小说创作有了一个较为圆满的结局，同时也为他第二阶段、第三阶段的文学创作提供了广阔的想象空间。⑤

---

① 尚侠、郭志伟：《在大江健三郎的文学世界里——评长篇小说〈洪水淹没我灵魂〉》，《东北师大学报（哲学社会科学版）》1995年第5期，第78页。

② 霍士富：《超越心灵地狱——大江健三郎的〈个人的体验〉和〈空中怪物〉解读》，《西北大学学报（哲学社会科学版）》1998年第4期，第53页。

③ 王琢：《现代森林神话与救济的可能性——论大江健三郎〈万延元年的足球〉》，《东北亚论坛》1997年第1期，第91页。

④ 王琢：《试论大江健三郎<同时代的游戏>的意义》，《外国问题研究》1998年第3期，第56页。

⑤ 王琢：《大江文学的客观关联物或凝视自我的机遇——〈个人的体验〉的体验及两极特色》，《海南大学学报（社会科学版）》1996年第4期，第53页。

可以说，这些论文通过具体文本分析，从小说社会意义出发对大江的小说创作进行了较为恰当的定位。从参考文献来看，由于资料所限，个别论述还有一些意犹未尽的地方。然而，通过具体作品的阐释来研究大江文学，与同时期以介绍、综述为主的大多数论文相比，更具有说服力。

这一阶段还出现了用比较文学方法研究大江文学的成果。孟庆枢《从川端康成到大江健三郎》一文较为全面地比较了两位诺贝尔文学奖获奖作家的小说创作特征和对待外来文化及文学传统的态度，梳理了大江对俄国形式主义的"陌生化"手法、巴赫金的狂欢理论、怪诞现实主义、罗德曼的结构诗学等的认识，指出大江通过边缘的发现来唤起人的灾难意识，即其创作主旨和川端相同，即"希望世界好起来，让这人类唯一的方舟充满爱"①。王禹考察了大江早期作品与《圣经》的关系，指出《人羊》《突然变成哑巴》等的人物形象与《圣经》的一些人物形象相似，在此基础上认为大江文学不是对基督教教义、教理的演绎，对《圣经》的接受也不同于历来的基督教文学。②刘伯祥指出，大江小说性描写与亨利·米勒小说有异曲同工之妙，认为大江通过性描写来反抗现存社会体制，在权威解体之后以一种独特的表现方式来描写性，试图从性中追求真正的人性回归。③麦永雄在《诺贝尔文学奖视域中的大江健三郎与莫言》一文中指出，莫言和大江在小说结构与叙事的时空转换方面技法纯熟，表现出强烈的现代意识，同时他们还以怪诞的现实描写和语言上大胆创新而独树一帜。④在《日

① 孟庆枢：《从川端康成到大江健三郎》，《日本学刊》1997 年第 4 期，第 94-95 页。

② 王禹：《大江健三郎初期作品与〈圣经〉的关系》，《国际关系学院学报》1999 年第 4 期，第 45 页。

③ 刘伯祥：《大江健三郎与亨利·米勒》，《外国问题研究》1998 年第 2 期，第 56 页。

④ 麦永雄：《诺贝尔文学奖视域中的大江健三郎与莫言》，《桂林市教育学院学报》1999 年第 2 期，第 46 页。

本艳情文学传统与大江文学的性》中，麦永雄将大江小说中的性描写放在与日本艳情文学传统的比较中进行考察，全面、客观地评价了大江小说的性描写。作者认为，大江文学是对日本好色文学传统的继承发扬，然而，其小说中大量的性器官、性行为、性体验等性意象的泛滥不可避免地会给读者带来一些负面影响。①

的确，大江的小说创作与世界文学、文化思潮紧密相连，我们只有将其文学置于世界文学背景之下才能更好地理解大江文学，比较文学视角为解读大江文学提供了一种有效的切入方法。从整体来看，这一时期从比较文学角度研究大江小说的论文多半集中在作家创作方法的宏观比较，具体到作家某一时期的创作，还需要通过文本细读进行微观分析，只有将宏观比较和微观分析结合起来才能避免研究中以偏概全的错误，真正把比较研究推向深入。

大江文学从他登上文坛开始就以不断翻新的形式实验受到了广泛的关注，大江独特的小说形式、结构也引起了中国学界的注意。王奕红的《试析大江健三郎小说的文体特色》是国内第一篇具体分析大江小说文体的论文。在这篇论文中，作者指出了大江小说叙事的客观性问题，认为大江在强调小说叙述的客观性的同时，尽可能地保持了小说的虚构特征。大江“一开始就将作为作品中人物之一的‘我’与作为作品叙述者存在的‘我’分离开来，在用现在型结句对主观意象进行诗意化表现，为小说人物的‘我’所置身的文学世界添加浓厚生动的文学色彩的同时，始终不忘对介乎于读者与小说世界之间的叙述者‘我’的叙述添加某种客观而冷静的距离感”②。麦永雄的《论大江健三郎的叙事视角与空间化小说》指出了大江小说的空间化问题，

---

① 麦永雄：《日本艳情文学传统与大江文学的性》，《广西社会科学》1997 年第 4 期，第 95 页。

② 王奕红：《试析大江健三郎小说的文体特色》《解放军外国语学院学报》2000 年第 6 期，第 88 页。

认为大江的空间化小说从表现技巧来看包含“以空间整合时间，以共时消弭历时”“导入神话因素以拓展历史与现实的空间”、“蛛网式的互文性叙事”三个要素。[①]可以说，大江是一位对小说形式极为关注的作家，大江的文体和叙事富于变化，需要我们对其小说形式实验进行动态的把握，以上研究在某种程度上填补了这一时期大江小说形式研究的空白。

综而观之，这一时期的成果主要从社会学、文化学、存在主义哲学、文体学和文艺美学等角度出发，探讨了大江小说的社会意义、形式特征、艺术手法等问题，一方面传统的社会学批评方法不断得到了继承发展，另一方面西方文艺批评理论也逐渐被用于大江小说分析，这推动了相关研究在形式和内容两个方向向纵深发展，为进入 21 世纪的大江文学研究做了很好的铺垫。

（二）国内大江健三郎研究：2001～2014 年

进入 21 世纪以来，中国文学研究界对大江文学的关注达到了一个顶峰，大江文学研究呈现出多元化倾向。据不完全统计，2001～2014 年，国内期刊刊发的大江文学研究论文达 200 余篇（截至 2014 年 12 月），正式出版的专著有 3 部，硕士、博士论文达 20 余篇。这一时期出现了从作家创作的宏观研究向文本微观研究的转向。除传统的社会学批评方法之外，还呈现出从叙事学、解构主义等多角度研究的新趋势。这一时期的研究大致可分为以下四种研究范式。

1. 社会学、文化学批评视角

大江的小说创作与时代息息相关，因此，对大江小说社会意义、文化意义的研究有着重要的现实意义。社会学批评方法的政治学取向

① 麦永雄：《论大江健三郎的叙事视角与空间化小说》，《日本研究》2000 年第 1 期，第 65-66 页。

和批判的介入立场，使之成为大江文学研究的一种主要方法。

王新新的《大江健三郎的文学世界：1957—1967》是一部在博士论文的基础上完成的大江文学研究专著。作者以大江的“再启蒙意识”和“文化批评意识”为切入点，将作家的早期创作置于其赖以存在的社会历史文化语境中进行重新观照。作者认为，从《饲育》到《感化院少年》前后，大江的战后再启蒙意识开始变得逐渐明晰。到《十七岁》《政治少年之死》，大江独特的思想启蒙话语已经基本形成。《万延元年的足球队》对日本近代史暴力本质的揭露，标志着大江实现了对日本近现代史的文化批评。在对大江早期作品进行详细分析的基础上，作者指出了大江的写作意图，认为他进行启蒙的目的，是“要建立起自我反思式的文化批评，以达到文化人格的再造，即试图通过文化批评来解决文化危机”①。霍士富分析了大江《别了，我的书!》的反“天皇制”思想，指出了小说中的“那件事”与天皇制意识形态的关系，认为小说的悲剧式结尾、小说人物对暴力的认识的转变体现了大江对国民性反思的进一步深入，表现了大江与之前文学创作风格的诀别，预示着作家今后新的文学起点。②吴岚分析了大江健三郎的《跑啊，跑下去》《父亲啊，你要去哪里?》《告诉我们在疯狂中活下去的路》三部小说，将大江小说中的“疯狂”作为一种“异化的存在方式”加以考察，认为大江对疯狂主题的执著，体现了他直面人类共同的异化生存现实，试图寻找个人、民族乃至人类共同生存之路的文学诉求。③许金龙探讨了大江健三郎《水死》的反天皇制主题，认为小说中的“杀

① 王新新：《大江健三郎的文学世界：1957—1967》，人民文学出版社2004年版，第208页。

② 霍士富：《破坏性的民族反省——评大江健三郎新作〈别了，我的书!〉》，《外国文学》2007年第6期，第113页。

③ 吴岚：《世界背景下的“疯癫”——论大江健三郎小说中的“疯狂”》，《复旦外国语言文学论丛》2009年第1期，第46页。

王”意象是一种隐喻，即杀死绝对天皇制社会伦理这个庞大无比、无处不在的“王”，体现了作家“在当下的绝望中寻求新的时代精神的最大之希望”①。

“边缘”是大江文学的根本立足点，也是他表现时代危机，重塑民族精神的根本方法。大江小说创作的边缘立场，也成为许多研究者关注的对象。

王奕红指出，“歧视”这一视点是研究大江早期文学边缘意识的一种有效方法，认为“歧视”问题促使大江坚守一种知识分子的批判立场，他的小说在为与中心话语对抗的边缘力量呐喊的同时，也表现了弱势群体的不安和矛盾。②李方阳指出，朝鲜人以强健的他者形象，大量出现在大江健三郎早期文学的各个角落中。“朝鲜人强健有力的精神状态与日本人萎靡不振、卑微可鄙的精神状态形成了鲜明的对比。通过这一对比，大江健三郎意在表现二战战败对日本人精神世界的强烈冲击，并表达了作家自身极度的失落之情。”③唐迎欣探讨了“边缘意识”在大江文学中的具体运用，认为大江“边缘意识”的产生与日本文学传统、西方的写作技巧密不可分，指出大江从独特的个人体验出发，表现边缘文化丰富的历史和社会文化内涵，展现了边缘的活力，体现出强烈的人文主义精神。④罗帆考察了大江小说中边缘人的表现形式和生存状态，探讨了大江边缘写作立场的文化内涵和人道主义底蕴，认为这种文学创作的边缘姿态体现了大江的审美意向和浓厚

---

① 许金龙：《“杀王”：与绝对天皇制社会伦理的对决——试析大江健三郎在〈水死〉中追求的时代精神》，《日本学刊》2011年第2期，第125页。

② 王奕红：《〈饲育〉中的“歧视”与大江健三郎初期创作的边缘意识》，《解放军外国语学院学报》，2010年第2期，第111页。

③ 李方阳：《强健的他者——论大江健三郎早期文学中的朝鲜人形象》，《戏剧之家》2014年第23期，第265页。

④ 唐迎欣：《大江健三郎：“边缘”的反击》，广西师范大学2002年硕士论文，第28-29页。

的人道主义精神。[①]

"森林"是大江作品中反复出现的意象之一，它和峡谷村庄一起，构成了大江小说独特的地理空间，是解读大江小说主题意义的关键词。王玲认为，大江小说中的森林描写充分体现了日本森林文化对其文学创作的浸润。森林意识展现了大江文学深厚的传统文化底蕴，这一意识的形成与作家的人生经历、对日本森林文化的感悟密切相关。[②]杨月枝指出，大江将故乡有关森林的神话和传说中蕴含的独特宇宙观、生死观运用到小说创作中，认为这些内容体现了日本民族精神和审美意识，是传统文化的根基，是治疗现代文明疾病的良方，可以"为日本人与日本文化迈向'再生'提供契机。"[③]蔡志云认为，大江小说中的森林世界，体现了神话和现实的交融，大江通过丰富的想象力，在文学中表现了对现代文明社会和人类生存状况的执著思考以及对文化传统的深切关注。[④]任健、王丽华考察了"森林意识"内涵在其创作中的变化，认为作为大江文学的创作理念和手法，关于"森林意识"的研究和解读也须与时俱进。[⑤]

大江是一位将性广泛用于小说创作的作家。李淑芝《大江健三郎作品中性与政治的冲突》对大江的"性与政治"这一主题进行了较为深入的探讨。作者认为，大江小说中的"性"描写体现了对自我存在

---

① 罗帆：《边缘人生存境遇及形态表现——大江文学边缘化姿态扫描》，《外国文学研究》2002 年第 1 期，第 118 页。

② 王玲：《大江健三郎及其作品与日本森林文化》，《西南民族大学学报（人文社科版）》2009 年第 10 期，第 202 页。

③ 杨月枝：《大江健三郎的森林情结》，《社会科学论坛（学术研究卷）》2007 年第 9 期，第 155 页。

④ 蔡志云：《神话与现实的交融——大江健三郎小说的森林世界》，《福建论坛》（社科教育版）2007 年第 12 期，第 32 页。

⑤ 任健、王丽华：《大江健三郎的森林意识——以〈万延元年的足球队〉为中心》，《北京第二外国语学院学报》2011 年第 8 期，第 42 页。

认同，展现了生存的荒谬和徒劳，暴露出现代文明社会的痼疾。[①]罗冰通过《性的人》探讨了大江对存在主义的接受问题，认为《性的人》预示着大江创作风格的转变，在大江的创作中具有承上启下的作用。[②]李金杰将大江对人的性世界的描绘放在边缘文化与主流文化的对立中加以考察，揭示了作家性描写背后的政治意图。即大江的性描写展现了对生命本能的张扬，作家试图通过身体的解放来追求人的全面解放，表现了一种对抗主流文化的文化姿态。[③]

大江文学的救赎主题是大江文学创作的终极目标之一，许多研究者从不同方面探讨了这一问题。牛伶俐指出，《个人的体验》体现了大江灵魂再生的妄想意识和人道主义情怀，认为该作表现了作家在灵魂再生的理想幻灭后对人类救赎的呼唤。[④]李德纯较为准确地概括了大江文学的灵魂救赎意识，认为大江文学既不是对现实世界的机械式反映，也不是对理想世界的乌托邦式描绘，它体现了作家对社会的细致观察，凝练着作家人生的幻灭感和悲天悯人的情怀，折射地反映了人的某些潜意识。[⑤]胡志明认为，大江的后期作品表现了正视历史和回归自我本真状态的倾向，认为这才是日本民族摆脱当前文化危机，实现“自我拯救”的途径。大江的文化救赎思想对全球化背景下面临严重文化危机的个人、民族乃至全人类实现“自我拯救”具有普遍的

① 李淑芝：《大江健三郎作品中性与政治的冲突》，《学术交流》2004 年第 5 期，第 157 页。

② 罗冰：《大江健三郎〈性的人〉：二重性中的迷惘探索》，《外国文学研究》2004 年第 1 期，第 129 页。

③ 李金杰：《为了灵魂的救赎——大江健三郎〈人的性世界〉解读》《理论界》2007 年第 11 期，第 211 页。

④ 牛伶俐：《灵魂再生的妄想——评大江健三郎的长篇小说〈个人的体验〉》，《安徽大学学报（哲学社会科学版）》2001 年第 3 期，第 123 页。

⑤ 李德纯：《现代灵魂的自我拯救——大江健三郎作品剖析》，《出版广角》2002 年第 4 期，第 67 页。

重要意义。[①]姜丽清指出，《空翻》体现了大江的宗教救赎意识，认为他“无神时代的人类救赎”这一思考是建立在想象力基础上的对人类灵魂救赎的积极思考，而想象力能够带来“无限可能”。[②]霍士富将大江的宗教理念与哲学联系起来，从“两极共存”的哲学思辨、无信仰的“前基督”、形似蚕茧的新兴宗教三个方面探讨大江文学的宗教理想，认为《燃烧的绿树》是立足于现实社会完成的一部杰出的“现代《福音书》”。[③]彭振指出，大江的宗教意识体现了他文学介入社会的写作立场，认为大江的宗教理念是将二元共存思想作为哲学基础，以面向无神时代中心缺席的空洞祈祷作为思想核心，体现了大江对新兴宗教本质及其出现原因的深刻思考，凸显了他在探索现代人灵魂救赎问题时表现出的人道主义精神。[④]

我们可以看到，社会学、文化学批评方法涉及了大江小说创作的天皇制批判、疯狂主题、性主题、灵魂救赎等多个方面，展现了大江作为当代知识分子通过文学介入社会的创作姿态。从研究的深度来看，这一时期从社会学、文化学角度展开的大江文学研究是比较深入的，大多数研究做到了从作品出发，将作品精读和历史文化语境结合起来，体现了文学批评的成熟。

2. 文艺学、美学视角

大江是一位重视小说写作技巧的作家，因此，对他小说方法、创作动向的研究已成为中国大江文学研究的一个主要方面。王琢的《想

---

① 胡志明：《无神时代的自我拯救——论大江健三郎后期作品的文化救赎思想》，《国外文学》2005年第2期，第124页。

② 姜丽清：《“翻”越“存在”——大江健三郎〈空翻〉解读》，《长春师范学院学报》2007年第1期，第72页。

③ 霍士富：《大江文字的宗教理想及其在作品中的表现——试析〈燃烧的绿树〉》，《外国文学研究》2001年第3期，第78页。

④ 彭振：《面向拯救的灵魂探索——从〈燃烧的绿树〉、〈空翻〉看大江健三郎的“宗教意识”》，华东师范大学2006年硕士论文，第47页。

象力论——大江健三郎的小说方法》从作家理论认识的层面出发考察了大江对想象力的认识以及想象力在他文学创作中的运用。作者认为，大江的想象力论，来自不同阶段对萨特“存在-虚无-自由”、巴什拉“想象力是改变形象的能力”、布莱克“想象力是人存在本身”的接受和应用。作者从“想象性真实与形象的分节化：私小说批判”“政治的想象力：天皇制批判”两个方面分析了大江将想象力用于日本文学文化批判的创作实践，认为大江自觉地以想象力理论为小说创作原理，做到了文学创作与世界文学的同步。同时，在创作中体现了他对私小说的日常性、个人性为特征的日本传统叙事模式的颠覆。①可以说，王琢的研究指明了大江小说形式实验的内在机制、具体过程及与西方文艺思潮的关联。

罗帆的《关于大江健三郎文学意识的思考》认为，大江小说体现了他对文本政治无意识形态话语建构的执著，大江的个人书写，将庄严叙事、宏大叙事拆解而进入了寓言性的深度叙事。作者指出，大江的文本中既存在着对忧患、悲剧和绝望的书写，也夹杂着一些喜剧因素和欲望讲述，在两种相互对立的话语场中，表现了对个体生存的困惑。②

王洪岳在《文学如何表现完整的人?——以大江健三郎为例》一文中指出，大江将“性的人”与“政治的人”两个维度联系起来，将人性放在二者的对立和联系中加以把握。大江的创作就是通过边缘的发现来认识、构筑和表现整体。在大江看来，文学不能是对敏感政治问题或意识形态问题的回避，也不能一味沉浸在“性的人”的观念中在文化消费主义时代向读者一味妥协，而要在正视现实问题的同时尽

① 王琢：《想象力论——大江健三郎的小说方法》，上海文艺出版社 2004 年版，第 170-171 页。

② 罗帆：《关于大江健三郎文学意识的思考》，《湖南商学院学报》2001 年第 4 期，第 100 页。

量去改变不合理的社会现状，批判丑恶的政治。①

何卫认为，历史、现实和想象力话语构成了大江早期小说的认知形式和结构方法。在现实的话语形态中融入历史的眼光，是大江早期小说话语形态的主要特征。大江将历史和现实的位置关系加以置换，并借助丰富的想象力将其拓展开来，从而使作家自身和读者站在更高的角度上来审视过去、现在和未来。②

徐旻以大江的创作理念“包含差异的重复”作为切入点，从“怎么写”和“写什么”两个角度探讨了大江后期的小说创作。作者指出，“小丑形象”和“荒诞现实主义意象系统”是大江后期作品的显著特征，这主要体现在作品主人公“颠覆社会秩序”的行为方式和小说情节的“狂欢化”上。作者认为，大江近年来的小说创作有意识地运用“包含差异的重复”策略，具有强烈的互文性色彩，特别是自我引用和自我指涉策略的运用，构成了“星座小说”的独特形态。③

祝科将大江的叙事美学概括为“个人体验孕育的身体叙事”“边缘存在中的艰难抉择”“面向拯救的灵魂探索”三个层面，认为大江小说敏锐的感受性、自由奔放的表现手法、边缘立场和危机意识以及对灵魂救赎的执著探索，体现了日本战后一部分有良知和社会责任感的进步知识分子对历史和现实的深刻反省，也使大江的艺术创作突破了个人与民族的狭隘而具有了全人类视野。④

关于大江的近期创作，胡志明认为，大江的后期创作的审美特

---

① 王洪岳：《文学如何表现完整的人?——以大江健三郎为例》，《浙江学刊》2009 年第 3 期，第 81 页。

② 何卫：《在历史、现实与想象之间——大江健三郎前期小说话语形态探析》，《重庆师范大学学报（哲学社会科学版）》2006 年第 6 期，第 59 页。

③ 徐旻：《重复中包含差异——论获得诺贝尔文学奖后的大江健三郎》，上海外国语大学 2005 年博士论文，第 127-128 页。

④ 祝科：《身体诉说与灵魂拯救——论大江健三郎的叙事美学》，《延边大学学报（社会科学版）》2005 年第 1 期，第 108 页。

征主要体现在小说的文化救赎思想以及对自己旧作的解构上。大江的“挂笔”宣言，就是要彻底摆脱自己之前创作的影响，通过对旧作的全方位否定，寻求自己后期的小说创作风格。①郭秀梅通过对大江《愁容童子》与《被偷换的孩子》的互文关系的考察，认为大江通过在《愁容童子》中对自身的“重新书写”，实现了对《被偷换的孩子》的解构。②

可以说，以上从文艺学、美学角度对大江小说方法、创作动向的研究在一定程度上揭示出大江小说的诗学特征。不过，需要注意的是，大江的小说创作，并不是一个阶段对另一个阶段创作方法的完全否定，而是具有一定的连续性，我们对小说方法的探讨应放在作家整体的创作脉络中进行考察。从大江的创作实践来看，他在创作中不断地反思自己的旧作，在对旧作的扬弃和超越中，实现了小说手法的创新。这一点也要求我们在研究大江小说方法时必须对其创作有一个动态的把握。

3．叙事学、文体学方法

大江文学引起中国评论界关注的，除了小说鲜明的现实批判立场和对存在、灵魂救赎的不断叩问之外，还有他对小说文体、叙事等小说形式的不断探索。由于小说形式大多涉及小说技巧、形式美学层面，不直接与意识形态发生关系，加上最初中国对大江文学的接受更多的是基于大江小说的社会批判性这一点，所以，形式研究在进入21世纪之后才得到普遍的关注。

罗帆在《从叙事学看大江健三郎的文学创作》一文中，利用格雷马斯的“行动元模式”和“矩形方阵”分析了《个人的体验》，认为

① 胡志明：《“挂笔”宣言：大江健三郎后期小说创作的新策略——兼论大江健三郎“后期作品的风格形式”》，《湛江师范学院学报》2006年第2期，第8页。

② 郭秀梅：《解构与重写：大江健三郎晚期创作的新动向》，《学习与探索》2006年第1期，第179页。

文本中人物至少存在六种关系，通过文本深层情节结构模式的呈现揭示出文本深层结构凸显的意义。[①]霍士富的一系列论文探讨了大江小说的时空、叙事策略等问题。《时空交叉的叙事结构——论大江健三郎新作〈二百年的孩子〉》一文对小说时间的空间化、空间和时间的视觉化在作品中的作用进行了精彩的分析，认为《二百年的孩子》以时空交叉的叙事结构表现了日本自明治维新以来二百年来的历史。[②]在《从〈优美的安娜贝尔·李寒彻战栗早逝去〉看大江健三郎的叙事艺术》指出了这部小说是一部展现"我"如何编写电影脚本过程的"元小说"[③]，在对文本"开放性的叙事结构""超越时空的拼贴""糅杂的互文性"三个方面分析之后认为，这部小说体现了大江小说叙事手法的创新，"它像一道耀目的彩霞预示着大江文学的新动向"[④]。《大江健三郎文学的时空美学——论〈同时代的游戏〉》一文探讨了小说叙事时空结构的审美特征和多元并置的叙事艺术，对饱受争议的这部作品给予了肯定性评价，认为该作品是大江将小说理论实践化的一次成功尝试，在小说方法的革新方面上具有"承前启后的重要性"[⑤]。

胡志明的《大江健三郎小说创作的互文性特征》一文认为，日本当代著名作家大江健三郎的小说创作具有明显的互文性特征。20 世纪 80 年代起大江通过引用西方文学和自己的作品及其他艺术手法，

---

① 罗帆：《从叙事学看大江健三郎的文学创作》，《徐州师范大学学报（哲学社会科学版）》2001 年第 1 期，第 114-115 页。

② 霍士富：《时空交叉的叙事结构——论大江健三郎新作〈二百年的孩子〉》，《当代外国文学》2005 年第 4 期，第 125 页。

③ "元小说"又可称为"超小说"，是关注小说的虚构身份和创作过程的小说。与传统小说关注人物、事件等因素相比，元小说则更重视作家的小说创作过程。

④ 霍士富：《从〈优美的安娜贝尔·李寒彻颤栗早逝去〉看大江健三郎的叙事艺术》，《当代外国文学》2009 年第 4 期，第 48 页。

⑤ 霍士富：《大江健三郎文学的时空美学——论〈同时代的游戏〉》，《外国文学评论》2009 年第 1 期，第 132 页。

有意识地凸显其小说创作的互文性特征；晚期的大江在创作“奇怪的二人配”三部曲时，已经把互文性当做重要的小说话语策略。“大江健三郎在晚年小说创作中已经把互文性当做一种话语策略，以此来悄悄地模糊小说创作中的真实与虚构的边界，并且有意地填平了横亘在文学想象的世界和现实生活的世界之间那道沟壑，让小说的文学文本与生活的文化文本产生出强烈互文性的审美效应。”①

对大江来说，叙事是其小说形式实验的重要一环。作为一种有意义的形式，大江的小说叙事具有一种意识形态特征，对大江小说叙事的探讨，应该放在具体的历史和现实语境中，放在大江对西方文艺理论、现代思想的接受中进行考察，只有这样，才能挖掘出其文本形式背后的社会文化内涵，才能真正把握其形式实验的本质。

4．比较文学视角

大江的小说创作与时代思潮紧密相连，他不断吸收西方文艺思想以及文学文化方面的理论成果，并灵活地将其用于自己的文学创作，这为用比较文学方法研究大江文学提供了广阔的探索空间。

叶渭渠在论文中提到了大江对西方文学理念和表现技巧的接受问题以及对本国神话传说的宇宙观的继承问题，认为大江文学受到了萨特存在主义的影响，在扎根于传统的同时又超越传统，实现了传统与现代、日本与西方的文学观念和文学表现的融合，这使大江文学既具有特殊性、民族性，又具有普遍性、世界性。②杜隽从“世界是荒谬的”“自由选择”“责任”等存在主义基本概念出发比较了海明威与大江的小说创作，认为大江的小说创作体现了对萨特存在主义的超越，带有强烈的东方色彩，具有东方人的“内向、坚韧、顽强及儒家

① 胡志明：《大江健三郎小说创作的互文性特征》，《国外文学》2011 年第 3 期，第 63 页。

② 叶渭渠：《大江健三郎文学的传统与现代》，《日本学刊》2007 年第 1 期，第 99 页。

重理性、求和谐的特点”[①]。刘军凯比较了劳伦斯和大江小说中的性意识、政治意识和救赎意识，认为劳伦斯对性的美好一面的歌颂与大江文学对性的丑恶的揭露形成了鲜明对照，指出了两人在性与政治比重上的不同取舍以及作品中流露出来的灵魂救赎的乌托邦性质。[②]陆建德认为，大江的近作《别了!我的书》构成了与英国诗人艾略特《四个四重奏》的互文关系，体现了作者与艾略特的对话。通过与艾略特原作的对比，主人公古义人阅读艾略特诗歌过程中的选择性一面被凸显出来。作者发现了大江故意回避《四个四重奏》对基督教的暗示和肯定的倾向，在此基础上认为古义人在思考死亡等问题时也在探索人的信仰问题。但是，他对自杀的认识带有浓厚的日本文化色彩，成了“他皈依基督教的极大障碍”[③]。

作为日本第二位诺贝尔文学奖获奖作家，大江在诺贝尔文学奖获奖演说《我在暧昧的日本》中有意识地区别于川端康成的《我在美丽的日本》。以此为线索，许多研究者从不同的角度审视两位文学巨擘创作的差异。杨晓林通过川端的孤儿体验和大江的残疾儿共生、川端文学的唯美感伤格调与大江文学的东方存在主义、川端的战争回避和大江的战争反思这三个方面的对比，指出川端对日本传统文学的继承和大江对萨特存在主义文学的接受使他们的文学创作呈现出不同的风格。[④]张晓宁指出，川端与大江的文学创作都体现了西方现代文化与日本文化的融合，二人的文学创作也是一个思考如何将西方的先锋

---

① 杜隽：《存在主义的不同阐释者：海明威与大江健三郎》，《浙江师大学报（社会科学版）》2001 年第 1 期，第 28 页。

② 刘军凯：《性、政治与救赎——劳伦斯与大江健三郎创作之比较》，《福建论坛（社科教育版）》2007 年第 12 期，第 132 页。

③ 陆建德：《互文性、信仰及其他——读大江健三郎〈别了!我的书〉》，《外国文学研究》2007 年第 6 期，第 36 页。

④ 杨晓林：《“美丽的日本”与“暧昧的日本”——川端康成与大江健三郎创作比较》，《玉林师范学院学报》2001 年第 1 期，第 80 页。

思想、文学技巧与本国文学传统相融合的探索过程。[①]康洁指出，大江和川端由于成长经历、性格、哲学理念的差异，二人对待日本好色文学传统的态度也呈现出不同的风貌。川端通过“哀”和“艳”的美意识“在虚构和幻想中进行自我疗救”，而大江则从个人体验出发，通过赤裸裸的性描写，造成了对日本好色文学传统的反动，从而在小说中将荒诞暧昧的现实感和孤独的存在主义意蕴融为一体。[②]何春兰分析了大江健三郎和川端康成的诺贝尔文学奖演讲词《我在暧昧的日本》和《我在美丽的日本》后指出，川端是日本战后文坛的领军人物，其作品是日本文学“民族性”的集中体现；大江超越了本民族的纯文学轨道，带着“世界模式”的日本现代文学，带着东西方文化交融的硕果直接与西方对话。这两位文坛巨擘“将日本文学的传统与现代、民族性与世界性的完美统一展现于全世界”[③]。

除大江外，村上春树也是一位获得世界认同的当代日本作家。在当今的全球化时代，两位作家都以独具特色的创作对时代思潮进行了不同的回应。徐斌考察了两位作家小说中的人物形象后指出，村上小说中的主人公大多是行动的孤独个体，无法与他人完成真正意义上的对话。与其相反，大江小说中的主人公则体现了一种精神的成长。[④]

大江在演讲和访谈中，多次提到中国作家鲁迅和莫言。大江的获奖也使中国读者、评论家重新审视中国现当代文学。这样，鲁迅、莫言为代表的中国作家就走进了研究者文学比较的视野。

---

① 张晓宁：《在东西方文学的探索中把握自我——探寻川端康成与大江健三郎的文学之路》，《日本研究》2002 年第 1 期，第 64 页。

② 康洁：《边缘化生存的呈现和疗救——川端康成与大江健三郎的艳情文学创作》《日本学论坛》2008 年第 4 期，第 63 页。

③ 何春兰：《<我在美丽的日本>与〈我在暧昧的日本〉——川端康成与大江健三郎之比较》，《赤峰学院学报（汉文哲学社会科学版）》，2013 年第 4 期，第 131 页。

④ 徐斌：《大江健三郎与村上春树创作比较——以〈个人的体验〉和〈海边的卡夫卡〉为例》，《江苏教育学院学报（社会科学版）》2009 年第 3 期，第 105 页。

刘晓艺比较了鲁迅与大江的故乡情结，认为两人对故乡的书写均表达了重建精神家园的文学诉求。在这个意义上作者认为，故乡在两人打开文学创作新局面方面发挥着极其重要的作用。[①]成然指出，鲁迅和大江在小说创作中多使用象征手法，这使他们的作品都带有一种诗性色彩。作为密切关注时代发展和民族精神重塑的作家，强烈的时代危机感是其文学批判精神的源泉，敏锐的观察力和拿来主义的文化态度使他们不断在文学表现上推陈出新。[②]许金龙探讨了鲁迅对大江创作的影响，认为大江在创作中一直把鲁迅作为一个重要的参照系，他的创作就是根据这个参照系进行调整，从表现没有希望、徒劳的初期作品出发，在《同时代的游戏》《奇怪的二人配》三部曲等作品群中探索在绝望中寻找希望，最后在《优美的安娜贝尔·李寒彻战　栗早逝去》中找到了希望——“始自于绝望的希望”[③]。杨芳、霍士富将大江健三郎《十七岁》与鲁迅《阿Q正传》进行比较，认为二者在小说中分别通过现实中“最卑微”的存在——阿Q和少年“我”的悲剧性命运，揭示了不同民族灵魂深处的痼疾，进而发出震耳发聩的民族灵魂的自省与呐喊。在这个意义上，大江对鲁迅文学的接受集中体现“塑造同时代的国家和国民形象”，揭示民族灵魂，展望国家的未来命运上。[④]陈世华考察了大江健三郎的新作《晚年样式集》和鲁迅《孤独者》的关系，认为《晚年样式集》体现了萨特存在主义和鲁迅文学思想的融合。“鲁迅作品的自我审视和自我否定、对现实社会的失望以及对未来的希

---

① 刘晓艺：《析鲁迅和大江健三郎的故乡情结》，《和田师范专科学校学报》2010年第2期，第109页。

② 成然：《鲁迅与大江健三郎：两个不屈的灵魂守望者》，《黔南民族师范学院学报》2009年第2期，第1页。

③ 许金龙：《“始自于绝望的希望”——大江健三郎文学中的鲁迅影响之初探》，《鲁迅研究月刊》2009年第11期，第40页。

④ 杨芳、霍士富：《民族灵魂的自省与呐喊——大江健三郎〈十七岁〉与鲁迅〈阿Q正传〉比较》，《西北大学学报（哲学社会科学版）》2014年第4期，第98页。

望描写，都深深影响着大江，这种影响，已经超越了创作形式和修辞手法的层次，而是上升到了对创作主体的精神影响。”①

沈从文和大江都是对处在地理边缘的故乡情有独钟的作家，边缘是他们文学建构、文化反思与社会批判的根本立场。杨玉珍认为，沈从文和大江两位作家文学创作的边缘立场具有重要的方法论意义。两人都游离甚至背离了各自民族的主流文学传统，在创作中构筑了自己独特的乌托邦世界，体现了对人性、人类灵魂的深入探索。②在《论沈从文与大江健三郎原乡追寻的美学建构——以河流/森林为表征》一文中，杨玉珍指出，二人小说中的河流、森林都带有一种幻想的性质，体现了作家对故土经验的升华和重塑，表达了“反现代性”、原乡寻根的价值取向，是作家立足当下，对民族历史、文化和精神的追溯，体现了在此基础上他们对未来的建构。③

大江在 1994 年诺贝尔文学奖获奖演说中提到了莫言的创作。之后，使大江与莫言的比较研究成为研究者关注的一个热点。这一研究在莫言获得 2012 年诺贝尔文学奖之后达到了一个新的高潮。在诸多研究中，王向兰分析了二人小说中的地理学空间和边缘人物形象，认为他们小说中的边缘人物形象都凸现了现代社会对人的异化。作者指出，大江和莫言作品中表现出来的边缘民间文化形态具有挑战旧的社会秩序的巨大颠覆精神，也体现了作家反抗主流意识形态的独立精神。④姚继中、周琳琳从“乡村边缘与城市中心的对峙”“性与人性的

---

① 陈世华：《大江健三郎〈晚年样式集〉中的鲁迅〈孤独者〉映像》，《山东社会科学》2014年第 12 期，第 108 页。

② 杨玉珍：《立足边缘的建构——沈从文与大江健三郎文学立场之比较》，《湖南科技学院学报》2006 年第 3 期，第 69 页。

③ 杨玉珍：《论沈从文与大江健三郎原乡追寻的美学建构——以河流/森林为表征》，《云南师范大学学报（哲学社会科学版）》2006 年第 5 期，第 136 页。

④ 王向兰：《浅析大江健三郎与莫言的边缘化写作》，《日本研究》2004 年第 4 期，第 67 页。

伸张”“从历史题材中折射出的时代意识”“魔幻手法下的真实”四个方面考察了大江和莫言的共性，探讨了两位作家在全球地域化语境下文学创作的先锋姿态。①张文颖的专著《来自边缘的声音——莫言与大江健三郎的文学》从“边缘思想”“构建充满想象力的文学王国”“高昂的生命力”三个方面探讨了大江与莫言文学特质的共同点。②在作者看来，边缘意象是破译二者文学密码的重要一环。作者在论述过程中始终围绕着边缘意象进行缜密分析，具有较为重要的学术价值。作者的论文《无垢的孩童世界——莫言、大江健三郎文学中的儿童视角》通过比较指出，大江和莫言都尝试把儿童视角作为与世界发生联系的主要手段。儿童视角可以使他们在小说叙事上获得一定的自由度，利用儿童视角可以自由地打破时间、空间、事物概念的束缚，甚至可以“超越性别的藩篱直指本真的世界”③。张国华认为，童年故乡印象书写是二人最大的共同点。虽然两者处于不同的社会体制内，但是“对于人性的关注”却使两者走到了一起。“二人童年印象书写可以使作家不以先入为主的世界观来看待世界，进而在构建儿童乌托邦的理想世界中具有更为积极的意义。”④李红指出，中国和日本的民族文化孕育了大江健三郎和莫言文学，其文学特性是由民族的历史的、审美的独特价值所决定的，它们各自的地域性和民族性在其文学作品中得到了淋漓尽致的体现。大江健三郎和莫言的文学作品不仅艺术个性鲜明，极富创造性和生命力，而且还能够深刻地反映当代社会

① 姚继中、周琳琳：《大江健三郎与莫言文学之比较研究——全球地域化语境下的心灵对话》，《四川外语学院学报》2006 年第 4 期，第 15 页。

② 张文颖：《来自边缘的声音——莫言与大江健三郎的文学》，中国传媒大学出版社 2007 年版，第 6-19 页。

③ 张文颖：《无垢的孩童世界——莫言、大江健三郎文学中的儿童视角》，《日语学习与研究》2007 年第 4 期，第 74 页。

④ 张国华：《大江健三郎与莫言童年故乡印象书写的对比研究》，《东北师大学报（哲学社会科学版）》2014 年第 6 期，第 166 页。

的各种现实问题，以广泛的人类意识，在清晰的故事中蕴藏着对人类生存的深层思索，唤起人们的责任感、自尊心，使文学发挥拯救人类灵魂的作用。①

除了大江与鲁迅、沈从文、莫言文学的比较之外，刘东明运用平行研究的方法从“残疾主体”“生存困境的哲学之思”“宗教救赎”方面考察了大江和史铁生文学世界的相似性。作者指出，大江和史铁生的作品都表现了人类困境中的不安，表达了对人的终极关怀以及试图超越困境寻找精神救赎的文学诉求。在这个意义上，两人的作品具有了相互阐发的可能性。②刘振生认为，残疾与生命的主题是大江健三郎与史铁生文学创作上的标志性题材，二人通过这一题材为自己的艺术构思、审美想象和形象化体系的建构确定了一个基点。他们在个人的不幸际遇中执著地追求和探索将个人经验提升和深化并为之赋予了更加丰富的人性内容，从而洞察了人类广义上的残缺即“人类困境的普遍性”③。

我们可以看到，比较文学研究方法展示了大江对西方文艺理论的接受以及对日本文学传统的超越，与中国作家的平行研究进一步说明了大江小说主题的世界性。总体来看，这些研究在比较中由于较多地注重共性的发现而缺乏个性的审视，很少把社会文化背景的差异纳入比较研究视野，这就导致了许多研究的结论显得牵强。不过，比较文学方法将大江文学置于世界文学、文化背景下加以考察，还是在很大程度上拓宽了大江文学的研究视野，在与其他作家的互相参照中凸显

---

① 李红：《全球化语境下大江健三郎与莫言作品的文学特性探究》，《山东外语教学》2014 年第 2 期，第 89 页。

② 刘东明：《残缺世界里的思想行者——大江健三郎与史铁生超越困境的比较研究》，湖南师范大学 2007 年硕士论文，第 I 页。

③ 刘振生：《肉体的残缺与精神的救赎——解析大江健三郎与史铁生的文学性格》，《时代文学》2011 年 4 月下半月刊，第 17 页。

了大江文学的本质。

从中国 20 多年的大江文学研究可以看出，这些研究在各个层面上展现了大江小说丰富的社会文化内涵和独特的艺术风格。研究方法上也出现了借鉴西方理论话语资源，多角度、多层面研究的趋势。从数量上来看，这些研究主要侧重于小说主题思想、文化内涵、作家创作意识等外部研究，对小说内部研究（形式层面）的研究还略显不足，许多研究没有很好地将批评理论与文本分析紧密结合起来。另外，论题过于集中，出现不少切入方法雷同、观点相似的重复研究。大江是一位对小说形式极为关注的作家，从形式角度对大江的小说结构、叙事艺术进行整体研究的成果还没有出现。一些研究在理论上虽然有一定创新，但还难以构成对大江小说艺术形式、诗学问题的整体、系统的研究，对他小说创作风格的嬗变以及他多样的形式创新意识缺乏整体把握，这些研究领域都有待今后的研究者进一步开拓。

后　记

本书是我在对博士论文进行多次修改的基础上完成的。时光如梭，在上海外国语大学求学的三年时光转眼成为过去，回首读博期间的点点滴滴，我的内心充满了感激。

首先感谢我的导师谭晶华教授。作为我国日本文学研究领域著名学者，恩师学识渊博、治学严谨、待人真诚。忘不了他课堂上意气风发的讲解，忘不了他百忙之中对我学习和生活的关怀。恩师的谆谆教诲开阔了我的研究视野，坚定了我选择“大江健三郎小说叙事研究”这一课题的决心。博士论文从选题到完成，恩师花费了大量的心血，正是依靠恩师殷切的鼓励和细心的指导，我才顺利完成了博士论文的写作。

感谢上海外国语大学日本文化经济学院各位领导的关心和帮助。感谢周平教授和高洁教授在论文开题时提出的富有建设性的意见。感谢徐旻老师在研究课题申请方面给予的大力支持。感谢同门张敏生、李莲姬、伏泉、陈雪、叶枫在论文写作过程和答辩准备阶段对我的启发和帮助。感谢上海外国语大学研究生部的各位老师、图书馆的工作人员，他们热情、真诚为学生服务的工作态度使在异地求学的我感受到家一般的集体温暖。

感谢长期以来一直鼓励、帮助我的广东外语外贸大学的魏育邻教授、顾也力教授、丁国旗教授，河南师范大学的刘德润教授、张文宏教授、罗晓莹副教授，正是他们的教诲，使我打下了最初的研究基础。感谢天津商业大学的胡毅美老师、西南大学的崔海燕老师，正是由于他们的帮助，我收集到了较为全面的研究资料。感谢天津外国语大学的常晓宏博士在论文修改过程中对我的帮助，他在百忙之中的细心修改为我的文字增添了不少光彩，也让我感受到只有挚友才能给予的无私友爱。

感谢河南大学外语学院院长高继海教授和副院长杨朝军教授长期以来对本人科研的大力支持，感谢日语系同事在我读博期间为我分担了繁重的教学工作。特别感谢我的同学、同事王志坚博士在本人博士考试备考期间及在上外求学期间对我的帮助，正是由于他最初的鼓励，才有了我今天的收获。感谢科学出版社常春娥编辑为本书的出版所付出的努力。

最后，感谢我年迈的母亲，我的岳父岳母、爱人、孩子，他们一直在背后默默地支持我，让我能够安心读书学习，便度过了人生中最重要的一段学术时光，他们的关爱一直是我不断前进的动力。

兰立亮

2015年3月31日